青蓝工程
专业能力必修系列

高中 历史教师
专业能力必修

gaozhong lishi jiaoshi zhuanye nengli bixiu

教育部基础教育课程教材发展中心 组编

编委会主任：曹志祥 周安平
本 册 主 编：朱汉国 陈 辉

西南师范大学出版社
全国百佳图书出版单位 国家一级出版社

图书在版编目（CIP）数据

高中历史教师专业能力必修／朱汉国，陈辉主编．—重庆：
西南师范大学出版社，2012.4
　（青蓝工程系列丛书）
　ISBN 978-7-5621-5695-6

Ⅰ．①高…　Ⅱ．①朱…②陈…　Ⅲ．①中学历史课—教学研究—高
中—师资培训—教材　Ⅳ．①G633.512

中国版本图书馆 CIP 数据核字（2012）第 055636 号

青蓝工程系列丛书

编委会主任：曹志祥　周安平
策　划：森科文化

高中历史教师专业能力必修

朱汉国　陈　辉　主编

责任编辑：段小佳
特邀编辑：张丹丹
封面设计：红十月设计室
出版发行：西南师范大学出版社
　　　　　地址：重庆市北碚区天生路 1 号
　　　　　邮编：400715　市场营销部电话：023-68868624
　　　　　http://www.xscbs.com
经　　销：新华书店
印　　刷：重庆升光电力印务有限公司
开　　本：787mm×1092mm　1/16
印　　张：15.5
字　　数：310 千字
版　　次：2012 年 5 月　第 1 版
印　　次：2012 年 5 月　第 1 次印刷
书　　号：ISBN 978-7-5621-5695-6

定　　价：30.00 元

《青蓝工程》
编委会名单

编者的话

在基础教育课程改革 10 周年之际，伴随着义务教育课程标准的再次修订与正式颁布，我们隆重推出这套"青蓝工程——学科教师专业能力必修系列"丛书。丛书立足于教师应该具备的最基本的教学专业知识与普适技能，为有效实施新修订的义务教育课程标准，深化基础教育课程改革，贯彻落实《国家中长期教育改革和发展规划纲要（2010－2020 年）》，助力素质教育高质量地推进提供了保证。

"教育大计，教师为本。"课程改革的有效实施和素质教育的贯彻落实需要一支高素质、专业化的教师队伍做支撑。教师的专业化发展在我国历来受到高度重视，但今天我国教师的专业化水平与社会的现实需求和时代的进步，特别是与教育改革发展的需要还存在着较大的差距。

以往，我们常常说教师要提高自身的专业水平或教学技能，但一个合格的教师究竟需要哪些最基本的专业知识与专业技能？教师的专业发展又该朝着哪个方向和目标去努力？这些问题，在教师专业化发展，尤其是在学科教师专业能力的提高上，一直以来并不是十分清晰。因此，我们聘请了当前活跃在基础教育学科领域的顶级专家，他们中的绝大多数是直接参与义务教育课程标准修订、审议或教材编写的资深学者，以担任相应学科的中小学教师应该（需要）了解（具备）的最基本的常识性知识和技能为出发点，总结了具有普适意义的学科教育教学知识和技能，力求推进教师教育教学能力的均衡发展，实现大多数教师教育教学能力的达标。从这个意义上，可以说这套丛书是教师专业化水平建设与发展的一个奠基工程，也是 10 年基础教育课程改革成果的结晶。我们希望青年教师不但能从书中充分汲取全国资深专家与优秀教师的经验、成果，更能"青出于蓝而胜于蓝"，在前辈的引领下，大胆创新，勇于超越，也因此，我们将丛书命名为"青蓝工程"。

丛书从"知识储备"和"技能修炼"两个维度展开论述（个别学科根据自身特点在目录形式上略有不同）。"知识储备"部分一般包括：①对学科课程价值的理解与认识；②修订后课标（义务教育）的主要精神；③针对该学段、该学科的教学所需的基本知识和内容等。"技能修炼"部分主要针对教学设计、目标把握、教学实施与教学评价等专题展开论述。每个专题下根据学科特点和当前教学实际设有几个小话题，以案例导入或结合案例的形式阐述教师教学所必需的技能以及形成这些技能所需要的方法和途径等。

本丛书具有权威性、系统性和普适性，希望对广大教师，特别是青年教师的专业成长能有实实在在的帮助。

丛书编委会
2012 年 1 月

目 录
C o n t e n t s

高中历史教师专业能力必修
Gao Zhong Li Shi Jiao Shi Zhuan Ye Neng Li Bi Xiu

上 篇

知 识 储 备

历史教师要想很好地完成教学目标，培养学生正确的历史价值观，就必须重视历史知识的储备，了解新课改、新课标的动向，熟悉新课标的要求及核心知识，并熟悉教学策略。

专题一 认识历史课程的价值

普通高中历史课程是基础教育课程体系中一门不可替代的必修课程、基础课程、核心课程。因此，高中历史新课程要全面发挥育人功能，促进学生健全人格的养成。本专题从基础教育培养目标的角度，诠释了基础教育高中历史课程设置的必要性，指出学校历史课程的设置是发挥史学育人功能的重要途径。

一、普通高中教育的培养目标与历史课程设置

（一）普通高中教育的培养目标

我国新一轮普通高中教育是在九年义务教育基础上进一步提高国民素质、面向大众的基础教育。《国务院关于基础教育改革与发展的决定》中明文规定基础教育培养目标为："要使学生具有爱国主义、集体主义精神，热爱社会主义，继承和发扬中华民族的优秀传统和革命传统；具有社会主义民主法制意识，遵守国家法律和社会公德；逐步形成正确的世界观、人生观和价值观；具有社会责任感，努力为人民服务；具有初步的创新精神、实践能力、科学和人文素养以及环境意识；具有适应终身学习的基础知识、基本技能和方法；具有健壮的体魄和良好的心理素质，养成健康的审美情趣和生活方式，成为有理想、有道德、有文化、有纪律的一代新人。"[①]

普通高中教育要为学生的终身发展奠定基础。因此，普通高中教育应全面落实《国务院关于基础教育改革与发展的决定》所确定的基础教育培养目标，并特别强调普通高中教育的培养目标应使学生："初步形成正确的世界观、人生观、价值观；热爱社会主义祖国，热爱中国共产党，自觉维护国家尊严和利益，继承中华民族的优秀传统，弘扬民族精神，有为民族振兴和社会进步作贡献的志向与愿望；具有民主与法制意识，遵守国家法律和社会公德，维护社会正义，自觉行使公民的权利，履行公民的义务，对自己的行为负责，具有社会责任感；具有终身学习的愿望和能力，掌握适应时代发展需要的基础知识和基本技能，学会收集、判断和处理信息，具有初步的科学与人文素养、环境意识、创新精神与实践能力；具有强健的体魄、顽强的意志，积极健康的生活方式和审美情趣，初步具有独立生活的能力、职业意识、创业精神和人生规划能力；正确认识自己，尊重他人，学会交流与合作，具有团队精神，理解文化的多样性，

---

① 国务院．国发［2001］21 号．2001－5－29

初步具有面向世界的开放意识。"①

国家确定的普通高中教育的这一培养目标，正是贯彻落实教育要"面向现代化、面向世界、面向未来"的具体体现，也是普通高中教育作为基础教育应承担提高全民族素质、增强综合国力历史重任的具体落实。普通高中教育改革，尤其是普通高中课程改革都应自觉地为实现这一培养目标服务。

（二）普通高中教育课程结构中的历史课程

根据普通高中教育的培养目标，我国改革了原有的普通高中课程结构。新一轮普通高中课程结构由学习领域、科目、模块三个层次构成。普通高中课程共设置了 8 个学习领域。其中，高中历史课程属"人文与社会"学习领域。在普通高中 8 个学习领域中，共包括历史 12 ~ 13 个科目。其中，历史与思想政治、地理 3 个科目同属于"人文与社会"学习领域。普通高中每一科目由若干模块组成。其中，高中历史模块分为 3 个必修模块和 6 个选修模块。3 个高中历史必修模块分别是历史 Ⅰ、历史 Ⅱ 和历史 Ⅲ。6 个高中历史选修模块分别是：历史上重大改革回眸；近代社会的民主思想与实践；20 世纪的战争与和平；中外历史人物评说；探索历史的奥秘；世界文化遗产荟萃。

上述普通高中课程结构的显著变化是将一些原来的单科型课程整合为综合型课程，同时增设综合实践活动课，包括研究性学习、社会服务与社会实践等。按照这个新课程改革方案，普通高中历史课程分设历史必修课程与选修课程。在基础教育阶段，普通高中历史课程不是一门可有可无的课程，而是基础教育课程体系中一门不可替代的课程，旨在培养学生健全的人格，促进学生个性的健康发展。普通高中历史课程应发挥其在提高现代公民人文素养方面的重要作用。

二、史学的育人价值与历史课程的设置

（一）史学的育人功能

史学属于人文社会科学。从总体上说，人文社会科学主要有思想文化功能、政治功能、社会管理功能、决策咨询功能等社会功能。其中，人文社会科学所具有的思想文化功能是指社会科学对提高人们思想素质和文化素质所具有的功效和发挥的作用。这主要表现在对社会的认识、对于思想建设和文化建设的作用上。从某种意义上说，人文社会科学的理论、方法、价值观念、行为规范等直接影响着人们的思想和行为，具有关怀人生、塑造健全人格的功能，对人的培育发挥着不可缺少的作用。

一个民族的人文社会科学水平，一定程度上反映着这个民族的精神风貌、文化水平、发展潜力。隶属于人文社会科学范畴的史学，对提高人们的思想文化素质起着直接的作用。一般而言，史学的社会功能主要表现在："鉴往知来、传承文化、资政育

---

① 教育部. 普通高中课程方案（实验）. 北京：人民教育出版社，2003. 3. 1 ~ 2

人。"具体来说，史学具有认识功能、借鉴功能、教育功能。

史学具有认识功能，能够为人们了解现实和预测未来提供必要的历史知识，使人们认清人类历史和各种事物是怎么发展变化的，现在有些什么有利条件和不利条件，以后将会怎么发展。这就是说，可以增强人们历史的眼光，即善于从历史上来看问题，重视历史的条件和因素。大哲学家黑格尔就非常重视历史，他说："我们之所以是我们乃是我们有历史。"恩格斯曾称赞他说："黑格尔的思维方式不同于其他所有哲学家的地方，就是他的思维方式有巨大的历史感作基础。"如果缺乏历史的眼光，忽视历史的因素，往往就会把事情看得很容易，产生急躁甚至浮躁的心理，追求短期效应，造成工作的失误。如果有历史的眼光，就会把问题看得更全面些，考虑得更慎重、更周全些。英国一位历史学家在《历史的功用》一书中①，曾提出文官"如果想跻于高官之列，历史是必经之途"，因为"文官应付的行政问题，历史能提供正确的背景"，也就是能培养历史的眼光，提供历史的知识。

史学具有借鉴功能，能够为人们的实践活动提供历史的经验和教训，从而使人们以史为鉴，避免重犯人类历史上曾犯过的错误。现实来源于历史，历史的经验实际上是时间远一些的现实经验。历史的经验之所以能说服人，其原因在于：历史的要义在于总结经验；历史里有能够为今天的人们受用的经验；了解了历史的经验，就能了解现实经验的来龙去脉，故有助于加深对现实经验的了解。②我国自古以来就重视历史经验的总结，有着以史为鉴，即借史明理、借古喻今、古为今用的优良传统。唐太宗李世民就曾经说："夫以铜为镜，可以正衣冠；以古为镜，可以知兴替；以人为镜，可以明得失。"通过学习历史，可以知道哪些事是应该做的，哪些事是不应该做的，遇到什么事应该怎么处理，怎么解决，从而增长自己的智慧。著名的史学著作《资治通鉴》，就是为皇帝提供历史借鉴的。梁启超曾称赞这部书最"益人心智"。古希腊著名的史学家波里比阿在其所著的《历史》一书中也说得很明白："就政治生活而言，最好的教育和训练就是要研习历史。取鉴于前人的覆辙，是教人如何英勇豪迈地面对困难、战胜命运的不二法门，除此之外别无他途。"

史学具有教育功能。史学的教育功能涉及许多方面。有学者指出，史学是一部最富哲理的社会教科书，它具有多方面的社会教化和思想滋养功能，是人类认识世界、认识自我、改造世界、超越自我的强大武器，其核心是启迪心智、智慧人生，使人变得清醒、理智和成熟。学习历史，对于提高人们的人文素养、思想境界、完善人格、陶冶情操、塑造美好的心灵、学习做人都有潜移默化的作用。从中可以体验先辈们在追求理想、改变命运过程中的痛苦与欢乐、挫折和胜利，感悟到人生的意义、生命的价值和人的尊严。从对历史事件和人物的评价中可具体生动地体悟到什么是正义、进

---

① 该书的作者是罗兹（A. L. Rowse），翻译者是廖中和，英文书名为：The Use of History.

② 陈晋. 毛泽东同志关于以谦虚之心学习历史的名言. 人民日报，2010－11－8（7）

步和公正，什么是崇高、伟大和正气，所有这些都有助于从深层上树立正确的世界观、人生观和价值观。有的学者甚至说，中国史学具有双重职能：一是记录历史事实；二是维系人伦价值，故多有道德评价。或者说，中国史学"双肩挑"：左边肩膀挑着史实；右边肩膀挑着公正，故多有人物褒贬。

史学还具有特殊的娱乐功能、休闲功能。人们可以通过学习历史度过闲暇时光，并可以从中得到愉悦和审美的情趣。

正因为史学具有以上很强的社会功能，史学在人文社会科学中是绝对不能缺少的。所以，各个国家历来的统治者都十分重视历史，重视史学育人功能的发挥。

在我国，史学的"育人"，乃是育为中国特色社会主义而奋斗的"四有"新人。这样的阐述使得史学的育人功能得到扩大和提升，成为增长民众智慧和力量的历史源泉。

从教育的对象上看，培养的对象是学生，教育的主体是人，而中学历史教育针对12岁到18岁这一年龄段的学生，更应该充分发挥其育人功能，对其人生观、价值观、世界观的形成起到其应有的作用。教育的目的是培养人，历史教育的目的就在于"以史育人"，育的对象，育的主体是人，而不是其他。在这稍微思考一下就清楚，"什么是人"或者"什么又不是人"；这对"人"给予了一个道德层面上的地位，我们培养的人必须是有道德的。否则的话，教育就是在培养经济动物、战争机器、政治动物等等。学校教师和学校与社会上一些培训机构、培训人员的重要区别就在于：后者的目的只是教会知识或技能，只能是"教"，而不能称作"教育"，作为历史这门学科，在平常的课堂教学过程中都应该，或者说必须包含一种使人为善的意图和努力。

史学的育人功能在于：帮助学生形成民族认同感和自信力，具有世界意识，养成健全的人格，具备现代人的素养。①

一个中国公民应当了解世界和本国的历史。我国是一个重史的国度，在中国，历史可谓"万学之母"。中华民族有着引以为豪的几千年文明史，只有了解中华民族的发展历史，我们才能形成正确的社会认识。中华民族拥有共同的经济生活和社会意识，以及共同的文化环境和情感意识。伴随着中华民族的发展历史，形成了世界四大文明古国中唯一没有间断的中华文化系统，它充分显示出中华文化具有鲜明的民族性、继承性、包容性和时代性的特色。中华文化精神是增强国民自信力的动力之源。这种文化精神曾鼓舞和鞭策我们去维护正义，在特定的历史时期曾唤起民众抵御侵略，振兴中华，这种文化精神同样会引领我们走向充满希望的未来。充分发掘史学的教育功能，能够让中华民族的优秀文化、民族自尊心、自豪感和历史责任感代代相传。

社会的发展依赖于教育，而教育应该走在社会发展的前面。21世纪的史学教育，强调民族认同、文化尊重、自主选择能力等等，培养合格的世界公民。21世纪的人类

---

① 杨凤霞．关于历史教育的社会功能．光明日报．2006－7－2．（7）

社会已经进入经济全球化、政治多极化、知识信息化的时代。人类作为社会活动的主体具有丰富的知识结构、良好的人文素养、开放的思想意识、积极的参与意识、良好的沟通与合作能力是时代的要求。史学教育作为公民教育的主渠道之一，其现实性要求是具有全球视野，帮助人们了解本国历史和世界历史，培养学生的世界意识和多元文化观；运用历史思维能力和实际运用能力分析人类社会的变迁史，确立正确的社会认识，积极面对和努力解决当前存在的困惑。以人为本的史学教育，其现实性和思想性有助于培养学生的道德观念、发展观念和价值观念，有助于培养学生具有深远的历史视野和宽阔的世界视野。

历史承载着民族或人类的精神财富，史学教育的现实意义就在于挖掘这种精神财富回应时代的要求。当今中国的教育注重了素质教育的培养，即培养学生健全的人格，培养良好的公民素质是史学教育功能的最高目标。培养学生的健全的人格是当代历史教育的一个中心任务。历史科学是帮助人们寻求社会价值观的学科。任何历史都是当代史，历史知识是为现代人和现代社会服务的，它涵盖了人类在政治、经济、军事、宗教、社会和文化思想等多方面的记述，历史知识的丰富性决定了历史教育在培养公民健全人格方面具有积极的功能。史学往往以"寓褒贬，别善恶"为宗旨，历史文化内涵中舍生取义、重名轻利的思想已经成为我们民族精神的组成部分。因此，历史教育的终极目标，就是培养学生健全的人格，促进学生个性的健康发展。

史学教育还能够帮助学生具备现代人的素养，即具有发展的视野和创新的意识。历史是一个过程，现实社会是历史的延续，文化作为历史的存在方式，塑造了群体的社会心理，体现了被社会群体所共同遵循或认可的价值观念和行为模式；而历史知识的思辨性又能够为人们提供一种过去的体验，由此可以延伸人们对社会、文化和环境变化的思考，提高对传统文化的鉴别能力。如"二战"后欧洲各国对历史、对战争不断反思，人们对战争爆发的根源、引发战争的文化和思想基础，以及当时的国民心理和民族精神都有了更加深刻的认识。对战争、对历史的反思，是一种良知的拷问，是一种人生态度的重建。史学教育功能的启发性和现实性能够为学生提供宽阔的视野，提高学生对人类社会发展过程的理解能力，培养学生对现代文化的透视力，理解现实社会的文化风俗和道德观念的本质。从一定意义上来说，历史讲述的是过去的传统，而传统又是社会的一种生存机制和创造机制，史学教育应该具有现代理念，培养学生的社会性、独立性和创造性，史学的教育功能所追求的现实目标是提高整个民族的生存能力和发展能力。传统也是创新的基础，没有传统也就无所谓创新，只有创新才有发展，停留于传统就是固守。周易讲"穷则变，变则通，通则久"，就说明了变革与发展的道理。史学的教育功能能够培养学生批判性的思考能力，从而能够以理性的思维和创新的意识解决现实的问题。

总之，史学的社会功能是广泛的，我们在此反复强调并非要求人们都去做历史学家，而是要说明，史学研究所总结和揭示的历史规律和经验教训，能够帮助我们认识中国历史的过去和理解中国现实的国情。只有全面了解历史，才能把握历史的本质和主流；只有加深对历史经验的理解，才能从中得出规律性的认识。

（二）史学育人功能的发挥与历史课程设置

历史不像古董，能一代又一代以基本不变的物质形态传承下去，而是需要借助"重新思考"薪火相传。这种重新思考，要求我们发挥史学的育人功能，用历史唯物主义态度回望历史长河，准确把握深埋于历史尘埃中具有生命力的历史真相、文化精华、精神实质，在不断发挥历史新价值中启示当今。在当代中国，发挥史学的育人功能，要求史学家走出"书斋"，主动而积极地向民众普及和宣传人类知识构成的重要部分——历史知识，使史学成为人们"共享"的财富；要求史学家选择史学研究的最新成果作为史学普及内容。那么，由谁去传播、普及历史知识，由谁奠定历史知识和历史科学的群众基础呢？除通过历史文学和历史普及读物外，最重要的就是通过史学教育，即通过学校历史课程的设置，对学生进行历史教育，使他们更加具有远见卓识和历史眼光，从而提高整个民族的素质和公民的素养。

由此可见，学校历史课程是实现史学社会功能的重要途径。史学育人功能在学校教育中十分重要。当前，我们正在为构建一个民主法治、公平正义、诚信友爱和谐社会而努力。充分发挥史学的教育功能，能够为我们提供人类历代的人生思考和成败得失，能够为我们塑造高尚的人文精神和品格提供宝贵的历史文化资源。史学中所蕴含的智慧，是人类社会生生不息的源泉。因此，通过生动卓有成效的历史教育，使学生建立起认识社会、评价事物的标准，运用这些方法去分析处理复杂的历史现象和现实问题，并在这个过程中逐步形成正确的人生观、世界观、价值观以及养成健全的人格，形成崇尚科学的意识，确立求真务实、积极进取、不断创新的科学态度。

（三）认识普通高中历史课程的价值

普通高中教育设置的历史课程，是公民教育的基础课程。该门课程是以唯物史观和科学的教育理论为指导，通过精选历史课程内容，设计灵活多样的教学方式，激发学生学习历史的兴趣，转变学生被动接受、死记硬背的学习方式，拓展学生学习和探究历史问题的空间；培养学生正确的历史观，进而使学生学会辩证地观察、分析历史与现实问题，加深对祖国的热爱和对世界的了解，从历史中汲取智慧，养成现代公民应具备的健全人格和人文素养，以应对 21 世纪的挑战。

普通高中历史课程目标强调，全面发挥历史教育的功能，实现历史教育的社会价值，重视学生公民素质的培养。《普通高中历史课程标准（实验）》指出：

"普通高中历史课程根据历史学科和历史教学的特点，全面发挥历史教育的功能，尊重历史，追求真实，吸收人类优秀文明成果，弘扬爱国主义精神，陶冶关爱人类的情操。通过历史学习，使学生增强历史意识，汲取历史智慧，开阔视野，了解中国和世界的发展大势，增强历史洞察力和历史使命感。"

"普通高中历史课程必须全面实现其教育功能，在提高现代公民的人文素养方面发挥重要作用。"

"通过高中历史课程的学习，能使学生了解人类社会发展的基本脉络，总结历史经验教训，继承优秀的文化遗产，弘扬民族精神；学会用马克思主义科学的历史观分析问题、解决问题；学习从历史的角度去了解和思考人与人、人与社会、人与自然的关系，进而关注中华民族以及全人类的历史命运。通过高中历史课程的学习，培养学生健全的人格，促进个性的健康发展。"①

这些阐述体现了高中历史课程重视社会价值和公民教育价值的理念。高中历史新课程基本上不具备工具性，历史教育的最大价值在于其社会价值，最突出的作用体现在学生的发展过程中。高中历史新课程的实施，将为历史教育真正体现出自己的价值创造条件。

历史教育的功能可概括为社会功能和育人功能两大类。过去，在"应试教育"价值观的指导下，历史教育注重社会功能，忽视了育人功能，突出表现在学校历史教育以知识为中心，学生为了分数而学习历史，历史教师为了升学而教历史，历史教育的功利化倾向十分严重，背离了它的初衷，模糊了它的真谛。"历史教育在很大程度上只是应试的工具，对试题的钻研和应试技能的训练几乎成了历史课程（尤其是高中阶段）的主轴。"② 新一轮历史课程改革的特点之一，在于促进学生的全面发展，不只是看重学生认知水平的提高，而在于使学生的思想、心智各方面都得到和谐的发展。因此，根据历史学科和历史教学的特点，高中历史新课程强调"全面发挥历史教育的功能"这一理念，以育人为本，注重历史教育的社会功能和育人功能的有机统一。

在新课程背景下，历史教育的社会功能强调以知识的传授与能力的培养为核心。具体说来，高中阶段的具体要求是：（1）认识历史发展进程中的重大历史问题，包括重要的历史人物、历史事件、历史现象和历史发展的基本脉络。（2）提高阅读和通过多种途径获取历史信息的能力。（3）通过对历史事实的分析、综合、比较、归纳、概括等认知活动，培养历史思维和解决问题的能力。③ 历史教育的能力培养重在历史思维能力，使学生养成"论从史出"的思维习惯，能依据材料得出认识和结论，而不是教科书中现成的答案。

在高中新课程背景下，历史教育的根本功能是以史育人，促进学生身心全面、和谐发展。历史教育的育人功能的内涵十分丰富，主要体现在以下两个方面。

1. 历史教育的人文教育功能

通过历史知识的学习对学生进行人文素质的培养和人文精神的熏陶，这是历史教育所承担的最基本的育人功能。《普通高中历史课程标准（实验）》在课程性质中明确指出："通过高中历史课程的学习，培养学生健全的人格，促进个性的健康发展。"接

① 教育部. 普通高中历史课程标准（实验）. 北京：人民教育出版社，2003. 1~2
② 余伟民. 历史教育展望. 上海：华东师范大学出版社，2002. 267
③ 教育部. 普通高中历史课程标准（实验）. 北京：人民教育出版社，2003. 4

着，在课程的基本理念和设计思路中强调历史课程能"有助于学生个性的健康发展。""通过历史必修课培养健康的情感……进一步提高人文素养"。"掌握历史知识不是历史课程学习的唯一和最终目标，而是全面提高人文素养的基础和载体"。① 这番言辞恳切，谆谆教导，人文精神作为历史课程改革的本质追求跃然纸上。因此，必须将人文精神渗透到高中历史新课程教学的实践中去，贯穿于整个历史教学过程的始终。

人文精神是指关注人、尊重人格和人性，以人为中心来看待世界事物的一种思想态度。当今历史教育人文精神的培育重在学生健全人格的养成，促进学生个性的健康发展。这是因为，历史教育不仅仅表现在传授历史基础知识，更重要的还在于给人以人格的熏陶。历史基础知识固然很重要，但绝对不能将此理解为历史教育的全部，必须将历史基础知识"内化"为学生对历史基础知识的感受、体验及感悟，并外显于行为上。所以，历史教育在吸纳历史知识和能力训练的同时，重在对学生人格的塑造和培养，使学生从历史的角度去了解和思考人与人、人与社会、人与自然的关系，学会以人为本、善待生命，进而关注中华民族及全人类的历史命运，弘扬以爱国主义为核心的民族精神，形成开放的世界意识，逐步形成正确的人生观、世界观以及价值观。

总之，对学生人格塑造的理念决定了历史教育将学生培养成什么样的人，进而决定了历史课程目标中的"情感态度与价值观"，决定了历史课程内容选择的性质，决定了对学生历史学习评价的根本标准。贯彻这一理念，最重要的是历史教师要对每一位学生具有真实内在的爱护。对每位学生的真爱是全面实现历史教育功能的前提。

2. 历史教育的公民教育功能

为社会培养合格的公民是各国基础教育的首要目标。世界上很多国家把历史教育当成是公民教育的重要渠道。在21世纪初进行的我国历史课程改革中，历史教育日益全面承担起公民教育的重要功能。但由于历史和现实的原因，长期以来，我国历史教育承担公民教育功能不够全面，广大历史老师对历史教育与公民教育之间关系的关注也不够充分。随着我国经济和社会的发展，对公民的素质也提出了越来越高的要求。在此背景下，探索在历史教育中开展公民教育具有现实意义。

公民教育是旨在使人们成为健全公民的教育。最广义的公民教育是指个人成为一个健全公民的所有教育。次广义的为旨在形成符合社会所需的品性教育，主要包括公民意识教育、思想教育、政治教育、道德教育、法制教育、性格教育等。狭义的仅指公民意识（包括公民权利和义务）教育。② 就历史教育中的公民教育而言，与其他学科公民教育的侧重点有所不同，它不是完全针对公民知识的教育和公民技能的训练，而是注重公民意识的培养，从而提高公民的素质。具体说来，公民意识包括法治意识、道德意识、世界意识、环境意识等。

---

① 教育部. 普通高中历史课程标准（实验）. 北京：人民教育出版社，2003. 1～3
② 袁开运. 简明中小学教育词典. 上海：华东师范大学出版社，2000. 131

法治是指依照法律治理社会、管理国家。核心内容是权利和义务、民主平等精神的培养、主体意识教育等。树立法治意识，是现代公民必备的基本素质。通过历史学习，使学生理解从专制到民主、从人治到法治是人类社会一个漫长而艰难的历史过程，树立为社会主义政治文明建设而奋斗的人生理想。历史地看待民主制度产生的历史渊源，了解推动人类政治文明进程的民主思想与实践是一个不断变化发展的历史过程，并给予积极、客观的评价；对阻碍历史进步的专制思想、政治制度和政治统治持批判态度，确立积极推动民主进步的历史责任感。了解历史上专制与民主、人治与法治的演变过程，理解从专制到民主、从人治到法治是人类历史发展的必然趋势，不断强化民主与法制意识。

道德是以善恶评价为标准，依靠社会舆论、传统习惯和内心信念的力量来调整人们之间相互关系的行为原则和规范的总和。道德的内容主要体现在三个方面：一是个人与国家、民族、阶级、集体之间关系的行为原则和规范，如爱国、敬业奉献等；二是个人与他人之间关系的行为原则和规范，如明礼诚信、谦虚礼让、尊老爱幼、团结友善等；三是个人对自己（即自我道德修养）的行为原则和规范，如诚实正直、勤俭自强等。历史教育提供了大量的杰出人物和人民群众的优秀道德形象，为公民道德意识教育提供了生动的素材。如高中历史选修Ⅰ中，众多的改革家如商鞅、戊戌六君子等为了社会和国家付出了宝贵的生命。他们正是由于具有坚忍不拔的意志、崇高的品格和强烈的社会责任感，才将生死置之度外。这些能培养学生坚强不屈的意志，增强他们对社会的责任感。再如历史选修Ⅳ中，通过了解中外重大历史人物的主要活动，探究他们与时代的相互关系，从而"从杰出人物的嘉言懿行中汲取历史智慧和人生经验，进而确立强烈的历史使命感和社会责任感"。①

公民意识一方面是对自己所属民族国家的认同，其核心是爱国主义；另一方面，公民意识还包括对世界的整体性认识，即世界意识（又称全球意识、国际意识）。世界意识主要涉及国家平等的意识、对外开放的意识、全球利益的意识等。世界意识教育指的是使公民形成站在世界的高度了解世界历史和当今国际社会、关注人类共同的命运、评价本国的地位和作用、认识自己的权利和义务意识的教育。使学生树立正确的世界意识是历史教育的重要目标之一，历史教育应使学生"认识人类社会发展的统一性和多样性，理解和尊重世界各地区、各国、各民族的文化传统，汲取人类创造的优秀文明成果，进一步形成开放的世界意识"。② 世界历史叙述世界上对人类文明产生重大影响的国家、地区和民族的历史，是进行世界意识教育的最好载体。如通过学习人类社会思想文化和科学技术领域的发展历史，了解中外思想文化发展过程中的重大事件、重要现象及相关人物，是学生认识人类思想文化发展的多样性，理解和尊重世

① 教育部．普通高中历史课程标准（实验）．北京：人民教育出版社，2003.25
② 教育部．普通高中历史课程标准（实验）．北京：人民教育出版社，2003.5

界各地区、各国家、各民族的文化传统。再如：通过学习人类社会经济和社会生活领域发展的历史，了解自古以来中外经济的发展和社会生活的变迁，可以使学生理解历史上不同国家与地区的社会经济发展模式，并对其做出科学的评价和解释。

环境意识教育是指借助于教育手段使公民认识环境，了解环境问题，获得治理环境污染和防止新的环境问题产生的知识和技能，并在人与环境的关系上树立正确的态度，如环境系统观、人与自然的和谐共存观、尊重与合理利用自然资源观、环境保护的全球观等，以便通过社会成员的共同努力保护人类环境。在《普通高中历史课程标准（实验）》关于"世界文化遗产荟萃"专题的论述中，通过学习各具代表性的著名世界文化遗产，使学生"懂得在人类生存的环境里，文化与自然有不可分割和密切相连的关系，从而树立基于文化和自然两方面的环境保护意识"[1]。可见，使学生正确认识人与自然的关系，树立环境保护的意识，是历史教育的重要目标之一。

总之，历史教育应从社会功能和育人功能两个方面担当起全面发挥历史教育功能的重任。正是从这一理念出发，高中历史课程标准依据学科特点，高度重视历史教育功能的全面发挥。

① 教育部．普通高中历史课程标准（实验）．北京：人民教育出版社，2003.29

专题二　高中历史课程改革的理论基础

我国新一轮基础教育历史课程改革不是空穴来风，而是在继承历次课程改革的基础上，一方面制定了一系列的基础教育课程改革方针、政策，旨在说明高中历史课程改革势在必行。另一方面，将国外现代教育理念和新史观渗透于历史课程改革中，奠定了本次课改坚实的教育理论基础和史学理论基础。本专题对上述问题作了详细的论述，并指出了本次高中历史课改所取得的成绩，以及今后的课改发展趋势。

一、高中历史课程改革的教育理论基础

（一）我国基础教育课程改革方针、政策的演变

1. 高中历史课程改革势在必行

经过 20 世纪 50 年代至 90 年代的不懈努力，我国基础教育历史课程历经 7 次改革，取得了令人瞩目的成绩。这些成绩主要体现在：在历史课程目标上，已开始关注学生素质的全面提高。在历史课程结构上，开始调整课程结构，实现了历史课程的多元化，即打破了多年形成的分科课程、学科课程、必修课程的单一课程结构，出现了综合课、活动课、选修课。在历史课程设置上，增加了历史课程在课程体系中的比例，初中增加了世界历史课和乡土历史课，高中增加了中国近现代史课，历史课程从初中到高中不间断，大大提高了历史课程在学校历史课程中的地位和作用。在历史课程内容上，已开始注意根据学生学习历史的特点，加强了文化史、科技史、社会史等内容，初步实现了统一基本要求前提下的历史教材多样化；在历史课程实施中，一方面加强了师资培训，倡导了新的教育观念；另一方面开始关注课程评价对历史教学的意义，开始重视学生能力的培养，各地涌现出重视学生主动学习、重视学生发展的历史教学的成功案例。在历史课程管理上，历史教材建设实现了由"国定制"向"审定制"的转变。

尽管如此，我国历史课程设置仍存在着许多不适应社会发展要求、不利于学生全面发展的问题。这些问题主要集中在以下几个方面：

首先，在历史课程目标上，过于重视历史知识传授，过分强调学科体系的完整性，注重历史知识的"大"而"全"。

其次，在历史课程内容上，仍存在"繁、难、偏、旧"，贴近时代、贴近生活、贴近学生的实际不够。教师对"一纲多本"的历史教材改革方针普遍认识不足，落实很差。

第三，在历史课程实施中，教师满堂灌，学生死记硬背、机械训练突出。

第四，在历史评价方式上，凸现评价方式的单一，考试成为促使学生重视历史课程的"法宝"。

由此可见，我国基础教育历史课程设置的现状同时代发展的要求和肩负的历史重任之间还存在着巨大的反差。世纪之交，我国基础教育历史课程已经到了非改不可的地步。

2. 我国高中历史课程的改革情况

世纪之交，我国新一轮（第8次）历史课程改革关系到中华民族的伟大复兴，关系到每一个学生的终身发展。包括历史课程在内的我国基础教育课程改革始于1999年，迄今为止已有11个年头，可分为三个阶段。在每一阶段，国家出台了一系列方针、政策，着力引领我国包括历史课程在内的基础教育课程改革。

（1）课程改革的启动阶段

1999年，全国第三次教育工作会议在北京召开，国务院批准了教育部《面向21世纪教育振兴行动计划》，提出了改革现行基础教育课程体系，研制和构建面向新世纪的基础教育课程教材体系的任务，标志着新一轮基础教育课程改革的正式启动。本次课程改革要达到的目标如下：①改变课程过于注重知识传授的倾向，强调形成积极主动的学习态度，使获得基础知识与基本技能的过程，同时成为学会学习和形成正确价值观的过程。②改变课程结构过于强调学科本位、科目过多和缺乏整合的现状，整体设置九年义务教育课程、普通高中课程，并设置综合课程，以适应不同地区和学生发展的需求，体现课程结构的均衡性、综合性和选择性。③改变课程内容"难、繁、偏、旧"和过于注重书本知识的现状，加强内容与学生生活，以及现代社会和科技发展的联系，关注学生的学习兴趣和经验，精选终身学习必备的基础知识和技能。④改变课程实施过于强调接受学习、死记硬背、机械训练的现状，倡导学生主动参与、善于探究、勤于动手，培养学生搜集和处理信息的能力、获取新知识的能力、分析和解决问题的能力，以及交流与合作的能力。⑤改变课程评价过分强调甄别与选拔的功能，发挥评价促进学生发展、教师提高和改进教学实践的功能。⑥改变课程管理过于集中的状况，实行国家、地方、学校三级课程管理，增强课程对地方、学校及学生的适应性。

2001年6月，国务院召开全国基础教育工作会议，颁发了《关于基础教育改革与发展的决定》。该《决定》强调指出，为全面贯彻党的教育方针，大力推进基础教育的改革和健康发展，特作如下决定：确立基础教育在社会主义现代化建设中的战略地位，坚持基础教育优先发展。大力发展高中阶段教育，促进高中阶段教育协调发展。加快构建符合素质教育要求的新的基础教育课程体系。小学加强综合课程，初中分科课程与综合课程相结合，高中以分科课程为主。从小学起逐步按地区统一开设外语课，中小学增设信息技术教育课和综合实践活动，中学设置选修课。普通高中要设置技术类课程。中小学都要积极开展科学技术普及活动。实行国家、地方、学校三级课程管理。国家制定中小学课程发展总体规划，确定国家课程门类和误时，制定国家课程标准，宏观指导中小学课程实施。在保证实施国家课程的基础上，鼓励地方开发适合本地区的地方课程，学校可开发或选用适合本校特点的课程。探索课程持续发展的机制，组织专家、学者和经验丰富的中小学教师参与基础教育课程改革。①

2001 年 7 月，国务院批准教育部《基础教育课程改革纲要》，进一步明确了构建新课程体系的指导思想、课改目标、课程结构、课程标准、课程评价、课程管理、课程的组织与实施等，从而加快了新一轮基础教育课程改革的步伐。在这一阶段，一方面，根据"先立后破"、"先试验后推广"的原则，教育部于 2000 年、2002 年颁布了重新修订的《初中历史教学大纲》和《高中历史教学大纲》，接着又重新审定了初中、高中历史教科书。修订后的初中、高中历史教学大纲、历史教科书较好地体现了素质教育的要求。一些义务教育历史教材还引入了《全日制义务教育历史课程标准》（讨论稿）中的新理念，历史教科书的质量有了较大提高，实现了历史课程由"大纲教材"向"课标教材"的平稳过渡。另一方面，教育部组织历史学家、历史教育专家制订了全日制义务教育和普通高中"历史课程标准"，编写了"一标多本"新课标实验历史教科书。2001 年、2003 年，教育部分别颁布了《全日制义务教育历史课程标准（实验稿）》、《普通高中历史课程标准（实验）》，确立了初高中新的历史课程体系；构建了新的内容标准，提出了新的课程评价体系，反映了新的课程理念。在课程标准统一要求下编写的 8 套义务教育（七至九年级）历史教科书和 5 套普通高中历史教科书②，在继承以往历史教科书基础上，从内容到呈现方式都有不同程度的创新，体现了"以学生发展为本"的新课程理念。

（2）课程改革的实施阶段

遵循"先实验，后推广"的思路，2001 年 9 月，义务教育历史新课程率先在全国 38 个国家级课改实验区进行了实验。按教育部要求，2002 年秋季，全国历史课改实验规模达到同年级学生的 10% ~15%；2003 年秋季，起始年级使用历史新课程的学生人数达到同年级学生的 35% 左右；2004 年达到同年级学生人数的 65% ~70% 左右。从 2005 年秋季起，我国义务教育初中阶段各起始年级的学生都使用了历史新课程。

2003 年，教育部颁布《普通高中课程方案（实验）》。《普通高中课程方案（实验）》规定了普通高中教育的培养目标、课程结构（含课程设置及说明）、课程内容、课程实施与评价。《普通高中课程方案（实验）》特别强调，普通高中课程由学习领域、科目、模块三个层次构成。普通高中学制三年，课程由必修和选修两部分构成，

---

① 国务院. 国发［2001］21 号.2001－5－29

② 义务教育新课标历史实验教科书分别是：人教版、北师大版、华东师大版、川教版、岳麓版、中图版、中华书局版、河北人民版。2004 年，普通高中历史课程标准实验教科书分别由人民教育出版社（简称"人教版"）、人民出版社（简称"人民版"）、岳麓书社（简称"岳麓版"）、大象出版社（简称"大象版"）出版发行。其中，"大象版"于 2010 年改由北京师范大学出版社出版，简称"北师大版"。

并通过学分描述学生的课程学习状况。高中课程内容的选择应遵循时代性、基础性、选择性原则。《普通高中课程方案（实验）》还对普通高中课程实施与评价提出了如下要求：合理而有序地安排课程；建立选课指导制度，引导学生形成有个性的课程学习计划；建立以校为本的教学研究制度；充分挖掘课程资源，建立课程资源共享机制；建立发展性评价制度。《普通高中课程方案（实验）》的颁布标志着普通高中课改进入实施阶段。

在普通高中课改的实施阶段，与义务教育历史新课程改革不同，高中历史新课程改革是以省（市、区）为单位整体推进。2004年秋季，高中历史新课程率先在广东、山东、海南、宁夏四省（区）开始实验。2005年秋季，增加江苏省进入高中历史新课程改革。2006年秋季，福建、浙江、辽宁、安徽、天津5省（市）实施高中历史新课程。2007年秋季，北京、湖南、黑龙江、吉林、陕西5省（市）实施高中历史新课程。2008年秋季，江西、河南、山西、新疆（含新疆建设兵团）4省（区）实施历史新课程。2009年秋季，内蒙古、湖北、云南、河北4省（区）实施高中历史新课程。2010年秋季，重庆、四川、甘肃、贵州、青海、西藏6省（市、区）实施高中历史新课程。至此，全国除广西、香港、澳门、台湾外，其余省、直辖市、自治区都整体进入高中历史新课程改革。

在推进高中历史新课程改革过程中，教育部从2007年开始，每年都在北京举行了"全国普通高中课改实验省教师远程培训项目"，并将此项目于2010年纳入教育部、财政部"国培计划"。"国培计划"·"全国普通高中历史课程研修项目"自2007年秋季实施以来，培训了大批全国高中历史新课程教师，取得了良好的效果。在研修过程中，以朱汉国教授、赵亚夫教授为首的专家团队，围绕高中历史教学设计、专题教学、有效教学、学习方式、学业评价、教师专业成长等专题，利用互联网络，为研修学员搭建多种平台，提供形式多样的研修活动，既有视频资源的学习，又有文本资源的研习；既有贴近课改实际的案例展示，又有深刻的理论研讨；既有研修学员与课程专家团队的互动，又有研修学员之间的对话。远程研修成为引领全国高中历史新课改的平台之一。

（3）课改向纵深推进阶段

2010年7月，全国教育工作会议在北京举行。这次会议是在我国现代化建设进入关键时期、教育改革发展站在新的历史起点上召开的一次重要会议。会议强调，全面推进素质教育，要深化课程和教学改革，创新教学观念、教学内容、教学方法，着力提高学生的学习能力、实践能力、创新能力，促进德育、智育、体育、美育有机结合，实现学生全面发展。同年7月，《国家中长期教育改革和发展规划纲要（2010－2020年）》公布实施，标志着高中课改向纵深推进。

该《纲要》强调指出，全面提高普通高中学生综合素质。深入推进高中课程改革，全面落实课程方案，保证学生全面完成国家规定的文理等各门课程的学习。创造条件开设丰富多彩的选修课，为学生提供更多选择，促进学生全面而有个性的发展。积极开展研究性学习、社区服务和社会实践。建立科学的教育质量评价体系，全面实施高中学业水平考试和综合素质评价。建立学生发展指导制度，加强对学生的理想、心理、学业等多方面指导。

为贯彻落实《国家中长期教育改革和发展规划纲要》的精神，进一步加强基础教育课程教材管理和制度建设，教育部于2010年4月专门成立了"基础教育课程教材工作领导小组"、"教育部基础教育课程教材专家咨询委员会"和"教育部基础教育课程教材专家工作委员会"3个机构。

新成立的教育部基础教育课程教材工作领导小组是专门负责基础教育课程教材建设的领导决策机构，其主要职责是：研究确定基础教育课程教材建设规划和重大政策；研究确定基础教育课程重大事项，协调解决有关问题；审核基础教育课程方案、各学科课程标准审议结果和教材审查结果；指导国家基础教育课程教材专家工作委员会的工作。

新成立的教育部基础教育课程教材专家咨询委员会是为基础教育课程教材重大决策提供咨询的高层次的专家咨询机构，由学术造诣精深、在本领域有较高学术地位或具有较高社会知名度的资深专家学者组成。其主要职责是：接受教育部、国家基础教育课程教材专家工作委员会关于基础教育课程教材建设工作的咨询，研究提出国家基础教育课程教材建设的意见和建议。

新成立的教育部基础教育课程教材专家工作委员会是组织专家配合、协助教育行政部门围绕国家基础教育课程教材建设开展专业工作的机构，由基础教育相关学科以及教育、课程、心理等领域的专家和教育教学一线专家组成。其主要职责是：组织研究制订基础教育国家课程方案和各学科课程标准，组织审议并提出审议意见；组织审核教材编写人员资格并提出审核意见，组织审查教材，协调处理教材审查中的重大问题；组织开展对课程教材重大问题的研究和监测评价；对地方和中小学课程改革工作进行专业指导和服务；接受教育部和国家基础教育课程教材工作领导小组交办的专题研究工作。

（二）高中历史课程改革取得阶段性成果

迄今为止，新一轮义务教育历史课改进行了10年，高中历史课改进行了7年，初步取得了可喜的成绩。就高中历史课程改革所取得的阶段性成果而言，主要表现在以下几个方面：

（1）明确了高中历史课程的性质，提高了该门课程在基础教育课程中的地位和作用。根据普通高中教育培养目标和史学的社会功能所设置的高中历史课程，是基础教育阶段的一门基础课程。这一课程性质决定了该门课程是用历史唯物主义观点阐释人类历史发展进程和规律，进一步培养和提高学生的历史意识、文化素质和人文素质，促进学生全面发展。这一课程性质决定了该门课程具有普及性、发展性、人文性的特点。普及性是指高中历史课程是面向全体学生的一门必修课程，《普通高中历史课程标准（实验）》要求的内容应是全体学生都能达到的。发展性是指高中历史课程必须在必修课程的基础上，增设选修课程，有利于尊重学生的个性，发挥学生的能力和特长。人文性是指高中历史课程是人文教育的核心课程，在提高现代公民的人文素养方面发挥重要作用。

根据《普通高中课程方案（实验）》和《普通高中历史课程标准（实验）》，普通高中教育阶段，设置3门历史必修课程，学分达6学分，与人们心目中很有地位的物理、化学的学分相同。此外，学文科的高中学生还要从6门历史选修课程中选学3门。课时和学分的多少从一个侧面反映了学科的地位。高中历史课程为培养现代公民应具备的人文素养提供了基本保证。

（2）确立了高中历史课程的三维目标，转变了课程功能。广大教师在高中历史课改实践中，逐步把握了历史课程三维目标的内涵，增强了课程目标意识。特别是增加的"过程与方法"目标和"情感态度与价值观"目标，改变了过于注重知识传授和把思想情感教育限于政治思想教育的倾向，有利于引导学生学会学习、学会做人，促进学生全面发展，从而转变了历史课程的功能。

（3）编写出版了多套国家审定的高中历史教材，真正意义上实现了从"一纲一本"到"一标多本"的历史性跨越。2004年以来，全国中小学教材审定委员会审查通过了普通高中16个学科共67种教材。由教育部批准立项编写，并经全国中小学教材审定委员会初审通过的普通高中课程标准历史教材共4套，供全国各地普通高中选用。这4套高中历史课程标准实验教科书分别简称"人教版"、"人民版"、"岳麓版"、"北师大版"①。

（4）教师的教学观念、教学方式和学生的学习方式开始转变，历史课堂逐步成为学生的"学堂"。广大教师对学生开始有了正确的认识，即承认学生是发展中的人，是有巨大潜力的人，是具有主体地位的人，是有个性差异的人，从而开始树立以人为本、以学生为本的理念，开始从历史知识的"传授者"向学生学习的"组织者"、"合作者"、"引导者"、"参与者"和"指导者"的角色转变，开始重视转变教师的教学方式和学生的学习方式，开始实现由教师的"教"向学生的"学"的转化。在高中历史课堂教学中，教师通过讨论、交流、合作、小组学习等方式，历史课堂较多地出现师生互动、平等参与的生动局面。正是由于教师迸发出前所未有的课改创造力，使高中历史课堂正发生可喜变化，逐渐由教师的"讲堂"变成学生的"学堂"。

（5）唤醒了教师曾经失落的课程意识，促进了教师的专业发展。普通高中教育课程改革唤醒了教师曾经失落的课程意识，有关历史新课程改革的理念开始被广大教师所接受，课改一线教师通过参加各级培训、研修，得到专家引领；通过校本教研，实

---

① "北师大版"前身为"大象版"。2010年，"大象版"改由北京师范大学出版社出版，称"北师大版"。

现同伴互助；通过课后研究、教学反思，达到与学生一起成长，有力地促进了教师的专业发展。在高中历史课改实践中，广大教师注重专业引领，尝试"开展自己的教研，发表自己的意见，解决自己的问题，改进自己的教学"。① 他们著书立说，出版了一大批高中历史课改研究的新成果，如王雄主编的《高中历史课程标准与教学大纲的对比研究》（东北师范大学出版社，2005），束鹏芳著的《中学历史教学评价》（东北师范大学出版社，2005），陈漪明著的《优秀中学历史教师一定要知道的 10 件事》（中国青年出版社，2007），胡柏玲编著的《胡柏玲与历史课改同行》（中国林业出版社，2007），钟红军著的《新课程在新课堂——钟红军高中历史教学实录》（岳麓书社，2007），李惠军主编的《笃学行思录——一个历史教师团队的教学随笔》（天津古籍出版社，2008），齐健主编的《走进高中历史教学现场》（首都师范大学出版社，2008），李林川主编的《高中历史新课程教学设计与评析》（高等教育出版社，2008），陈伟国著的《反思与超越——高中历史新课程教学札记》（四川教育出版社，2010），胡军哲著的《杏坛爬梳——来自一线的历史教育思考》（岳麓书社，2011）。还有夏辉辉、张汉林、彭禹、沈为慧等课改一线教师与学者何成刚合著的《历史教学设计》（华东师范大学出版社，2009）、《智慧课堂：史料中的方法与策略》（北京师范大学出版社，2010）等等。

综上所述，新一轮高中历史课程改革立足于国际视野和中国国情，是建立在调查研究、经验研究、比较研究的基础上，其视野更宽广，包括了高中在内的整个基础教育阶段历史课程的改革。它更加重视教育观念的转变，更加重视教师的专业成长；更加重视课程改革的实施，把改革落实到历史课堂。无论在改革的广度和深度上，这次课程改革都超过了前次。

（三）高中历史课程改革面临的问题与挑战

基础教育课程改革是一场涉及上亿学生、上千万教师的广泛而深刻的改革。当前面临着如何深化基础教育课程改革、解决课改中存在的问题的关键时期。就基础教育课程改革而言，仍然面临着环境与观念转变、制度完善、教师自身素质的提高、投入和条件保障等方面的问题与挑战。就基础教育高中历史课程改革而言，虽然已取得阶段性成果，但也面临着这样一些需要解决的问题：

（1）高中历史课程标准有待进一步成熟。高中历史课程标准"模块＋专题"式的课程体系的构建，本意是不刻意追求历史学科体系的完整性，改变教材传统的呈现方式，但也存在忽略历史的时序性、内容跳跃性大等不足。一些重大历史事件、重要历史人物在普通高中历史课标中有所缺失。没有处理好高中与初中历史课程的合理衔接。高中历史课程内容偏深，缺乏初中两门通史的支撑。

（2）高中新课标历史教材也还不尽完美。在历史课程实施中，教材内容多、课时

① 杨思冰等. 高中课改：潮起珠江. 中学历史教学参考，2005，（12）

少，教师难以完成教学任务。理想的教材选用原则难以实现。

（3）高中历史课改受制于"应试教育"的文化背景。在"应试教育"文化背景的制约下，高中历史课程的教学内容、教学方式、学习方式以及教学研究以"应试"为目标的状况未得到根本转变。历史新课程先行，评价方式滞后，评价改革步履艰难。

（4）高中历史教材培训不到位，课程实验研究薄弱。高中历史课程的实验培训不完全到位，真正把握历史课标、教材精神的教师比例还不大。高中历史课改实验研究相对薄弱，对课程实验的经验总结、推广不够。

（5）教师的专业化发展与新课改的要求不相适应。部分城市中学教师的史学理论功底、专业知识和能力储备出现危机，不能完全适应新课程，有挫折感。尤其是广大农村地区、民族地区、贫困地区、革命老区的历史师资队伍的现状与课改对教师专业化程度的要求形成矛盾，不能适应课改的总体要求。

有些学者尖锐地指出，随着高中历史课程改革向纵深推进，有待进一步完善高中历史课程标准和历史教材；历史新课程实施中课堂教学出现一些偏差，或穿新鞋走老路，或形式上的合作学习、探究学习；新课程提出的学生的发展，许多方面难以通过考试方式进行考查、用量化方式进行描述。在现行考试制度下，历史学科的教学评价改革步履艰难；历史课程改革的专业队伍也还没有完全形成合力，一些地区历史教研员的地位被忽视，作用未充分发挥。[1]

这些情况说明，高中历史课程改革所追求的理想目标同现实还存在一定的差距。如何直面困难，对高中历史课程改革中面临的问题进行理性审视，以改革的精神推进高中历史课程改革，努力缩小高中历史新课程的理想目标同现实的差距，是教师应该思考的问题。

我们认为，随着高中历史课程改革向纵深推进，亟待进一步解决以下一些问题：如何处理好历史课程改革中的继承、借鉴与创新的关系？怎样处理好历史知识的积累与能力的培养、情感态度与价值观形成的关系？怎样处理好历史课改理论的前瞻性、规划的超前性与现实可能性的关系？怎样处理好合作学习、探究学习、自主学习与传统的接受式学习之间的关系？怎样正确认识高中历史课程改革与高考的关系？历史教师怎样增强反思意识、研究意识，学会在行动（叙事）研究中提升专业发展水平？如何通过组织历史课堂教学竞赛（含说课）、举办历史论文竞赛等活动为年轻教师的专业成长搭建平台？初高中历史课程如何合理衔接，如何处理好模块框架下的专题历史与通史之间的关系？如何进一步提高历史课程内容（教科书）的质量？如何整合历史课改专业队伍力量，充分发挥一线历史教师、历史教研员和历史课程编制的专业人员、教材审查专家、高校历史课程研究专家、出版社及历史教学传媒的专家在课改中的作用？怎样的教学才是有效的历史教学，怎样的评价才是有效的历史教学评价？怎样把

---

① 龚奇柱．对中学历史课程改革的回顾与思考．历史教学，2006.（1）

培育弘扬民族精神与帮助学生形成正确的国际意识相结合？如何在历史新课程教学中渗透"和谐"思想观念和社会主义核心价值体系的内涵？如何引导学生树立社会主义的荣辱观，等等。

（四）国外现代教育理念的传入及其在新课改中的渗透

20世纪80年代以来，为了吸收和借鉴世界发达国家历史课程改革的经验，我国在广泛学习和借鉴国外学校历史教育的基础之上，大量引进、移植了国外历史课程改革的理论与实践。一时间诸如建构主义、多元智能、后现代主义等国外现代教育理念不断引入，动摇了我国历史教育的许多既有观念，在对传统历史教育观念产生巨大冲击、对传统历史教育提出严峻挑战的同时，也引发了我国高中历史课程的深刻变革，实现了观念的更迭、理念的更新、模式的改进，呈现出一种此起彼伏、多元并存的历史轨迹与现实格局，成为高中历史课程改革的新理念和教育理论基础。

1. 建构主义理论

随着心理学家对人类认知规律研究的不断深入，建构主义作为认知学习理论的一个重要分支，在西方逐渐流行。20世纪80年代末90年代初，建构主义传入中国，许多学者以建构主义向传统历史教育发起挑战，并且尝试将建构主义理论引入到高中历史课程改革的研究中，取得了可喜的成果。

建构主义动摇了高中历史教育的许多既有观念，历史知识观便是其中之一。长期以来，我国高中历史教学中的历史知识观存在明显缺陷。一些教师在教学中，把知识的重要性推向极致，教育的根本任务重在传授重要的基础知识，其主要的评价指标就是对这种知识掌握的牢固程度、准确程度和系统程度。教师和学生的全部精力都集中在"为了更好地理解和掌握教材（课本）知识，维护教材知识的权威性与合法性"。这种知识观对高中历史教学产生了重大影响，教师一味追求历史教育的科学化、体系化，致力于建立"高考式"的知识结构。在高中历史教学中，教师扮演着历史知识的传递者与解释者的角色，历史课堂上以"教师讲授为主，学生聆听为主"，教师总是希望尽可能将更多知识传授给学生。然而这些知识对学生而言是死知识，而不是活生生的具有生长点的知识，这就导致了高中历史教学的效率低下和学生对历史学习兴趣的丧失。加之，历史评价的知识性导向，泯灭了教学过程和学习过程中滋生的创造性火花，将学生的思维由创造引向刻板与僵化。"学生喜欢历史而不喜欢历史课"、"考历史、记笔记、背笔记、考完历史丢笔记"、学生"学历史"的热情和兴趣荡然无存，剩下来的只是"学考历史"[①]，成为传统历史教学的真实写照。

建构主义对上述历史知识观提出了质疑。建构主义基本理论认为：世界是客观的，但对世界的理解和赋予意义却是每个人自己决定的；学习不是由教师向学生传授知识的过程，而是学生自己建构自己的知识结构的过程；学生不是被动的信息吸收者，相

---

① 俞吾金．"学历史"，还是"学考历史"？．文汇报，2002－7－30（5）

反，他是在一定的社会文化背景下借助他人（包括教师和学习伙伴）帮助，利用必要的学习资料，通过主动建构而获取信息。从这样的知识观来看，教学不是简单地把知识经验装到学生的头脑中，而是要通过激发和挑战其原有的知识经验，并提供有效地引导、支持和环境，帮助学生在原有知识经验基础上建构起新的知识经验。根据建构主义的理论，结合历史学科的特点，建构主义理论指导下的高中新课程历史教学倡导学生在教师引领下，调动以往的历史知识储备，在丰富的情境中通过合作交流多渠道地搜集历史资料，提取历史信息，探究历史问题，培养历史思维，且在此基础上发展情感、态度、价值观。具体说来，建构主义理论指导下的高中历史新课程教学具有如下特点：

（1）学生是认知主体，是意义的主动构建者。建构主义认为，学生是认知主体，是意义的主动构建者。建构主义要求唤醒学生的主体意识，健全学生的主体精神。历史学习的过程是学生积极参与、主动探究的过程，尽管不能完全放弃教师的引导，但归根到底学生才是学习的主体，最终的知识建构需要学生自己去完成。建构主义强调学生利用原有的认知结构，在外界帮助下，通过同化、顺应、再同化、再顺应……往复循环，实现对历史知识的建构，而不是死记硬背。建构主义强调学生对历史的自发体验，鼓励学生以大胆的假设和合理的推理来发现历史的发展性，并对历史事件做出自己的解释。建构主义强调要充分尊重学生建构历史认识过程中的主体地位，发扬教学民主，要让学生真正成为课堂教学的主人；给予学生一定的自主选择的权利，以充分调动其学习的积极性、主动性和创造性，使学生在高中历史新课程教学的各种活动中，充分表现自己的才能，发展自己的个性，从而让历史教学显现出勃勃生机。

建构主义强调意义建构的主体性，学生要主动建构历史知识，并善于独立思考，形成自己的探究能力，就必须在高中历史课程教学中，创设一种类似于问题探究的情境，通过学生自主、独立地发现问题，搜集与处理历史信息资料，表达与交流等探究活动，获得知识与技能、情感与态度的发展，特别是探究精神与创新能力的发展。这种高中历史课程的学习，实质上是创造性学习，是面向未来的学习，是把今天的学习和未来的学习紧紧联系在一起的学习。因此，高中历史新课程学习倡导学生自主学习和探究学习，"在多样化、开放式的学习环境中，充分发挥学生的主体性、积极性与参与性，培养探究历史问题的能力和实事求是的科学态度，提高创新意识和实践能力"。[①]

（2）注重学习过程的合作性，让学生合作学习历史。建构主义十分重视合作学习，强调学习过程的合作性。在建构主义看来，合作学习是自主建构学习克服其内在缺陷的一个重要手段。建构主义认为，要增进学生之间的合作，使学生看到那些与自己不同的观点的基础，使学生超越自己的认识。传统高中历史课程教学中，课堂上缺

---

① 教育部．普通高中历史课程标准（实验）．北京：人民教育出版社，2003.2

乏学生之间的交流合作。即使存在，这种合作学习的水平也属于较低的层次，交流的内容也比较单一，常见的方式是就某个课内习题进行讨论，而后确定一个标准答案①。《普通高中历史课程标准（实验）》明确指出：要指导学生"在探究历史问题的过程中善于独立思考和交流合作，切实提高发现问题、分析问题和解决问题的能力"②。因此，建构主义理论指导下的高中历史新课程教学，应转变历史学习观念，将创设合作学习的教学环境视为教学设计的一个必不可少的部分，除了课堂内的知识学习合作、分组活动合作外，教师更应有目的、有计划地组织面向解决实际问题的探究性的小组合作学习。比如，可以"秦朝在中国历史上的地位"③为题，将学生分成几个小组，通过图书馆、网络信息等途径，搜集和整理有关秦朝的历史资料、历史图片，简要写出《秦朝在中国历史上的地位》一文，而后在小组内对文章进行讨论、修正，写出评议结果，最后择其数篇在班级内交流。《普通高中历史课程标准（实验）》提供了许多体现培养合作学习意识和协作能力的教学形式：开展课堂讨论、组织辩论会、观看历史影视资料片、举办历史图片专题展览、开展历史方面的社会调查、采访当地人大代表和政协委员、撰写历史小论文、编辑历史题材的专题墙报等等。④

（3）师生对话式沟通，着力实现从知识的传授到知识的建构。高中历史新课程教学内容丰富多彩，千变万化。因此，教师的单纯灌输或机械训练的教学方法是不可取的。建构主义引导教师摆脱低水平的重复劳动，走在学生的前面，激发学生的求知，让学生常学常新。一般来说，教师在学生的历史学习中起到向导作用，但这只表明教师在某些方面较之学生有优势，并不意味着他可以成为知识的权威。高中历史新课程教学应改变历史教学方法，抛弃传统历史教学中的单向灌输模式。每一个学生都有自己丰富的内心世界和独特的情感表达方式，教师应当理解、尊重他们，并且与他们进行对话式沟通。对话式沟通超越了单纯意义的传递，具有重新建构意义、生成意义的功能。来自他人的信息为自己所吸收，自己既有的知识被他人的视点所唤起，这样就有可能产生新的思想。这应成为高中历史新课程教学所追求的目标。在高中历史新课程教学中，师生共同探讨、共同研究、平等对话。对话就是交流，是师生为理解文本的语言因素、情感因素、主旨因素给予而展开的交流；一个完整的课堂教学对话必须有学生、教师、文本的参与，三者缺一不可⑤。在历史课堂对话过程中，教师不是把自己对文本的理解强加给学生，而是引领学生与文本进行情感对话，走进文本的深处，就文本提出的语言、情感、认知及价值进行交流，让学生通过学会生存、学会生活、关注生命，从历史的角度去思考人与人、人与社会、人与自然的关系，进而关注中华

23

① 祝华卫．建构主义与中学历史教学的转变．历史教学，2002．（2）
② 教育部．普通高中历史课程标准（实验）．北京：人民教育出版社，2003.30
③ 朱汉国．历史必修（第一册）．北京：人民出版社，2005.153
④ 教育部．普通高中历史课程标准（实验）．北京：人民教育出版社，2003.9，13，16
⑤ 周仕德．关于历史课堂对话的思考．历史教学，2005．（5）

民族以及全人类的历史命运。可见，高中历史新课程课堂中的"对话式"沟通不是指师生双方狭隘的语言交谈，而是双方处在人格平等的"对话"状态，彼此接纳，师生双方共同就文本中的某一问题进行沟通与探究，从而达到教师、学生、文本三者情感上的共鸣，给学生以生命的思考、人生的启迪、历史的反思，最终实现高中历史新课程教学从知识的传授到知识构建的转变。

【案例摘登】

"意义建构"教学目标[①]

建构主义者主张世界是客观存在的，但是对于世界的理解和赋予意义却是由每个人自己决定的。我们是以自己的经验为基础来建构现实，或者至少说是在解释现实，我们个人的经验世界是用我们自己的头脑创建的。由于我们的经验以及对经验的信念不同，于是我们对外部世界的理解便也迥异。因此，建构主义的教学目标设计与传统教学目标设计便有很大的区别。教学目标设计，即整门课程及各教学单元的教学目标分析与确定。传统教学在进行教学目标设计时，强调的是学生对知识的掌握（历史事件、历史人物、历史现象、历史概念），对历史发展规律的理解，以及历史对学生的思想教育功能（如爱国主义、道德情操、世界观、人生观等）。历史学习是一个从感知历史到积累历史知识、从积累历史知识到理解历史的过程。建构主义理论正是强调学生是认知主体、是意义的主动建构者，所以是把学生对知识的"意义建构"作为整个学习过程的最终目的。整个教学设计过程紧紧围绕如何创设有利于学生"意义建构"的情境这个中心而展开。因此，教学的目标必须增加新的内容。即在历史教学的过程中，要注意培养学生的创造性学习能力，使学生进一步掌握和运用学习历史和认识历史的基本方法，增强学生自主学习和探究的能力；指导学生搜集和整理与学习有关的历史资料，培养学生解读、判断和运用历史资料的能力；通过对历史事实的分析、综合、比较、归纳、概括等认知活动，发展学生的历史思维能力；引导学生运用所学的知识和方法，对历史问题进行实事求是的阐述，提高分析问题和解决问题的能力。这正是建构主义的"意义建构"方法。因此，在建构主义学习理论中，要求如下的教学目标：学生应能通过课堂学习和课后活动，逐步感知人类在文明演进中的艰辛历程和巨大成就，逐步积累客观、真实的历史知识；通过收集资料、构建论据和独立思考，能够对历史现象进行初步的归纳、比较和概括，产生对人类历史的认同感，加深对人类历史发展进程的理解，并做出自己的解释。通过探究式的学习，学生应该具有如下品质：勇于从不同角度提出问题，学习解决历史问题的一些基本方法；乐于同他人合作，共同探讨问题，交流学习心得；积极参加各种社会实践活动，学会运用历史的眼光来分析历史与现实问题，培养学生对历史的理解力。

---

① 傅元根. 建构主义理论下的历史教学初探//摘自陈辉. 高中历史新课程的理论与实践. 北京：高等教育出版社，2008. 19~20

【案例点评】

建构主义强调，学生是认知主体，是意义的主动构建者。学生对知识的学习不是被动地接受，而是主动、积极地建构。傅元根老师以建构主义理论中的"意义建构"来设计教学目标，认为教学目标设计应紧紧围绕如何创设有利于学生"意义建构"的情境这个中心而展开，突出了建构主义理论指导下的教学目标要注意培养学生自主学习和探究的能力，指导学生搜集和整理历史信息资料的能力，学会运用历史的眼光分析历史与现实问题，培养学生对历史的理解能力。这种教学目标设计体现了高中历史新课程倡导的以"学生发展为本"的理念。但我们必须注意到，高中历史新课程以"意义建构"为宗旨，以学生为中心设计教学目标的每一个环节都离不开教师的认真组织和精心指导。高中历史新课程以学生为中心的"意义建构"，并不意味着教师责任的减轻和教师作用的降低，而是对教师专业素质发展提出了更高要求。

（4）评价方式由单一走向多元。在建构主义的影响下，高中历史新课程教学的评价要努力摆脱传统评价的单一方式，评价不仅仅要关注学生的知识学习，更要关注学生在历史学习过程中的情感体验。评价不仅仅是手段，同时也是目标，即要让每位学生在评价的过程中学会自我评价。评价应该给予学生足够的材料、时间和空间，在学生掌握知识的过程中来评价其学习效果。评价应该是"教师——学生"、"学生——学生"之间的良性互动，而不是教师针对学生的单方面评价。评价应设计更多的与学生的现实生活相关的活动，使"学习——活动——评价"融为一体。

2. 多元智能理论

【案例摘登】

多元智能在历史学习中的表现①

在中学历史教学中贯彻合作式学习，比如分组讨论、演历史剧、研究性学习等等，可以发展学生的人际关系智能。前几年我执教的班级有位学生，他以三大爱好闻名：历史、影视、军事。快学到拿破仑战争这个学习专题时，我给他布置了一个任务：组织全班同学排演关于拿破仑的历史剧。这位同学平时在班里没有任何职务，不算太活跃，没有显露出什么组织才能。他接到这个任务后，非常兴奋。为将这个历史剧排演好，他付出了极大的精力，也充分挖掘了其在人际关系方面的潜能，再加上他过人的天赋，最后他自编自导自演（他主演，全班同学绝大多数参演）的历史剧大获成功。这次活动在一定程度上影响了他的人生。因为他杰出的文艺才能和组织才能，同学们选他入班委会当文艺委员。此后，这位同学变得非常自信，工作和学习双丰收，最后考入北京大学艺术系，在影视编导专业深造。

【案例点评】

多元智能理论对中学历史教学的影响是全方位的。首先它带来的是观念的变化。

---

① 张汉林．多元智能理论与中学历史教学．中国历史课程网．http://hist.cersp.com/

比如人才观。毋庸讳言，在中学里，历史是一门坐冷板凳的学科。领导、同事、学生和家长对历史学科的冷淡时常让我们当教师的感到烦恼。但是，通过多元智能理论，我们知道，每个人的智能组合互不相同，人各有才，亦各有志，有学习历史的兴趣和能力甚至愿意投身于历史科学建设事业的学生毕竟是凤毛麟角。绝大部分学生将来还是要走向与历史联系很少，甚至与历史毫无瓜葛的工作岗位。因此，我们不必为此耿耿于怀，更不必为此倍感失落。我们应该为历史学科作一个准确的定位。我们的目标不在于为历史培养奇才、专家或工作者，而是通过历史为学生多元智能的发展，为学生素质的提高创造条件。摆正了历史与学生之间孰为目的孰为工具的关系，这个问题应该不难解决。

多元智能理论不仅仅是一种对于智能的全新诠释，更重要的是它给传统教育观念带来了巨大冲击，动摇了当今社会奉行的智力观、教育观、考试观及评价观。多元智能理论认为，智能是在特定的文化背景下或社会中解决问题或制造产品的能力。人的智能是多元的，而不是单一的。多元智能理论反对用相同的认知标准来衡量世界上所有的人。多元智能理论强调人类至少有以下八项智能：①语言智能。指个人能够顺利而高效地利用语言描述事件、表达思想并与人交流的能力。语言智能包括修辞、解释、记忆、书写四个方面。修辞能力指使用语言说服他人采取行动的能力；记忆能力即使用语言来记忆信息的能力；解释能力指有效地运用口头语言的能力；书写文字能力包括把语言的结构、发音、意思等知识结合并运用自如的能力。②数理逻辑智能。指有效地运用数字和推理的能力，表现为对事物间类比、对比等关系的敏感，以及通过数理运算和逻辑推理等进行思维的能力。③空间智能。指感受、辨别、记忆和改变物体的空间关系并借此表达思想和情感的能力。空间智能高的人对线条、形状、色彩和空间关系比较敏感，并且能够通过平面图形和立体造型将它们表现出来。④身体运动智能。指运用整个身体或身体的一部分解决问题的能力，表现为能够很好地控制自己的身体，对事件做出恰当的身体反应，以及利用肢体语言表达自己的思想、情感。⑤音乐智能。指察觉、辨别、改变和表达音乐的能力，表现为对音色、旋律、节奏和音质等的感受力。⑥人际关系智能。指理解他人并与人交往的能力，表现为善解人意，能够与人有效交往。⑦自我认识智能。指认识、洞察和反省自身的能力，表现为能够正确地意识和评价自身的情绪、动机、欲望、个性、意志，并在正确的自我意识和自我评价的基础上形成自尊、自律和自制的能力。⑧自然观察智能。指个体分辨自然环境与人造环境的特征并加以分类和利用的能力。从这八项智能的基本观点可以看出，智能在每个人身上以不同方式、不同程度组合，这使得每个人的智能各具特点，正是每个人所拥有的智能的不同，构成了人与人的差异，也构成了人类社会的丰富性。智能在人类认识世界和改造世界的过程中发挥着重大的作用，这些智能彼此独立而又相互关联，它们在人类智能结构中绝对是平等的，应当给予同等的重视。

长期以来，我国高中历史教学强调其功利性色彩，以标准化测试区分学生历史学习能力的高低，"语言智能"的培养强化集中在学生的书面表达能力上，而忽视了学生其他智能的培养。多元智能理论告诉我们，每个学生都具有在某一方面或几方面的发展潜能，只要为他们提供合适的教育，每个学生都能成才。从多元智能理论的视野中关注高中历史新课程改革，有很多方面都需要进一步的深化。

（1）尊重学生的个体差异，因材施教。多元智能理论告诉我们，每一个学生都有权利按照他自己固有的天性和禀赋发展自己，展现自己，外力不应该给予他的天性、禀赋和意愿相抵触的干预。尊重学生的个性差异体现在高中历史新课程教学中，要求教师去关注、研究学生的差异，做到因材施教，长善救失。而因材施教一定要落实到对每个学生的智能特征的了解和尊重上。在高中历史新课程学习中，学生智能表现各异。有的倾听能力强，有的口头表达能力强，有的阅读能力强，还有的书面语言能力强。这种在个体身上体现出的智力差异，使每一个学生看起来都与众不同。高中历史新课程教学应针对教学内容，以及学生智能结构、学习兴趣与学习方式的不同特点，选择和创设多种多样适宜的、能够促进每个学生全面且充分发展的教育方法与手段，以满足不同智力特点、学习类型和发展方向的学生，使每个学生都能切实地提高历史学习能力。反之，如果过分看重学生智能的某一面，忽视他们的丰富性，以统一模式衡量和要求他们，很可能会中断一个人某种智力发展的路径，从而使这种智力失去进一步发展和完善的机会。因此，应当注重学生的个性差异，允许鼓励学生采用适合个人特点的方法来学习历史。

（2）促进学生多元智能全面协调发展。历史学科在促进学生多元智能全面协调发展方面有着得天独厚的条件。高中历史新课程开发学生的语言智能，并非简单的能言善辩、长于表达。它既包括外在语言（即口头语言、书面语言），又包括内在语言（即逻辑思维）等。语言智能在高中历史新课程学习中表现为善于讲历史故事，善于写历史论文或历史题材的文学作品。高中历史新课程教学除了在语言智能的开发上独具优势外，还具有开发其他智能的良好条件。以人际关系智能为例，历史教育具有鲜明的人文性，为学生理解具有中华民族悠久历史文明的人际关系提供了丰富的内容和可资效仿的人格榜样。历史教育的现实性，为学生感受和体现现实社会的人际关系提供了多维的空间，同时为他们扮演和谐人际关系中的重要角色提供了广阔的舞台，为他们根植人际关系的理念智慧之树提供了肥沃的土壤。根据新课标编写的高中历史教科书以形象、生动、可感的内容向学生展示了千百年来人类历史中的是非曲直、美丑善恶。在历史学习的过程中，学生可以了解许多古今中外的仁人志士的生平事迹，以历史人物为偶像，在模仿历史人物的过程中不断成长。如伟大的先行者孙中山以百折不挠的革命精神而闻名于世。孙中山在青少年时期就很崇拜农民起义领袖洪秀全，后来又以美国开国元老华盛顿为楷模，可以说是洪秀全和华盛顿的革命精神让孙中山找准了自己的人生位置。这些无疑将对学生正确的人生观、世界观、价值观的形成产生潜移默化的影响，对提高与人沟通的人际智能大有裨益。

实际上，多元智能在高中历史新课程学习中还突出表现在：通过数理逻辑智能，学生能够对史料进行量化分析；善于运用数字类的史料；能够运用数学图表来展示各种史料或历史研究成果。通过空间智能，学生善于观察和分析图片类和影像类的历史史料；能够把自己对历史的理解用可视化的形式（如图画、雕塑）来表现。通过身体运动智能，学生善于制作各种历史模型；善于戏剧和舞蹈表演，能够用身体语言来表达自己对历史的理解。通过音乐智能，学生善于分析历史题材的音乐作品；能够用音乐的形式来表达自己对历史的理解。通过内省智能的养成，学生善于深入地思考问题，尤其善于思考历史的理论问题。通过观察智能的养成，学生善于考古调查；喜欢实地考察历史文物古迹①。

现实社会是一个多元社会。任何一个系统都应是开放的、多元的，并与其他系统之间有经常的良性交流，高中历史新课程教学也是如此。多元智能理论无疑为高中历史新课程改革带来缕缕清风。

（3）创造历史学习的环境。对学生个体差异的尊重和对学生智能全面发展的促成，包含了多元智能理论对创设一个多样且适宜于历史学习环境的要求。同时，多元智能理论也为这种环境创设提供了施展的空间。所谓适当的历史学习环境，是指在这种环境中，学生能够频繁地对话、讨论以及交流与沟通，其中尤为重要的是能够激发学生的好奇心。当学生有足够的安全感提出问题或争辩观点时，他们对学习的兴趣就会被极大地调动起来。在这种环境中，各种教学资源和教学方法可以挖掘出他们对自己潜在智能的感受与自信。在讨论及争论的过程中，当学生学会为自己的观点辩护时，就会增强自信心。当他们有机会讨论或把自己所学的知识教给别人时，就会更深入地理解所学知识。

3. 后现代主义

教育作为一种有目的、有组织、有理性的行为，始终与人类社会的现代化进程紧密相连。20 世纪 90 年代以来，在后现代主义思潮的涤荡下，教育学家们也开始了深刻反思，对教育目的、课程、教学、评价及师生关系等问题提出了完全不同于传统教育的理解和认识。具体说来，后现代主义强调以下一些观念：

（1）崇尚差异性、偶然性以及文化多元主义。后现代主义者崇尚差异性、偶然性以及文化多元主义。他们根据自己对后现代主义基本主题的理解，在对现代教育目的反思的基础上，围绕如何克服现在西方资本主义危机、培养认可多元文化且具批判能力的公民等问题，主张通过教育造就一批具有批判能力的公民，这种公民能够认清优势文化独霸性的本质并向它们挑战。在批判能力的成长过程中，他们能够逐渐深入了解自己与他人之间的关系，认同自己也认同不同文化背景下具有不同价值观的他人。后现代主义主张教育是取得个人及社会势力的工具，应该把自我及社会势力的获致放

① 黄牧航 . 历史教学与学业评价 . 广州：广东教育出版社，2005. 135

在知识积累之前，教育最重要的目标就是促进学生对社会的认识和了解，建立各种社会责任感，并在现代文明与社会环境和睦相处的社会文化背景中培养学生的生态意识。

（2）课程是探索知识的动态发展过程。后现代主义反对把课程只看成特定的知识体系载体，主张把课程看做一种探索所不知道的知识的动态发展过程，教师应和学生共同作为课程的开发者，以非线性的方式最大限度地获取全面知识。课程的内容也不是固定不变的，在课程组织中要倾听各种不同的声音，关注课程活动的不稳定性、非连续性和相对性，以及个体经验相互作用的复杂性。

（3）后现代教师的角色发生转换。后现代主义认为，在科学技术影响下，知识传输的方式发生了巨大变化，教师不再是知识唯一的信息源，教师的地位虽然不会由电脑完全代替，但后现代教师的角色已经大大不同于传统的教师。教师是领导者，他体现权威的角色，但同时仅仅是作为一个学习者团体中平等的成员。在教师与学生的反思性关系中，教师不要求学生接受教师的权威；相反，教师要求学生延缓对那一权威的不信任，与教师共同参与探究，探究那些学生所正在体验的一切。教师同意帮助学生理解所给出建议的意义，乐于面对学生提出的质疑，并与学生一起共同反思每个人所获得的心照不宣的理解。这种关系实际上可以视作一种持续的平等对话关系，在对话过程中，教师和学生围绕具体的问题情境从各自不同的立场给出自己的思考。教师的身份持续变化，时而做一名教师，时而成为一名与学生无异的聆听者。学生也如此。师生共同对求知过程负责，最终通过沟通达成"和解"，而非一致。

（4）评价的本质在于平等对话与协商。现代主义的评价基本上是一种区分的手段，考试主要是为了甄别而非对话。后现代主义强调评价的模糊、动态与开放，强调评价的协商性，认为评价的本质就是一个共同体内部的平等对话与协商的过程。后现代主义强调有条件地运用评价的区分功能。如果需要，后现代框架下的评价仍有甄别的功能，只不过评价的方式与评价的标准要依靠评价的共同体的全体成员共同商定。具体说来：①评价应倾听不同意见。后现代主义的评价观强调，评价应倾听不同意见，每一个评价者都具有同等的话语权利。评价应淡化教师权威，教师只是评价主体中的普通一员，而非领导者或决策人。②评价应尊重不同对象间的差异。后现代主义的评价观强调，评价要关注学生的个体处境和需要，注意保护学生的自尊心和自信心。对有个性发展优势的，宜给予积极评价，使其发挥多方面的潜能；对某些处于弱势的素质，要激发学生的主体意识，让其主动参与评价，而不是消极适应。

作为最新的教育思潮，后现代主义教育思想对传统的高中历史教学产生巨大冲击力的同时，也成为高中历史课程改革理论的重要组成部分。

（1）关注知识的不确定性，还历史知识以生命色彩。现代主义把知识看成是客观的存在物，它以静态的方式存在，是没有生命的抽象物。正是因为在传统高中历史教学中，教师把知识与现实世界分开来，使得知识以一种抽象的概念、符号的形式而存在。这样的历史知识对学生来说既陌生又抽象，根本不会引发其好奇心和学习欲望，更谈不上走进学生的内心世界了。

从后现代主义教育不确定性出发，我们认为：历史知识应存于实际情境中，应与现实紧密联系；历史教学过程是主观与客观及个体与外界互动、相融的过程。因此，在高中历史新课程教学中，一方面教师把历史知识与现实紧密联系起来，让学生参与其中；另一方面随时介绍史学界最新的研究成果，还历史知识以生命色彩，使历史知识充满生命情感。一位英国历史教师说，在教欧洲历史的过程中，我的第一个要求就是让学生准备前往那里，去培养"神入"和一种历史想象。[①] 我国教师的高中历史教学实验表明，把历史上人们曾经遇到的疑难，如对大政方针的决策，对世事人生的选择等，特别是两难之时的困惑，交给学生，让学生置身历史之中，想古人之所想，为古人之所为。这种方法的使用，使学生学习历史的兴趣更浓，作古人的代言人时，争先恐后，欲罢不能。[②] 可见，通过构建历史情境，可以让学生置身于历史之中，赋予本来曾是鲜活生命充盈其中的历史知识以新的生命色彩，让学生感到历史不是遥远的过去，而是活生生的现实，从而恢复历史知识的生命活力。此外，历史与现实紧密联系的过程，也是解决历史的时代性问题。从前我们把私有制发展、阶级关系发展、阶级斗争激化作为夏朝建立的主要背景，认为启建立了夏朝。如今禹建夏朝的观点在学术界得到了基本认可。历史研究者们从大禹治水入手，认为禹领导百姓引水灌溉，化水害为水利，发展农业生产，这才是禹登上王位宝座的主要原因。在高中历史教学过程中，教师通过古今对比，引导学生认识到历史知识不是一成不变的，相反，它像一个复杂的生命有机体一样，是一个动态的发展过程。[③]

（2）在平等对话中进行新课程历史教学。历史课程是一种动态发展的过程，不只是特定的知识体系的载体，而且还是师生共同参与探究知识的过程。教师和学生之间理想的关系是平等对话的关系，对高中历史新课程教学而言，对话意味着参与，意味着相互建构。对学生而言，交往意味着心态的开放，主体性的凸现，个性的彰显，创造性的解放。对教师而言，对话意味着上课不仅仅是传授知识，而是一起分享理解。教师在理解学生、教材的基础上引导学生，而学生也将自己的疑惑、对教材的不同理解反馈给教师。对话还意味着教师角色的转换。高中历史新课程教学中的师生关系是"我—你"交往关系，其核心是把学生看成是真正的人、平等的人。从后现代教育个体性出发，教师由教学中的权威变成合作者，从传统的知识传授者转向现代的学生发展的促进者。学生不是知识的接收者、复制者，而是知识的发现者、创造者。教师的教育活动建立在师生平等理解的相互交往的基础之上，以历史知识为媒介，把教育放在生活世界的大背景下，促使教育、知识、学习与学生的精神发展真正联系起来。学生不是"物"，而是与教师有着平等人格的人；学生不再盲从权威或固定答案，而是

① 陈新民. 论神入在历史教学中的运用. 历史教学，2003.（12）
② 朱尔澄. 从情理交融到历史思维——我的教改之路. 北京：北京教育出版社，1993. 58～59
③ 王凤杰. 后现代知识观在历史教学中的尝试. 历史教学，2005.（3）

时时处于积极主动的状态，喜欢动脑思考、善于发现问题、敢于质疑并积极妥善地寻找解决问题的方案。"通过对话，学生的教师和教师的学生不复存在，代之而起的是新的术语：教师式的学生和学生式的教师……他们共同对整个学生成长过程负责。"① 尤其重要的是，在新型师生关系中，在与教师的真诚交往中，学生得以恢复久违的自信，焕发出蓬勃的生命活力。需要特别指出的是，对话不等于讨论，现在高中历史新课改中很流行讨论，也许这正是出于对学生理解的尊重，但形式各异的讨论的目的很多时候仅停留在发现谁的理解更符合教师的期望上，不具备一种逐渐深入的过程性，也即缺乏一种后现代课程观所极力提倡的"保持会话继续"的精神，因而往往只能起到蜻蜓点水的效果。这是新课程高中历史教学中应极力避免的。

（3）建立多元的、开放的历史新课程评价体系。作为一门课程，一个非常重要的环节就是如何进行评价。评价在高中历史新课程实施的过程中起着重要的作用。如果一门课程最终没有一种科学的评价方法，课程管理就会落空。传统高中历史课程评价的突出特点在于操作性较强，但这种评价主要集中在基础知识的掌握上，重视的是近期的显性效果，衡量的指标是刚性的、偏于理性的，评价方法单一，强调定量分析，大多是笔试题、客观题，甚至用一张考卷来决定终身。这样的评价过分强调了甄别与选拔功能，忽视改进与激励功能，过分关注结果而忽视过程，过于注重考试成绩而忽视学生全面发展和学生的个体差异，因而遭到各界人士的强烈抨击。

后现代主义承认和尊重价值观的多元性，不以权威的观念控制课程，反对教学用绝对统一的标准去度量学生的学习水平和发展程度，主张评价不仅要注重结果，更应注重过程。这样的评价观为高中历史新课程实施科学的评价提供了新视野。高中历史新课程评价的目的不仅是考查学生，更是检验和改进历史学习与教学，以有效学习促进学生全面发展。要实现这样的目标，就要建立开放、多元的历史新课程评价体系。历史学习具有重情感体验和感悟的特点，定量评价固然不可缺少，但却不能作为历史课程的主要评价手段。历史新课程更应重视定性评价，将教师的评价、学生的自我评价和学生间互相评价结合起来。此外，学生家长积极参与评价活动也很重要。这样的评价才是真正符合高中历史新课程学习特点的评价。也只有建立这样的历史新课程评价体系，高中历史新课程教学才能真正体现出它应有的功能和价值。多元、开放的评价也许会给教师的操作带来一定的困难，但这种评价正是教学评价的生命力所在。

总之，后现代主义教育思想对于高中历史新课程教学无疑有着深刻的借鉴意义。但如何有效地把后现代主义教育思想渗透于高中历史新课程实施中，仍是一个艰难的过程，还有待于课改一线教师和历史教育工作者进一步努力探索。

---

① 周小山．教师教学究竟靠什么．北京：北京大学出版社，2002.65

二、高中历史课程改革的史学理论基础

（一）唯物史观

历史观是人们对于社会历史的根本见解。唯物史观即历史唯物主义，也称唯物主义历史理论或唯物主义历史观，是关于人类社会发展一般规律的科学，是科学的社会历史观和认识、改造社会的一般方法论，列宁称之为科学的社会学、唯一的科学的历史观和社会科学的唯一科学方法即唯物主义的方法。

不同时代，人们对社会历史的根本见解不同，对历史的研究方法和研究对象也不尽相同。唯物史观诞生前，人们往往从神的意志、著名人物的思想或某种神秘的理性，即以某种精神因素去解释历史事件，说明历史的发展。其结果不是歪曲人类史，就是完全抛开人类史。19世纪40年代，马克思和恩格斯创立唯物史观。作为科学的历史观，它是特定社会历史条件的产物，也是人类认识发展的必然结果。唯物史观观察社会历史的方法不同于过去的一切历史理论。唯物史观承认历史的主体是人，历史是追求着自己目的的人的活动。但它所说的人"不是处在某种虚幻的离群索居和固定不变状态中的人，而是处在现实的、可以通过经验观察到的、在一定条件下进行的发展过程中的人"。① 唯物史观认为，只有从那些使人们成为现在这种样子的周围物质生活条件去考察人及其活动，才能站在现实历史的基础上描绘出人类发展的真实过程。唯物史观的基本观点可以概括为：

1. 物质生活资料的生产活动是人类社会赖以生存的前提

唯物史观发现了一个十分明显而在过去完全被思想家们忽略的事实，即"人们为了能够'创造历史'，必须能够生活。但是为了生活，首先就需要吃喝住穿以及其他一些东西。因此，第一个历史活动就是生产满足这些需要的资料，即生产物质生活本身"。② 物质生活资料的生产活动是使人类和动物区别开来的第一个历史行动，也是人类赖以生存和发展的前提，而人类生存发展的前提也就是整个社会历史运动的基础。无论在哪一个社会中，人们都必须首先解决生活必需品的生产问题，然后才能从事政治、科学、艺术、哲学、宗教等活动，没有物质生活资料的生产，就不可能有其他种种社会活动，也就不会有历史。人们按照自己的物质生产的发展建立相应的社会关系，又按照自己的社会关系创造着相应的原理、观念和范畴。同社会生活以生产活动为前提相适应，劳动生产观点就成为唯物史观的第一个基本观点。唯物史观正是"在劳动发展史中找到了理解全部社会史的锁钥"。③

2. 生产力和生产关系、经济基础和上层建筑构成统一的社会有机系统

马克思指出："物质生活的生产方式制约着整个社会生活、政治生活和精神生活的

---

① 马克思恩格斯选集（第一卷）. 北京：人民出版社，1995.73
② 马克思恩格斯选集（第一卷）. 北京：人民出版社，1995.79
③ 马克思恩格斯选集（第一卷）. 北京：人民出版社，1995.258

过程。不是人们的意识决定人们的存在，相反，是人们的社会存在决定人们的意识。"① 同时，社会意识又反作用于社会存在。人们在物质资料生产中，不仅要同自然界发生关系，而且彼此之间还要结成一定的社会关系，即生产关系。一定社会的生产关系的总和构成该社会的经济结构。这种社会经济结构是社会的经济基础，在它之上竖立着由政治法律制度和社会意识形态构成的上层建筑。而上层建筑是由经济基础所决定的，作为经济基础的生产关系又以生产力为其根源。唯物史观从社会生活各个领域中划分出经济领域，从一切社会关系中划分出生产关系，由此发现了决定其余一切社会关系的基本的原始的关系。唯物史观既强调经济因素在社会发展中的决定作用，也充分估计到其他社会因素对社会发展的影响，也十分重视上层建筑对经济基础、社会意识对社会存在的反作用。

3. 社会基本矛盾是社会发展的内在动力

唯物史观认为，社会是在其内在矛盾的推动下不断发展变化的。生产力与生产关系之间的矛盾、经济基础与上层建筑之间的矛盾，是推动一切社会发展的基本矛盾。生产力决定生产关系、经济基础决定上层建筑，但它们之间却并不总是相互适应的。生产力是生产方式中最活跃的因素，是社会发展的最终决定力量。生产力决定生产关系，进而决定整个社会关系，决定社会生活过程，决定社会发展的历史进程。所以马克思说："随着新生产力的获得，人们改变自己的生产方式，随着生产方式即谋生的方式的改变，人们也就会改变自己的一切社会生产关系。手推磨产生的是封建主的社会，蒸汽磨产生的是工业资本家的社会。"② 人类社会历史发展的实质内容，就是新生产力不断取代旧生产力的历史过程，就是先进生产力不断取代落后生产力的历史过程。

生产力与生产关系的矛盾反映到人们的社会关系上，形成人们之间以及不同社会集团之间的矛盾和冲突。在以生产资料私人占有制为基础的社会中，这种矛盾表现为经济利益根本对立的社会阶级之间的矛盾和斗争，在生产资料公有制社会中则表现为根本利益一致基础上的人民内部的各种矛盾。在阶级社会中，生产力与生产关系的矛盾只有通过阶级斗争才能获得解决，阶级斗争是推动阶级社会发展的直接动力。阶级斗争的最高形式是进行社会革命，夺取国家政权。在由阶级社会向无阶级社会过渡的社会主义社会里，随着阶级逐渐被消灭，人民内部的各种矛盾便突出出来，并上升到主要地位，于是正确地解决人民内部各种矛盾便成为推动社会前进的动力。

4. 人民群众是历史的创造者

人类社会的发展决定于物质资料生产方式的发展，而物质资料生产方式及其发展是通过劳动者的活动来实现的。生产关系和上层建筑的变革，在阶级社会里主要是通过以劳动群众为主体的阶级斗争来实现的。马克思指出："历史活动是群众的事业。随

① 马克思恩格斯选集（第二卷）. 北京：人民出版社，1995. 32
② 马克思恩格斯选集（第二卷）. 北京：人民出版社，1995. 142

着历史活动的深入，必将是群众队伍的扩大。"① 因此，唯物史观认为，社会历史首先就是物质资料生产者的历史、劳动群众的历史；人民群众是历史的创造者和推动社会前进的决定力量。当然，人民群众创造历史的活动和作用总是受到一定历史阶段的经济、政治和思想文化条件的制约。唯物史观不否认每个参加历史运动的人都有自己的一份作用，但各种不同的人由于种种不同的条件，对历史发展所起的作用也各不相同。杰出的人物具有比一般人更大的作用，他们的活动可以加速或者延缓历史运动的进程，并影响历史的局部面貌。它所否认的，只是那种把历史归结为少数杰出人物的创造，完全忽视人民群众的活动的英雄史观。唯物史观认为，不是英雄创造历史，而是历史创造英雄。不论何种天才，他们只有参加群众斗争、吸收群众智慧并自觉地去实现历史规律的要求，才能对历史发展起更大的作用。

5. 社会发展是一个自然历史过程

唯物史观认为，历史的一切变化都必须通过人们的活动，人类历史是人们自己创造的，但他们并不是随心所欲地创造，不是在自己选定的条件下创造，而是在直接碰到的、从过去继承下来的既定条件下创造的。生产关系不是人们任意选定的，也不能由人们任意变革，它是由生产力的发展状况决定的。人们对生产力也不能任意创造，作为改造自然的物质力量，生产力属于一种既得的力量，属于已往人们活动的产物，人们只能从历史上继承下来的已有生产力的基础上去进一步提高。唯物史观认为，由人们的活动所构成的社会历史的发展，同自然界的运动一样，也是一个不以人们的意志为转移的客观规律所支配的物质运动过程。每一生产关系的总和标志着人类历史发展过程的一个特殊阶段，构成相互区别的社会经济形态。

唯物史观认为，人们在自己生活的社会生产中发生一定的、必然的、不以他们的意志为转移的关系，即同他们的物质生产力的一定发展阶段相适合的生产关系。这些生产关系的总和构成社会的经济结构，即有法律的和政治的上层建筑竖立其上并有一定的社会意识形态与之相适应的现实基础。"社会的物质生产力发展到一定阶段，便同它们一直在其中运动的现存生产关系或财产关系（这只是生产关系的法律用语）发生矛盾。于是这些关系便由生产力的发展形式变成生产力的桎梏。那时社会革命的时代就到来了。随着经济基础的变更，全部庞大的上层建筑也或慢或快地发生变革。"②

唯物史观是人类科学思想中的伟大成果，为人类认识开辟了一个新的广阔的科学领域。唯物史观对历史科学是一个具有划时代意义的伟大发现，实现了整个社会历史观的变革。它关于社会发展一般规律的理论，为揭示资本主义剥削的秘密、发现资本主义生产关系的运动规律提供了科学的方法，为马克思主义政治经济学和科学社会主义的哲学奠定了历史理论基础。唯物史观创立以来，不断在实践中接受检验，内容上

① 马克思恩格斯全集（第二卷）．北京：人民出版社，1957. 104
② 马克思恩格斯选集（第二卷）．北京：人民出版社，1995. 32～33

不断充实，形式上日臻完善，正在并且还将在新的实践中继续发展。

（二）近些年出现的新史观

唯物史观是我国的基本史观。但由于我国史学长期受苏联史学的影响，苏联在20世纪30年代形成的社会形态史观是我国传统的历史观，也是一直以来对我国影响最大的历史解释模式。该史观认为，随着社会生产力的发展，社会形态由低到高依次更替，先后经历原始社会、奴隶社会、封建社会、资本主义社会和共产主义社会五种社会形态，并据此将人类历史划分为不同的发展阶段。它确信，全世界各个地方都无一例外地遵循共同的历史发展阶段逐一更替，由低级向高级发展，而发展的动力是阶级斗争。五种社会形态史观对我国史学的影响是在我国史学界形成了占统治地位的革命史观或阶级斗争史观。

五种社会形态史观对我国历史学科的构建曾经产生了积极而重大的贡献。但该史观也存在明显的局限性：第一，该史观是在特殊历史时代产生的，现在它已经不能适应学术发展的需要和时代的要求了；第二，该史观包容性小，容不下当代历史学所提出的新研究课题，如现代化问题、文明多样性问题；第三，该史观解释能力有限，社会形态史观难以解释某些历史问题，如中西封建社会向资本主义过渡问题，对当今社会主义与资本主义并存的现实也缺乏解释能力。总之，五种社会形态史观的涵盖面不广，伸缩性不大，难以自我调节。

改革开放以来，我国史学界广泛学习借鉴国外史学理论研究新成果，全球史观、现代化史观、文明史观、社会史观、生态史观等新史观不断涌现，丰富和发展了唯物史观。其中，全球史观、现代化史观、文明史观不仅在学术界产生了重大影响，在基础教育高中历史新课程教学中也已被广泛运用。

1. 全球史观

全球史观与整体史观是既有联系又有区别的两种史观。从学术的角度看，两者有明显差异，而从使用角度看，两者并没有什么差别。因此，我们经常将二者混用，一般把整体史观又称全球史观。

所谓整体史观，是指世界历史（含中国史）纵横发展的历史观。该史观由我国著名史学家吴于廑先生提出。他指出："研究世界历史必须以世界为一全局，考察它怎样由相互闭塞发展为密切联系，由分散演变为整体的全部历程。这个全部历程就是世界历史。"[①] 该史观认为，人类历史发展为世界历史，经历了一个漫长的过程。这个过程包括纵向发展和横向发展两个方面。纵向发展是指人类物质生产史上不同生活方式的演变和由此引起的不同社会形态的更迭。横向发展是指历史由各地区间的相互闭塞到逐步开放，由彼此分散到逐步联系密切，终于发展成为整体的世界历史的客观过程。马克思、恩格斯在《德意志意识形态》中指出："各个相互影响的活动范围在这个发

---

① 吴于廑. 中国大百科全书·外国历史（总序）. 北京：中国大百科全书出版社，1990. 15

展进程中越是广大，各民族的原始封闭状态由于日益完善的生产方式、交往以及因交往而自然形成的不同民族之间的分工消灭得越是彻底，历史也就越是成为世界历史。"① 推动横向发展的决定力量是物质生产的不断发展。纵向发展和横向发展并不是平行的、各自独立的，而是互为条件。最初是缓慢地、后来是越来越急速地促进历史由分散的发展到以世界为一整体的发展。纵向发展制约着横向发展，纵向发展所达到的阶段和水平，规定着横向发展的规模和广度。横向发展一方面受纵向发展的制约，一方面又对纵向发展具有反作用。横向发展与一定阶段的纵向发展相适应，往往能促进和深化纵向发展。

总之，整体史观强调从全局，即从全球的角度认识人类社会发展的历史；人类社会的发展过程是从分散发展到整体发展的过程；纵向发展和横向发展是历史发展的两个相互关联彼此影响的基本方面；生产力发展和人类社会交往的发展是历史发展的两根主轴。

所谓全球史观，是指史学家们根据新的时代特征，视世界为一个整体，并从宏观的、联系的角度考察和分析人类社会历史演变走向的一种方法、观念和理论体系。全球史观强调以"全球眼光"审视人类历史，以人类社会整体发展进程为叙述对象，超越以国家为单位叙事的传统历史观。该史观是 20 世纪下半期，伴随着对"西欧中心论"的批判而在学术界出现的一种全新史观。早在 20 世纪 50 年代，巴勒克拉夫就主张用全球观点来考察历史。20 世纪 70 年代他又指出："建立全球的历史观——即超越民族和地区界限、理解整个世界的历史观。"② 斯塔夫里阿诺斯在其《全球通史》中指出，把世界历史作为一个整体来考察是本书的显著特点，"研究的是全球而不是某一国家或地区的历史；关注的是整个人类，而不是局限于西方人或非西方人"。③

全球史观以不同人群、社会、民族、国家之间的互动为切入点，开辟了考察世界历史的新视角，建立了编纂世界通史的新框架，具有鲜明的时代特点和理论启发性。全球史长于对世界横向联系的考察，可以补传统世界通史研究和编纂的不足。全球史观是当代史学家研究历史、认识历史的一种新的视角和思维倾向。它的出现反映了学者们在新的时代背景下认识历史及其变化的一种新的思维活动。这是客观历史发展的产物，又是史学家们主观认识活动的结果，标志着史学观念的一次重大变革。在关于地理大发现的划时代意义、关于世界近代早期（1400 年—1800 年或 1500 年—1750年）的历史定位等问题上充分体现了全球史观的价值。④ 该史观正日益成为影响全球史学的主流史观。

全球史观在注意历史纵横发展的前提下，尤其关注横向发展。所以，基础教育高

---

① 马克思恩格斯选集（第一卷）. 北京：人民出版社，1995. 88
② 巴勒克拉夫. 当代史学主要趋势. 上海：上海译文出版社，1987. 242
③ 斯塔夫里阿诺斯. 全球通史——1500 年以前的世界. 上海：上海社会科学院出版社，1988. 54
④ 刘新成. 全球史观与近代早期世界史编纂. 世界历史，2006，（1）

中历史新课程教学中运用全球史观，主要是拓展教师和学生的横向视野，并注意横向发展与纵向发展的关系，而且在中国史和世界史的教学方面侧重有所不同。在中国历史教学中运用全球史观，要注意从世界历史发展的全局认识中国历史，关注中外交往和国内交往，并用社会交往标准进行历史评价，重视反映中国历史发展整体性的重要问题，注意国内横向发展与纵向发展的关系。在世界历史教学中运用全球史观，要注意按从分散发展到整体发展的基本线索划分人类历史发展的时期，从整体角度把握重要历史阶段的主要特征，重视国际交往。

2. 现代化史观

20世纪50年代，现代化理论在美国出现。我国现代化史观的开创者是著名史学家罗荣渠先生，他从20世纪80年代初开始，把现代化作为一个新的历史范畴，倡导马克思主义的现代化新理论体系，从新的宏观视角开阔了我们对世界近现代历史发展进程的视野。

罗荣渠先生将现代化含义的种种说法归纳为四大类：第一，现代化是近代资本主义兴起后的特定国际关系格局下，经济上落后国家通过大搞技术革命，在经济和技术上赶上世界先进水平的历史过程。第二，现代化实质上就是工业化，是指人类社会从传统的农业社会向现代工业社会转变的历史过程。第三，现代化是自科学革命以来人类急剧变动的过程的统称。人类社会发生的变化，不仅限于工业领域和经济领域，也发生在知识增长、政治发展、社会动员、心理适应等方面。这种观点不是着眼于工业化的纯粹经济属性，而是注意社会制度与工业化和经济发展的关系，认为科学革命具有改变人类环境的巨大力量，造成特殊的社会变迁方式，而社会各单元对于这一环境变化的适应和调整的过程就是现代化。第四，现代化主要是一种心理态度、价值观和生活方式的改变过程。换句话说，现代化是代表历史时代的一种"文明的形式"。这主要是从社会学、文化人类学、心理学的角度考虑现代化的。

因此，现代化是一个包罗宏富、多层次、多阶段的历史过程，很难一言以蔽之，因此从不同的角度研究现代化，自然形成不同的流派。广义而言，现代化作为一个世界性的历史过程，是指人类社会从工业革命以来所经历的一场急剧变革，这一变革以工业化为推动力，导致传统的农业社会向现代工业社会的全球性大转变过程，它使工业主义渗透到经济、政治、文化、思想各个领域，引起深刻的相应变化；狭义而言，现代化又不是一个自然的社会演变过程，它是落后国家采取高效率的途径，通过有计划的经济技术改造和学习世界先进经验，带动广泛的社会改革，以迅速赶上先进工业国和适应现代世界环境的发展过程。[①]

现代化史观又称"一元多线"历史发展观。该史观认为，现代化是近现代史的主题，是人类社会由传统农业社会向现代工业社会的多层面同步转变的动态过程。社会

---

① 罗荣渠. 现代化新论——世界与中国的现代化进程. 北京：商务印书馆，2004.9~17

生产力的发展是实现这种转变的根本动因，即"一元性"。在同一生产力状态下，不同社会的发展水平受复杂的自然因素与社会因素的影响而千差万别，但可以归纳成为不同的发展阶段、不同的发展模式和不同的发展道路，任何一种生产方式和社会形态都不是单向度的、静态的，而是多向度的和动态的，即"多线性"。现代化史观突出以生产力标准代替生产关系标准作为衡量社会发展的客观主导标准，认为人类历史上出现过三种根本不同性质、不同形态的社会生产力：原始生产力、农业（含畜牧业）生产力、工业生产力。现代化史观认为，传统的五种社会形态说所主张的"五种社会形态单线依次演进"的观点是错误的，影响社会发展的动力固然是"一元"的，但并不是单因素的，而是多因素的、互动的，是一种合力。同一性质和水平的生产力可与几种不同的生产关系相适应，同一生产方式在不同的历史条件下可以适应不同的社会结构，这就造成了现代化发展的多种道路或模式并存的局面。

追寻工业文明，是现代化作为全球性历史进程的共同特征。不同国家和地区的现代化道路，则可以因其传统因素的作用、社会改革和经济技术改造的方式等方面的差别而有各自的特点。以生产力变革来定义"现代"和"现代化"，将它与资本主义剥离开来，不仅打破了把现代西方社会作为超时空的现代化范式的西方现代化理论和其他各种史学观念，而且对于历史与现实中存在的不同现代化道路、现代化模式，都有强大的解释能力。

按照现代化理论的解析，现代化缔造了一种新的文明，即工业文明。这种变化把全世界带进一个新的历史时期，这个时期就是通常所说的"近现代"。政治现代化的特点为民主化和法治化；经济现代化的特点为工业化、专业化和规模化；社会现代化的特点为城市化、福利化、流动化和信息传播；个人现代化的特点为开放性、参与性、独立性和平等性；文化现代化的特点为宗教世俗化、观念理性化、普及化等。

从农业时代向工业时代、农业经济向工业经济、农业社会向工业社会、农业文明向工业文明的转变是第一次现代化。从工业时代向知识时代、工业经济向知识经济、工业社会向知识社会、工业文明向知识文明的转变是第二次现代化。现代化具有一种扩张的本能，从一开始这种本能就非常强烈地表现出来，它由欧洲西部推向整个世界，进至今日，世界上已没有一个角落没有受到现代化的波及，现代化的浪潮席卷全球。在第二次现代化过程中，政治、经济、社会、个人和文化等领域的变化是一种知识化为主要内容的新现代化，在不同的领域出现了新的特点。

在研究中国现代化的历史进程方面，现代化史观突破了以阶级斗争为纲的史学框架，提出了关于中国社会变革的新思路，认为只有现代化才能概括中国的现代社会转变的广泛内容与宏大目标。20世纪90年代以来，中国自己的现代化理论在唯物史观的基础上开始形成。该理论的主要基点是：把以阶级斗争作为社会变革的根本动力转变为以生产力的发展作为社会变革的根本动力；现代化作为世界历史进程的中心内容是从前现代的传统农业社会向现代工业社会的大转变。从这个新视角来看，鸦片战争

高中历史教师专业能力必修

Gao Zhong Li Shi Jiao Shi Zhuan Ye Neng Li Bi Xiu

以来中国发生的极为错综复杂的变革都是围绕着从传统向现代过渡这个中心主题进行的，这是不以人们的意志为转移的历史大趋势。正如罗荣渠先生所说，"当前中国近现代史研究中的新进展是在'革命'的传统范式之外出现了'现代化'这个范式"。从革命史取向转为现代化取向，以现代化为中心来研究中国近现代史，"必须重新建立一个包括革命在内而不是排斥革命的新的分析框架，必须以现代生产力、经济发展、政治民主、社会进步、国际性整合等综合标志对近一个半世纪的中国大变革给予新的客观历史定位"。[①]

现代化史观主要适合于考察世界近现代史。它突破了以阶级斗争为纲的史学框架，科学地阐释了历史发展的动力问题，建立了宏观的史学框架，为我们认识近现代史提供了新的视角。现代化史观要求我们从现代生产力发展的角度，从经济、政治、文化等方面，全方位地综合地审视近现代历史。有学者进而主张以现代化为主题构建世界近现代史新的学科体系。当然，也有学者对以现代化史观构建世界近现代史学科体系表示质疑，认为现代化不能作为构建世界近现代史新的学科体系的主线，因为排除了不同道路发展模式的社会经济的不同性质而笼统地提现代化，很容易陷入西方学者设置的资本主义现代化道路的陷阱。

基础教育高中历史新课程教学中，现代化史观主要适合近现代史教学。具体来说：①要求教师从现代生产力发展的角度，从经济、政治、文化等方面，从现代化史观这一新的视角全方位地综合地审视近现代历史；②以现代化史观对近现代史进行分期，中国近现代史可划分为1840年—1949年的早期现代化时期和1949年以后的社会主义现代化时期，世界近现代史可以以现代化为主线，分为准备、起动、现代化在西方国家的成熟与发展、现代化的全球扩张、现代社会出现新的转型五个阶段，这五个阶段首尾相接，组成了完整的世界现代化过程；③可从政治、经济、文化、社会、个人现代化等方面构建近现代史知识体系；④以现代化史观评价近现代历史，既以生产力发展为标准进行根本性评价，又从历史发展，政治、经济、文化和社会进步等方面综合评价。

3. 文明史观

文明史观，通常被称为文明史研究范式。文明史观是一种全新的史学范式，反映了我国史学研究的新趋势和新进展。

文明史观在国际学术界由来已久，其肇始于启蒙运动时期，伏尔泰的《风俗史》开创了文明史研究的先河。文明史观的创立者是德国学者斯宾格勒，其代表作是《西方的没落》。英国学者汤因比对文明史观进一步发扬光大，他倾其一生精力，出版了巨著《历史研究》，通过对近6000年来出现的20多种文明形态的比较研究，以其创立的挑战和迎战说，阐释了各种文明形态的产生、成长、衰落、解体的过程，从而完善了

① 罗荣渠. 现代化新论——世界与中国的现代化进程. 北京：商务印书馆，2004. 487～488

文明史观的哲学体系。20 世纪 90 年代以来,我国出现了文明史的研究热潮,北京大学著名学者马克垚是我国文明史观的主要倡导者。他所主编的《世界文明史》是我国面向 21 世纪的课程教材。

马克垚说:"文明是人类所创造的全部物质和精神成果,从这个意义上说,文明史也就是世界通史。"① 但另一方面,文明史又不同于世界史,它所研究的单位是各个文明,是不同的文明、不同类型的文明。文明是比较稳定的人类集体,有一个长期的发展过程,在发展过程中表现出阶段性。文明史观认为,人类历史发展的过程,就是各种文明不断交流、融合、创新的过程。文明多样性是人类社会的客观现实,是当今世界的基本特征,也是人类进步的重要动力。

文明史观有如下几个内容和特点:①以生产力作为划分文明发展阶段的标准,将人类文明历程划分为农业文明和工业文明两个阶段,而从农业社会向工业社会转变就是我们经常所说的现代化。史学研究必须要区分不同的文明,划分不同类型的文明,明确文明在发展过程中的阶段性。农业文明时期各文明的共同特点是农业成为文明社会发展的主要动力,分为原始农业文明和古典农业文明两个阶段。工业文明时代以 18 世纪下半期英国工业革命为开端,可分为工业文明的兴起和工业文明在全球的扩张两大阶段。②从现实人类文明所达到的高度去追溯历史,说明现代文明是如何传承演变而来的。③从长时段去考察历史。重点考察那些历史当中比较稳定、长期发挥作用的因素。如政治经济制度、民族文化、社会心理等,包括重大历史事件和重要历史人物。④把人类社会作为一个整体来观察,勾勒人类文明总体演进的脉络,总结人类文明成果,肯定进步,揭示问题。⑤以文明类型作为基本研究单位,承认文明的多元性和历史发展的多样性统一,既看到人类社会发展有共同的规律和趋势,又看到不同文明有自己独特的具体发展道路。⑥关注不同类型文明之间的相互关系,特别是工业文明以来的相互关系,考察国际社会中和全球化过程中人类文明的演进。⑦把中华文明纳入到世界文明中进行综合全面的考察研究,在比较中确定中华文明的地位,探讨中华文明的特点,丰富世界文明的内涵。⑧强调文明交流是促进人类文明进步的一个重要原因,同时注意到文明交流并非一帆风顺,而是时常遇到障碍、挫折和冲突,文明的进程有时受此影响而被延缓。

一部人类社会发展史,从本质上说就是人类文明演进的历史。16 世纪以来的世界历史进程可以理解为现代文明的形成和演进历程。现代文明的表现形式可能有多种,本质特征是科学化、工业化和民主化的三位一体,三个要素缺一不可。现代化史观和全球史观主要着眼于近现代,强调的是 1500 年以来农业文明向工业文明的转变和工业文明向全球扩散的历史,是文明史范式的一个特定阶段。因此,文明史观在很大程度上涵盖了现代化史观和全球史观,因此,它是一种更宏观、更科学的历史观。

---

① 马克垚.世界文明史.北京:北京大学出版社,2004.导言

在 21 世纪我国新一轮基础教育课程改革中，文明史观已经融入中学历史新课程。在中学历史新课程教学中可以从以下几方面运用文明史观：①以文明演进为基本线索对历史分期。文明史观把人类文明演变划分为农业文明时代和二业文明时代，农业文明分为新石器文明时代、青铜文明时代和铁器文明时代；工业文明分为手工工场时代、蒸汽时代和电气时代。②纵横结合，构建文明史知识体系。纵向来说，文明史经历蒙昧野蛮时代、农业文明时代（包括新石器时代、青铜时代和铁器时代）、工业文明时代（包括工场时代、蒸汽时代、电气时代和信息时代）、知识文明时代；横向来说，人类文明由物质文明、政治文明和精神文明三个部分组成，还可从文明类型及其交流、融合构建相关知识体系；同时，各个时期的文明又因地域、民族的不同，形成各种类型。③理清文明史重点、难点。农业文明时代的中华文明、工业文明时代的西方文明是文明史的两个重要时段；文明类型中，要注意黄河流域文明和长江流域文明特点、中华文明圈的形成及其影响、西方工业文明的形成及其影响等；政治文明史要以制度文明为核心，突出历史上的制度创新；物质文明史要以生产力发展为主线，拓宽视野，贴近生活；精神文明史要以人类思想精华为重点。④处理好文明史中的几个关系：物质文明史、政治文明史和精神文明史之间制约与促进的关系；不同类型文明之间交流与融合的关系；文明发展及其代价，即文明与野蛮的关系等。⑤以文明进步为标准进行历史评价。凡促进人类文明进步、促进人类文明交流融合的历史现象、历史事件和历史人物就给予肯定；凡阻碍人类文明进步、破坏人类文明成果、破坏人类文明交流交往的历史现象、历史事件和历史人物，则进行批判和否定。

专题三 高中历史课程改革新在何处

2001 年 9 月，我国基础教育率先在全国 38 个国家级课改实验区实施新一轮义务教育历史课程改革。这次义务教育历史课程改革与 2004 年 9 月起实施的基础教育普通高中历史课程改革并称基础教育"历史新课程改革"或"新一轮历史课程改革"。本专题从新一轮普通高中历史课程的核心理念，高中历史课程的性质、目标及其编制、实施、评价等方面论述本次高中历史课程改革新在何处？

一、高中历史新课程的核心理念

每一位教师都是带着自己的教育思想走进课堂的，每一个教育行为的背后都隐藏着教育者的理念。实践证明，任何变革首先都是观念的变革，教学的改革源自教学观念的改革。因此，深刻理解基础教育新课程的理念，是我们实施基础教育课程改革的起点。

课程理念是课程所追求的理想目标和达成目标的主要条件和途径。贯穿本次基础教育课程改革最重要、最核心的理念是："为了中华民族的复兴，为了每位学生的发展。"[①]"为了每位学生的发展"这一核心理念体现了"全人发展"的课程价值取向，意味着我国基础教育课程改革必将走出目标单一、过程僵化、方式机械的"培养模式"，让每一个学生的个性都得到充分发展，具有丰富多彩的、健全的人格。

在"为了每位学生的发展"这一核心理念指导下，《普通高中历史课程标准（实验）》构建了基础教育历史课程所具有的共同的基本理念，主要涉及：面向全体学生；全面发挥历史教育的功能；课程内容贴近学生的生活、贴近社会；转变教学方式，倡导学生主动学习；建立综合评价体系。[②]这些基本理念是指导高中历史新课程改革的重要依据。其中，"面向全体学生"是素质教育的宗旨，是"为了每位学生的发展"这一核心理念的具体体现。

首先，高中历史新课程目标是"面向全体学生"提出来的，充分体现了"为了每位学生的发展"。无论是"知识与能力"目标、"过程与方法"目标，还是"情感态度与价值观"目标，都是从学生学习历史的全过程、从学生人格发展的视角、从学生学习历史的角度进行阐述的。如"情感态度与价值观"目标是从人格发展的视角提出

---

① 钟启泉，崔允漷，张华．基础教育课程改革纲要（试行）解读．上海：华东师范大学出版社，2001．封面

② 教育部．普通高中历史课程标准（实验）．北京：人民教育出版社，2003．2

高中历史教师专业能力必修

Gao Zhong Li Shi Jiao Shi Zhuan Ye Neng Li Bi Xiu

的，充分考虑了学生的认知、动机、情感、态度、意识和价值观，以及审美要求等，并将其渗透在学生学习历史的整个过程中。高中历史新课程目标还在多处地方强调了培养学生的独立思考能力，勇于提出问题、解决历史问题的基本方法，以及乐于同他人合作、探讨问题、分析历史与现实问题等等。

其次，"为了每位学生的发展"，高中历史新课程"面向全体学生"设置了必修模块与选修模块课程，为不同兴趣和不同发展方向的学生提供了不同的选择。高中历史新课程不是培养少数几个具有历史特长的学生，而是"为了每位学生的发展"，即重视与促进学生的个性发展。高中历史新课程3个必修模块课程所构建的、适合学生认知的历史学习体系，对每位学生的历史学习来说是必不可少的，是每位学生必修的基本内容，是每位学生必须达到的共同基础。学生通过必修模块课程的学习，能学会从不同角度认识历史发展中全局与局部的关系，辩证地认识历史与现实、中国与世界的内在关系，学会从不同视角发现问题、分析问题和解决问题。高中历史新课程6个选修模块课程有助于学生选择学习自己有兴趣或需要的模块。《普通高中历史课程标准（实验）》规定："普通高中历史选修课是供学生选择的学习内容，旨在进一步激发学生的学习兴趣，拓展学生的历史视野，促进学生个性化发展。历史选修课分为历史上重大改革回眸、近代社会的民主思想与实践、20世纪的战争与和平、中外历史人物评说、探索历史的奥秘、世界文化遗产荟萃等六个模块。在教材编写和教学过程中，可根据实际情况，增加相关学习内容。"[1] 这就体现了高中历史新课程的发展性，即高中历史课程既要面对全体学生，也要尊重学生的个性和经验，充分培养发挥学生的才智，为学生未来的发展创造条件，为学生今后的学习和进入社会打下基础。

第三，"为了每位学生的发展"，高中历史新课程采用了"模块＋专题"式的课程结构，实现了课程内容的纵横贯通与互相联系。历史课程应该整合学生的经验、社会性问题与相关学科内容，这是贯彻"为了每位学生的发展"这一核心理念的基本要求。而"模块＋专题"式的高中历史课程结构设计所具有的开放性特征，不但为三者的整合提供了条件，而且为学生提供了多样的、可供不同潜能学生选择的历史课程内容。其中，3个必修模块设计了25个学习专题，6个选修模块设计了41个学习专题。这些专题多为古今贯通、中外关联，并与学生的经验和社会生活紧密联系，有助于学生的社会性发展。一方面，为学生的经验介入课程提供了课程环境，为学生主动参与课程开发，以及课程实施提供了前提条件，致使学术性内容与生活性内容融会贯通，互相提升；另一方面，为历史学科以及其他人文社会科学的最新研究成果，以及社会重大热点问题及时融入课程创设了课程空间，为历史课程内容的不断更新奠定了基础。[2] 此外，"模块＋专题"式的高中历史课程结构设计具有相对的独立性，因而提升

① 教育部.普通高中历史课程标准（实验）.北京：人民教育出版社，2003.3
② 姬秉新、李稚勇、赵亚夫.理解与实践高中历史新课程——与高中历史教师的对话.北京：高等教育出版社，2005.15

了课程的被选择性，有助于学生在教师指导下根据自身的实际情况，制订个人的课程研习计划，合理、有效地进行选课，以实现课程的个性化，全面发挥课程对学生发展的综合功能。

总之，"为了每位学生的发展"这一核心理念，着力使学生通过高中历史课程的学习，不仅获得作为现代公民应具备的历史基本知识和技能，而且能学会学习，学会做人，得到全面的发展。因此，教师在教学中，"为了每位学生的发展"，应注意学生的个性差异，发挥学生的主体作用，关注学生的生活世界和社会实践，既要使学生"学会"，也要使学生"会学"与"乐学"，学会运用历史的眼光来分析历史与现实问题，增强对历史的理解力。

二、高中历史新课程的性质

学校课程的功能，首先取决于课程的性质。与传统历史课程的基础性、必修性相比，新一轮高中历史课程不是一般的基础课程、必修课程，而是人文社会科学的一门基础课程。高中历史新课程在课程性质上，更加突出历史学科的人文性；在课程功能上，更加突出培养学生的人文素养，成为培养和提高学生人文素养不可缺少的必修课程，实施人文教育的核心课程。具体说来：

高中历史新课程的性质决定该门课程是基础教育阶段的基础课程，这是《普通高中历史课程标准（实验）》所规定的，具有相应的法定性。高中历史新课程的基础性主要表现在以下两方面：

（1）普及性。高中历史新课程是高中教育阶段学生必修的一门基础课程，它面向全体接受高中教育的学生，要求接受高中教育的学生能够达到课程标准规定的学科教育目标。这一点具有法定的强制性。

（2）非专业性。高中历史新课程是基础教育阶段面向全体学生的一门基础课程，其着眼点在于进一步提高国民素质。因此，在课程目标的确定和课程内容的选择方面体现出非专业性，即在知识与技能方面不作专业性过高的要求，将高中阶段的历史教育与高等教育阶段的历史教育、公民教育与专业教育区别开来。

高中历史新课程的基础性决定了该门课程具有必修性。《普通高中历史课程标准（实验）》规定："普通高中历史必修课分为历史Ⅰ、历史Ⅱ、历史Ⅲ三个学习模块，包括25个古今贯通、中外关联的学习专题，分别反映人类社会政治、经济、思想文化、科学技术等领域的重要历史内容，是全体高中学生必须学习的基本内容。"[①]"课程标准"的这个规定，明确了以下几点：

（1）历史Ⅰ、历史Ⅱ、历史Ⅲ 3个学习模块，是全体高中学生必须学习的基本内容。这3个学习模块包括25个古今贯通、中外关联的学习专题，分别反映人类社会政

① 教育部．普通高中历史课程标准（实验）．北京：人民教育出版社，2003.3

治、经济、思想文化、科学技术等领域的重要历史内容，这就改变了我国目前高中历史教育面向全体学生的必修课程只有中国近现代史的情况，有利于学生的全面发展。

（2）规定必修课程的目的在于："通过历史必修课，学会从不同角度认识历史发展中全局与局部的关系，辩证地认识历史与现实、中国与世界的内在联系；培养从不同视角发现、分析和解决问题的能力；培养健康的情感和高尚的情操，弘扬民族精神，进一步提高人文素养，形成正确的世界观、人生观和价值观。"[①] 由此可见，将历史课程规定为高中阶段的必修课程是为了提高全体学生的素质。历史观是国民精神的核心和灵魂，是爱国主义的立足点和出发点，也是民族凝聚力的基础。"亡其国必先亡其史"，兴其国也要兴其史。国家和民族的发展不可能没有历史教育的支撑，不可能没有民族素质的提高。同时，对历史的认识对当代社会的发展有直接而深刻的影响。因此，当今世界各国都非常重视历史教育，在高中阶段基本上将历史作为必修课程。

高中历史新课程隶属于"人文与社会"学习领域，说明了该门课程已被视为人文教育的核心课程。强调高中历史新课程是人文教育的核心课程，成为高中历史新课程改革的突出亮点。历史课程蕴含着丰富的人文知识和可供发掘的人文精神资源，是一门最具人文性的学科。但长期以来，基础教育历史课程被视为"豆芽学科"、"小儿科"，得不到应有的重视，尤其对学生的人文主义精神的培养重视不够，体现在重视传授和灌输知识，忽视了历史学习的体验、感悟的特点，压抑学生的个性，包办学生的学习。在这种模式下，学生只学到了一大堆知识，而缺乏美德、责任感、情感等，这与人文主义精神所倡导的高尚情操、理想人格、尊重人的情感是背道而驰的。高中历史新课程强调"情感态度与价值观"的培养，体现了人文精神的内涵，其目的旨在加强历史教学的人文性，培育学生的人文精神，促进学生的全面发展。《普通高中历史课程标准（实验）》认为："普通高中历史课程必须全面实现其教育功能，在提高现代公民的人文素养方面发挥重要作用。"[②] 在"课程性质"中规定高中历史课程是"进一步培养和提高学生的历史意识、文化素质和人文素养，促进学生全面发展的一门基础课程"。[③] 在"课程目标"中规定高中历史教育的目标之一是："加深对历史上以人为本、善待生命、关注人类命运的人文主义精神的理解。"[④] 在"课程标准"中，使用"人文素养"、"人文主义"、"人文精神"等词语大约有 16 处。作为人文教育的核心课程，高中历史新课程的人文性，重在强调通过历史课程的学习，培养学生树立以人为本、善待生命的人文意识；健康的审美情趣；积极进取的人生态度；相互合作的团队精神和交往能力；求真求实的科学态度；国际视野、全球文明和开放的世界意识；个人与他人以及与社会的和谐，等等。

45

---

① 教育部．普通高中历史课程标准（实验）．北京：人民教育出版社，2003.3
② 教育部．普通高中历史课程标准（实验）．北京：人民教育出版社，2003.2
③ 教育部．普通高中历史课程标准（实验）．北京：人民教育出版社，2003.2
④ 教育部．普通高中历史课程标准（实验）．北京：人民教育出版社，2003.5

三、高中历史新课程的目标

我国中学历史课程的目标经历了从"双基"到"三项任务"再到"三维目标"的发展过程。20世纪70年代末至80年代初，我国中学历史课程的智育任务目标强调"双基"，即基础知识、基本能力，同时提出中学历史课程的"思想教育"任务。20世纪80年代至2000年，我国中学历史课程强调"三项任务"，即基础知识、能力培养、思想教育。21世纪初，新一轮基础教育历史课程改革提出了"三维目标"，即知识与能力、过程与方法、情感态度与价值观，强调历史学习的基本能力、方法，以及学习过程、情感态度与价值观的养成。"三维目标"的确立和提出，体现了"以学生发展为本"的新课程理念，是对以往"双基"、"三项任务"等提法的继承、发展与创新。[①]

历史课程目标是对历史这门课程学习的总体要求，以及要达到的预期目的和效果。它反映了国家和社会对义务教育阶段和普通高中教育阶段历史这门课程的教育宗旨和要求。在课程目标方面，高中历史课程目标与义务教育历史课程目标有着一致的地方，都充分发挥和挖掘历史课程在人文素养、民族意识、改革意识、开放意识及国际意识等方面教育功能的培养。但从发展的角度看，较之义务教育阶段，高中历史课程目标有所提高和发展，突出表现在：课程目标不仅关注全体学生的共同发展，为每个学生创设未来发展的平台和机会，而且重视让不同兴趣爱好、不同能力倾向、不同特长的学生能更好地规划自己的职业选择和长远发展目标，从而设计自己的人生选择。

高中历史课程是在义务教育历史课程学习的基础上，选择不同的角度，通过专题式学习，深入了解人类历史上的重大事件、历史人物和历史现象中所蕴涵的丰富历史文化遗产，进一步揭示人类历史发展的基本过程，培养和提高学生的历史意识、文化素质和人文素养，促进学生的全面发展。从这个意义上说，高中历史课程仍然是基础教育中的一门基础课程，但它又同义务教育历史课程有所区别。这个区别就是要为学生进入高一级院校学习和走向社会提供一个必要的平台。因此，高中历史新课程的目标定位于："为学生进入更高层次的学习和走向社会奠定必要的人文社会科学基础。"[②]

高中历史新课程具体目标是："扩大掌握历史知识的范围，深入地了解历史发展的基本线索；对历史唯物主义基本理论与方法有所了解，初步认识人类社会发展的基本规律，学会运用科学的理论和方法认识历史和现实问题，逐步形成科学的世界观和历史观；树立不断完善自我、为祖国社会主义现代化建设做贡献和关注民族与人类命运

---

① "三维目标"把"知识与能力"有机地结合在一起，把"过程与方法"作为目标明确提出，同时把"三项任务"中单纯的"政治思想教育"倾向拓宽为"情感态度与价值观"教育，突出体现了历史课程的教育功能和社会功能．详见刘军．中学历史教学研究．北京：人民出版社，2009.13～15

② 朱汉国，王斯德．普通高中历史课程标准（实验）解读．南京：江苏教育出版社，2003.27

的人生理想。"[1] 较之义务教育历史课程的具体目标，高中历史新课程具体目标中，对"历史知识"的掌握范围，使用了"扩大"一词；对"历史唯物主义基本理论与方法"，使用了"有所了解"的短语；对"人类社会发展的基本规律"，是"初步认识"的程度要求；对"科学的世界观和历史观"，是"逐步形成"；在此基础上，"树立人生理想"。这样的目标表述，充分考虑了高中学生的认知能力和心理特点，体现了"以学生发展为本"的理念，易被高中生所接受。

与义务教育历史课程相比，高中历史新课程这一"知识目标"的构建，有以下显著特点：

（1）知识的呈现采取分类集中的办法。比如将政治领域、经济与社会领域、文化思想与科技领域的基本史实分别相对地集中在一个模块里学习，这样可以使学生对这一领域的历史有更为深刻的理解与认识。

（2）知识古今中外贯通。过去无论初中或高中，中国史和世界史都是相互独立的教学单元，历史课程无法做到中外历史知识的贯通，学生难以从总体上把握历史发展的线索。高中历史新课程采用专题式的编排方式，弥补了两门通史学习方式的不足，可以在某一历史领域的学习上做到古今中外贯通。

（3）知识点的层次有所提升。高中历史新课程的知识点中往往包含着若干更小的知识点。如"从汉到元政治制度的演变"、"古代中国农业的主要耕作方式和土地制度"、"古代中国商业发展的概貌"、"新民主主义革命的主要史实"、"人民代表大会制度"、"一国两制"、"雅典民主政治"、"责任内阁制"、"联邦制"、"资产阶级代议制"、"斯大林模式"、"资本主义世界经济体系的形成"、"孙中山的三民主义"，等等。[2]

与义务教育历史课程的能力目标相比较，高中历史新课程的"能力目标"强调历史技能培养、历史思维能力培养两方面内容。其中，历史思维能力是指以特定的历史知识和观点使学生形成认识社会的新视角，即从人类社会演进的角度认识和分析历史与现实的人物、事件及其社会现象。换言之，历史思维能力是指学生能够独立地根据史实，运用正确的思维方式对历史问题做出个性化的解释；具有广泛迁移性、发散性和创造性的思维方式；具有掌握新知识、解决新问题的能力。由此可知，历史思维能力培养的重点是发展学生的辩证思维、发散思维和创新思维能力。这是因为，历史的发展是辩证的，而辩证思维能更为客观、更为科学地认识历史；发散思维能从不同角度理解历史人物、历史事件和历史现象，能运用不同的方法来解释同一历史问题；创新思维是一种创造能力，主要包括提出新的观点、方法和理论。

历史思维能力的培养，能使学生成功地解决历史问题。发展学生的历史思维能力，

①　教育部. 普通高中历史课程标准（实验）. 北京：人民教育出版社，2003.4
②　朱煜. 走进高中新课改——历史教师必读. 南京：南京师范大学出版社，2006.20

除了加强历史思维过程，如分析与综合、比较与分类、抽象与概括等训练外，关键在于培养学生优良思维品质的形成。具体说来，普通高中历史思维和解决问题的能力培养主要有以下目标：

（1）能从一种或多种角度客观地评价历史人物、历史事件或历史现象。

（2）能整理零散的历史材料并按一定的逻辑关系组成一个完整的历史过程。

（3）能辩证地分析历史问题产生的原因、发展的过程以及各种历史问题之间的关系。

（4）能科学地比较不同历史人物、历史事件或历史现象并发现其异同。

（5）能运用基本的史学概念、范畴和方法，对某些历史结论做出相应的评价或说明。[①]

在"过程与方法"目标方面，高中历史新课程强调学生学习方式的转变和学习能力的提高，特别是"学会同他人，尤其是具有不同见解的人的合作学习和交流"。历史知识和学习方法的使用过程就是学习过程，学习过程必定贯穿知识和方法的运用。高中历史的"学习过程"主要包括以下一些具体目标：

（1）使学生对人类历史发展中的几个主要领域有一个较为深入的了解，从而使其初步掌握某个历史领域的发展过程、基本特点和基本规律。

（2）在初中历史学习的基础上，逐渐积累一些较高层次的历史知识，对人类的历史活动有一个较为准确的了解和把握。

（3）通过进一步的技能训练和思维方式的训练与培养，能够使学生逐渐形成观察、分析历史问题的能力。

（4）在体验、学习历史的过程中，形成对民族、国家和人类历史发展的认同感，确立正确的情感、态度与价值观。[②]

"过程与方法"目标实现的过程，应是学生体验学习并学会学习的过程，应是学生思想和行为发生改变的过程。学生能够经常性地参与学习过程，就容易学会有效的学习方法。历史学习的主要方法包括：

（1）材料学习法。即阅读必要的历史材料（包括文字的和图片的），从中获取有效历史信息，学会论从史出，史论结合。

（2）思辨学习法。即注重探究学习，善于从不同角度发现问题，积极探索解决问题的方法。在运用思辨学习法时，一方面要善于同他人交流观点和看法，听取他人的不同观点，以补充自己的论据和拓展观察视野；另一方面能对所学习的内容进行要分析、比较、概括和阐释。

（3）实践学习法。即通过社会调查、参观访问、情境模仿和解释现实问题等途径

① 朱煜. 走进高中新课改——历史教师必读. 南京：南京师范大学出版社，2006. 21

② 朱汉国，王斯德. 普通高中历史课程标准（实验）解读. 南京：江苏教育出版社，2003. 41

来学习历史的方法。① 学生一旦掌握了这些学习方法，就会自主地完成学习过程，其创造性也有了发挥的机会。所以，学生参与学习过程并掌握学习方法，成为高中历史新课程的重要目标之一。

高中历史新课程的"情感态度与价值观"目标把"培育学生的民族精神和爱国主义情感"放在了首位，特别强调学生对人文主义精神的理解，并首次提出要关注对学生"历史意识"的养成目标。② 历史意识就是人类在文明发展过程中产生出来的对自身历史的记忆和描述，并在求真求实的基础上总结经验、吸取智慧，进而把它用于现实生活的一种观念和要求。③ 历史意识固然包含着思维主体对历史的记忆，但更重要的是对历史的理性思考。如历史教师对历史因果的分析、对历史人物的介绍与评价，以及向学生传递一些历史学的核心概念，如历史的真伪、史料的价值、研习历史的探究精神等，都有助于学生历史意识的养成。④

在"情感态度与价值观"目标的实施过程中，教师要特别注意学生的心理体验、情感震撼、内心选择、精神升华，充分尊重学生亲自体验与感受的权利，引导学生自觉地走向人类神圣的精神殿堂。

高中历史新课程的"三维目标"是一个不可分割、相互交融、相互渗透的连续过程和有机整体。其中，"知识与能力"目标强调的是历史学科的基本知识与基本技能，是历史课程学习的基本要求。"过程与方法"目标强调的是历史认识的过程和方法，要求学生参与历史学习的过程，形成正确的学习方法，以利于培养科学素养、科学方法以及实践能力，是历史课程目标的一个闪光点。"情感态度与价值观"目标是历史课程目标的核心与灵魂，也是历史课程实施过程中最有创新潜力的领域。历史教育的根本目的不仅仅在于让学生掌握基础的历史知识，更应当重视通过历史课程的学习，开发学生持续发展的潜力，促进其人格的不断完善。因此，在要求学生掌握历史基础知识的同时，还要特别注重培养学生解决问题的能力，重视对知识认知方法和观念的培养，为最终形成历史意识和历史观打下基础。

四、高中历史新课程的编制

高中历史新课程编制中，其课程结构、课程设置、课程内容发生显著变化，凸显出课程结构的首创性，课程设置的选修性，课程内容的多样化。

（一）高中历史新课程结构的首创性

在我国历史课程发展史上，高中采用"模块 + 专题"式的历史课程结构具有首创性。长期以来，如何构建高中历史课程结构一直是历次历史课程改革的重点与难点。

---

① 朱汉国，王斯德. 普通高中历史课程标准（实验）解读. 南京：江苏教育出版社，2003.43～45
② 教育部. 普通高中历史课程标准（实验）北京：人民教育出版社，2003.1，30
③ 朱汉国，王斯德. 普通高中历史课程标准（实验）解读. 南京：江苏教育出版社，2003.13
④ 朱煜. 走进高中新课改——历史教师必读. 南京：南京师范大学出版社，2006.27～28

从新中国成立以来的历史课程结构改革情况来看，经历了从"编年体螺旋上升"式结构→"中外合编"式结构→"模块＋专题"式结构的演变。[①] 20 世纪 50 年代~60 年代，历史课程结构采用"编年体螺旋上升"式结构，初中为古今中外一个循环，高中为中国史一个循环，世界史改为世界近现代史。20 世纪 80 年代~90 年代，上海地区高中历史采用"中外合编"式结构，关注新航路开辟以来的中国与世界。21 世纪初，从高中学生的发展需要出发，在"历史与社会"学习领域，构建了"模块＋专题"式课程结构，则完全避免了与义务教育历史课程在结构上的重复，[②] 成为高中历史课程改革的最大亮点。一方面，"模块＋专题"式课程结构为教师与学生的经验介入课程提供了课程环境，为师生主动参与课程开发以及课程实施提供了前提条件，致使学术性、探究性内容与生活性内容融会贯通、互为提升；另一方面，"模块＋专题"式课程结构为历史学科以及其他人文社会科学的最新研究成果，以及重大热点问题及时融课程创设的课程空间，为历史课程内容的不断更新奠定了基础。[③]

根据基础教育课程改革的要求，高中历史新课程采用"模块＋专题"式的课程结构，是整个普通高中"学习领域＋科目＋模块"式的课程结构的有机组成部分。以往的高中历史课程改革在结构上只关注科目结构的调整，课程结构比较单一。新一轮高中历史课程改革力求构建综合性、多层次的课程模块结构。这种模块结构所构成的学习内容的选择和组织不是按历史学科体系，而是通过整合学生的经验及相关内容而形成；一个模块也不是单纯意义上的知识或者知识结构，而主要是一个问题，甚至是一个问题情境。这种模块结构学生不再像过去那样只是线性地连续学习各知识点，而是在一个特定的问题情境之中，以相互联系的方式学习课程模块中的最基本的概念和最基本的原理，并形成自己的知识结构和相应的思维与方法。[④]

按"模块＋专题"式的课程结构方案，高中历史新课程共设置了 9 个学习模块，共 66 个学习专题。其中，历史必修 3 个模块有 25 个学习专题，历史选修 3 个模块有41 个学习专题。"模块＋专题"式的课程结构渗透了两个基本理念：

第一，同一模块内的专题，在目标上具有相近的教育价值。如必修课程历史 I 中的 9 个专题，都是历史上重要的政治制度、政治事件。确定这些专题，有助于学生能历史地看待不同政治制度的产生、发展及其影响，并能对其进行科学的评价与解释；同时能正确地认识历史上的阶级、阶级关系和阶级斗争，理解从专制到民主、从人治

---

① 姬秉新、李稚勇、赵亚夫. 理解与实践高中历史新课程——与高中历史教师的对话. 北京：高等教育出版社，2005.9

② 新一轮义务教育阶段历史课程（七至九年级）采用了"板块＋学习主题"的通史式课程结构，分设 6 个学习板块、44 个学习主题，兼顾了历史发展的时序性和学习内容的内在联系，反映了历史学科的特点，有利于学生对历史知识的总体把握，为高中"模块＋专题"式学习打下了基础。

③ 姬秉新、李稚勇、赵亚夫. 理解与实践高中历史新课程——与高中历史教师的对话. 北京：高等教育出版社，2005.15

④ 教育部基础教育司、师范司组织编写. 普通高中新课程研修手册·新课程的教学实施. 北京：高等教育出版社，2004.112

到法治是人类社会一个漫长而艰难的历史过程，从而树立为社会主义政治文明建设而奋斗的人生理想。必修课程历史Ⅱ中的8个专题，属于经济和社会生活领域中的内容。确定这些专题，有助于学生了解人类历史上经济发展和社会变迁的基本史实，有助于学生理解历史上不同国家与地区的社会经济发展模式，进一步认识我国的基本国情和世界经济发展趋势，培养学生为社会主义现代化建设而奋斗的社会责任感。必修课程历史Ⅲ的8个专题，则属于思想文化和科学技术领域的内容。确定这些专题，有助于学生探讨思想文化和科学技术在人类历史发展中的作用，认识人类思想文化发展的多样性，学会理解和尊重世界各地区、各国家、各民族的文化传统，增强对祖国传统文化的认同感。选修课程中各模块中的专题，也都有其相近的教育目标。

第二，从以上66个学习专题所涉内容来看，基本上能够体现历史的多样性特点，有助于学生较全面地了解人类历史各个领域丰富多彩的内容。如必修模块历史Ⅰ专题，属政治史范畴，既有关于政治运动的，也有关于政治制度的。至于制度层面，既有民主制度的，也有专制制度的；既有资本主义制度的，也有社会主义制度的。通过这些专题的学习，学生可以看到历史原来是错综复杂和多姿多彩的，从而在学习中不断提高自己的综合分析能力。

按"模块+专题"式课程结构方案，高中历史新课程强调历史学科内知识的整合，这种整合主要是通过模块的综合化来实现的，即设计了66个学习专题。这些学习专题多为"古今贯通，中外关联"，既非传统的中国史、世界史，也不是古代史或现代史，这是高中历史新课程结构的最大特点。

"模块+专题"式课程结构为高中历史新课程实施预留了可供选择的弹性空间，学校可以根据需要自主选择模块。高中历史新课程倡导按"学段+模块"的方式排课（即安排历史课程）所谓学段，就是将一个学期分两个学段，每个学段10周，其中，9周授课，1周复习考试。[①] 这样，每一模块的实施时间就相对集中在一个学段（10周左右）内，一个学期2个学段就需学习2个模块的内容，每个模块每周4学时，共36学时。普通高中历史必修每个模块的基本课时为36学时，若每周4学时，3个必修模块就需按3个学段排课；若每周2学时，3个必修模块就需按6个学段排课。在国家课程方案的指导下，各课改实验区根据学校的实际情况，灵活安排历史课程的课时和所学的模块。2004年首批进入高中课改的海南省、山东省，采用"学段+模块"的方式排课。海南省海口市海南中学对历史课程的安排是：3个必修模块从高一依次开出，历史必修Ⅰ、历史必修Ⅱ在高一年级开设，每个模块用两个学段完成，每周2课时；历史必修Ⅲ在高二年级第一学期第一学段开设，每周4课时。6个历史选修模块从高二年级第一学期第二学段至高三年级第一学期第二学段开出，每周4课时。每学段开

---

① 教育部·普通高中课程方案（实验）·北京：人民教育出版社，2003.4

2 个模块，历史选修一至历史选修四可重复开设，历史选修五、历史选修六只开一次。① 而同样在海南省的三亚市第一中学所排 2004～2005 学年度高一年级课程中，历史必修Ⅰ、历史必修Ⅱ、历史必修Ⅲ都在高一年级开设。其中，历史必修Ⅰ在高一年级第一学期的第一学段开设，每周 4 课时；历史必修Ⅱ在高一年级第二学期的第一学段开设，每周 4 课时；历史必修Ⅲ在高一年级第二学期的第二学段开设，每周为 4 课时。② 山东省济南市规定，高一开设完历史必修模块，高二开始开设历史选修模块。其中，历史必修模块每周可安排 3 课时，13～14 周结束一个模块。③

2004 年首批进入高中课改的广东省，历史课程的排课提出了两种方案供各地选择④：（1）"学期＋模块"式排课，即按学期、按模块开设，每周 2 节，不连排，三个学期完成必修课，选修课从高二第一个学期第二个学段开始开设。（2）"学段＋模块"式排课，即按学段、按模块开设，每周 4 节，每次 2 节连排，高二完成必修课，考虑到学校班额、师资、学生的学习兴趣和相关学科的开设等因素，重复开设课程（供学生选择学习），选修课从高一第二个学期第二学段开设。

2010 年进入高中课改的四川省，历史课程依据不同的年级和学生选择不同的排课方式。具体说来：

高一年级按"学期＋模块"的方式排课。即必修模块从高一年级第一学期开始开设，用 3 个学期完成，共计 6 学分。高一上期完成历史必修Ⅰ的学习，每周 2 学时，计 36 学时。高一下期完成历史必修Ⅱ的学习，每周 2 学时，计 36 学时。

高二年级、高三年级则按"学期＋模块"、"学段＋模块"两种方式并存排课。高二年级上期，理工方向发展的学生完成历史必修Ⅲ的学习，每周 2 学时，计 36 学时；人文方向发展的学生在第一学段（即 1～10 周）完成历史必修Ⅲ的学习，第二学段（即 11～20 周）完成历史选修 ⅠA 中的选修 1（即《历史上重大改革回眸》）的学习，每周 4 学时，共计 72 个学时。高二年级下期，理工方向发展的学生，至少完成选修 ⅠB 中 6 个模块中的任意 1 个模块的学习，每周 2 学时，计 36 个学时；人文方向发展的学生，至少在选修 ⅠB 中，选修 3、4、5、6 模块中的任意 1 个模块，每周 2 学时，计 36 学时。

高三年级上期，人文方向发展的学生，在第一学段（即 1～10 周）完成历史选修 ⅠA 中的选修 2（即《近代社会的民主思想与实践》）的学习，每周 4 学时，计 36 学时。在第二学段（即 11～20 周）可以在选修 ⅠB 中，选修除高二下期选修后剩余 3 个

① 海南省教育厅．普通高中新课程在海南．北京：高等教育出版社，2005.228～229
② 海南省教育厅．普通高中新课程在海南．北京：高等教育出版社，2005.235
③ 段进生．普通高中历史新课程教学实施意见，载历史教学案例分析（济南市教学研究室编）．济南：山东教育出版社，2005.10
④ 广东省教育厅教研室普通高中历史新课程实验研究组．广东省普通高中课程实验历史教学指导意见（2005 年），载历史教学经验交流（人教社课程教材研究所，历史课程教材研究开发中心组编）．北京：人民教育出版社，2006.129

模块中任意 1 个模块，每周 4 学时，计 36 个学时。高三下期，人文方向发展的学生，学校安排一定的选修课程，同时安排总复习。①

从以上的几个例子可以看出，在国家课程方案的指导下，不管是高中历史必修模块还是历史选修模块课程，在课时量的使用上，在教学顺序的安排上，都是可以灵活变通的，具有可选择性。

（二）高中历史新课程设置的选修性

高中历史新课程分设必修课程和选修课程，虽然不是这次课程改革的创新，但与传统历史课程设置相比，仍存在本质区别。以往历史课程虽有必修与选修部分，但是以历史必修课程为主，历史选修课程形同虚设。② 历史选修课程只是学生选择是否还学历史（如选择学理科，就不学历史了），而不是学生在历史学科内选择学习什么具体内容进行研习。新的高中历史课程，不再从历史学科的角度把某一段历史内容划为必修或选修，而是根据高中历史课程的性质和特点，按学段分设历史必修模块课程和历史选修模块课程，凸显课程设置选修性的特点。

高中历史新课程设置呈现出必修模块课程与选修模块课程并存局面。新的高中历史必修模块课程设置 3 门，包括：历史必修 Ⅰ（政治史）、历史必修 Ⅱ（经济史）、历史必修 Ⅲ（文化史），分别反映了人类社会政治、经济、思想文化、科学技术等领域发展进程中最重要的内容。高中历史必修模块课程是学生必须学习的基础课程，它注重帮助学生形成历史素养、人文素养方面的普及性、基础性；学生通过历史必修课程的学习，能学会从不同角度认识历史发展中全局与局部的关系，辩证地认识历史与现实、中国与世界的内在联系；学会从不同视角发现问题、分析问题和解决问题，从而达到培养学生健康的情感和高尚的情操，弘扬民族精神的目标，为进一步提高人文素养，形成正确的世界观、人生观和价值观奠定基础。

新的高中历史选修模块课程设置 6 门，包括：历史上重大改革回眸、近代社会的民主思想与实践、20 世纪的战争与和平、中外历史人物评说、探索历史的奥秘、世界文化遗产荟萃。高中历史选修模块课程是为一部分对历史学科有兴趣，有一定历史素养的学生开设的课程，旨在进一步激发学生学习历史的兴趣，拓展学生的历史视野，促进学生有个性化的发展。

高中历史新课程实行学分制，加大了历史选修模块课程的比例，增强了课程设置的选修性。学分制管理为学生的自主学习和探究学习提供了广阔的空间，教师需要在课堂教学中注意引导学生进行自主学习和深入的探究学习。高中历史新课程共计 324 学时、18 学分。其中，高中历史必修模块课程分为 3 个模块，每个模块为 36 学时、2 学分，共 108 学时、6 学分。高中历史选修模块课程分为 6 个模块，每个模块为 36 学

---

① 四川省教育厅. 四川省普通高中课程历史学科教学指导意见（试行）. http：//www. scedu. net/structure/index. htm

② 陈辉. 从选修课的设置谈高中历史课程改革. 历史教学，2000，（6）

时、2学分，共计216学时、12学分。这样，在整个高中教育阶段，历史选修模块课程在历史课程中的比例增大，与历史必修模块课程相比，其课时数和学分占2/3。"学生可根据自己的兴趣，任选若干个模块"，[①] 这就意味着学生对高中历史课程拥有两种选修权：一是拥有在获得历史课程的最低学分后选择最高学分的权利；二是拥有选学不同模块课程的权利，并获得同样的学分。这样的课程设置提高了学生选课的灵活性，赋予了学生更大的课程自主选修权，使每一位学生的禀赋得到充分发挥，从而促进学生的个性化发展。

教师在指导学生选修历史模块课程时，"以学生发展为本"，尊重学生自主自愿，在教师、班主任的指导下，制定个人的课程计划，合理、有效地进行历史选修模块课程，以实现模块课程研习的个性化。教师在指导学生选修历史模块课程时，应将历史必修与选修模块课程相互搭配，协调进行。不宜在一定时间段内（如一学年）集中让学生学习历史必修模块课程，而另一时间段内集中学习历史选修模块课程，历史必修模块课程与选修模块课程协调进行，有利于在历史必修模块课程与选修模块课程之间确立平衡点，让学生基本知识、基本技能与其他多方面的能力协调发展。

（三）高中历史新课程内容的多样化

历史课程内容是指历史这门学科的内容，即有关历史教材的选材标准、组织原则和编写形式，是历史课程内容标准的具体化。作为历史教材之一的高中历史教科书，亦称课本，是国家意志的体现，严格以《普通高中历史课程标准（实验）》和根据教育部普通高中课程计划规定的课时数而编写，适应高中学生的心理特征和认知水平。[②]

我国历史课程教科书的编写经历了"一纲一本"到"一纲多本"、"多纲多本"再到"一标多本"、"多标多本"的阶段。20世纪50年代~80年代，我国历史教材管理高度集中，采用"一纲一本"的方式，即全国使用统一的《历史教学大纲》、编写统一的历史教科书，被称之为"统编教材"或"部颁教材"。高度统一的教科书制度，带来"一刀切"，使学校无特色，教学无特点，学生无特长，不利于学生的发展与人才的培养。20世纪90年代，我国打破"一纲一本"一统天下的局面，义务教育阶段历史教科书编写进入"一纲多本"、"多纲多本"阶段，除依据国家教委颁布的《全日制义务教育历史教学大纲》编写多套义务教育历史教科书外，还有上海市制定的地方性课程标准编写的义务教育历史教科书。[③] 21世纪初，新一轮基础教育课程改革进入了"一标多本"、"多标多本"阶段。无论是义务教育阶段还是普通高中教育阶段，历史课程内容都实现了教材的多样化。其中，依据教育部颁布的《普通高中历史课程标

① 教育部．普通高中历史课程标准（实验）．北京：人民教育出版社，2003.3
② 教育部．普通高中历史课程标准（实验）．北京：人民教育出版社，2001.32
③ 20世纪90年代出版的义务教育历史教科书主要有：人教版（人民教育出版社出版）、北师大版（北京师范大学出版社和青岛出版社联合出版）、沿海版（广东教育出版社出版）、内地版（西南师范大学出版社出版）、上教版（上海教育出版社出版）等.

准（实验）》，编写了"人教版"、"人民版"、"岳麓版"、"北师大版"（即原"大象版"）等高中历史新课标实验教科书供全国各地选用。此外，上海师范大学苏智良教授、华东师范大学余伟民教授还依据上海市颁布的《中学历史课程标准》，先后主编了一套供上海地区使用的高中历史教科书。目前，上海地区使用的是余伟民主编的高级中学课本《高中历史》（试验本），共 6 分册，由华东师范大学出版社出版。

高中"一标多本"、"多标多本"历史教科书格局的形成，标志着我国高中历史课程内容实现了教材内容的多样化、编写理念的多样化，可以满足不同地区、不同学校实施历史课程所需，体现了"以学生发展为本"的理念。

高中历史新课程由单一化教材走向多元化教材，教科书内容的多样化，已成为基础教育课程改革的一大趋势。21 世纪高中历史新课程教科书的编写，将更加科学、严谨，进一步体现导向性、基础性、时代性、民族性和规律性。21 世纪高中历史教科书的导向将更加鲜明。历史教科书的编写与史学研究既有联系又有区别。除都要求坚持"求实存真"的基本原则外，历史教科书还要反映史学研究的新成果。史学研究是客观性研究，允许不同的学术见解。对历史的合理解释有的要研究几年、几十年、甚至几百年。但历史教科书的编写在遵循"求实存真"的前提下，还必须体现国家意志，代表政府观点，反映主流意识，采纳学术界多数人赞成的、已成定论的观点，为培养社会主义的建设者和接班人服务。

高中历史新课程内容的多样化决定了教科书功能的综合化。高中历史新课程计划非常重视科目内的整合，这是以往未曾有过的。科目内的整合主要通过模块的综合化来实现。高中历史新课程设有 9 个必修和选修模块，与以往的课程不同，这些模块不是以历史的时间线索来排列，而是按综合的思路来设计。其中，必修的 3 个模块包括 25 个古今贯通、中外关联的学习专题，分别从整体上反映了人类社会政治、经济、文化领域发展的重要内容。选修的 6 个模块也是综合的。以综合的视野打破了时空的局限，成为高中历史教科书的一大亮点。教师也可根据情况，在教学中从不同角度对内容进行适当的整合。

五、高中历史新课程的实施

高中历史新课程实施的主要环节是教学，即：走进新课程，教师该怎样教？

（一）课前教学设计

传统的历史课程强调课前"以教师为中心"设计教案，即从教师已有的经验出发，依据教师自己对教科书和教师教学用书的理解来设计教案，预设教学过程、教学内容、教学方式、教学重难点。这种以"教师为中心"设计教案的过程，是一种静态的过程，重知识传授而轻学生发展，更多地从教师教的需要出发而轻视学生的实际需求，更忽略了学生的差异，忽略了学生的不同学习经验和学习能力。教师一旦形成较为系统和稳定的教案之后，就一劳永逸，很难改变。

实施高中历史新课程，强调课前要"以学生为中心"，双向进行教学设计，着力实现预设、生成有机统一，而非从固定的教学内容目标出发，将上课的导语、提问、学生回答问题的答案等都固定在教案里。"以学生为中心"的设计过程，是一种动态的过程，它要求根据学生已有的基础、学习兴趣、学习态度和个性特点等来分析学生的历史学习需求，预设学生的历史学习活动。尤其是教学设计的问题，既要面向全体学生，又要兼顾个人差异，既要考虑合作互动，又要发挥个人特长。问题既有预设，又有生成。既有对教师教学活动的预设，也有对学生学习活动的预设，同时还有对教学活动中可能生成的问题进行积极而又充分的预设。"以学生为中心"设计的教案与学案相结合，且具有一定的弹性，既要为学生的主动参与留下时间和空间，又要为教学的动态生成创造条件。

（二）课堂问题探究

高中历史新课程的实施强调教学过程的问题驱动，力促有效教学。历史课堂的问题探究要求教师从新课程理念出发，在落实学生主体学习地位上下工夫。教师不仅要考虑历史课堂上让学生带着什么样的问题学、怎样学，而且要考虑历史课堂的问题探究能否激活学生的思维，能否激发起学生真实的情感。

新课程倡导关注学生的学习行为，提高学生的学习效果。这就要求高中历史新课程的实施，必须注重课堂问题探究过程中的学生自主、合作与探究学习，这给教师上课提出了新的挑战。高中历史新课程的课堂问题探究，要求教师首先要学会探究与合作，要有强烈的合作与交流意识，只有这样，才能引领学生进行探究与合作。

（三）教后反思（评课）

上课是一个长期积累、不断提高的过程，在这个过程中，教师要学会自我反思，善待同行评价。教师的自我反思，就是要教后经常反思自己上的课能否帮助学生进行有效历史学习，完成历史学习任务。教师善待教后的同行评价，就是通过自己与同伴的对话，总结与反思自己的教学行为。

六、高中历史新课程的评价

尽管高中历史新课程的教学仍具有升学的压力，但这不应该成为评价改革的障碍。高中历史新课程评价改革的宗旨仍是促进学生的全面发展。因此，高中历史新课程评价不是为了甄别和选拔，更多地应该是激励和促进学生的健康成长。

与传统的课程评价相比，高中历史新课程评价以"促进学生发展为本"，呈现出"评价主体多元化、评价方式多样化"的趋势。学生与任课教师、学校领导、教研人员同属评价的主体，拥有发表个人意见的权利。只有在对学生的评价中强调多主体，才能更全面、更准确地反映学生的发展状况，并更好地促进学生个体发展。此外，被评价者的同事、学生，甚至部分家长也应当参与到评价中来，并且在某些特定领域内充当评价主体的作用。高中历史新课程评价强调评价方式多样化，特别重视他评、自评与互评等方式的有机结合，重视学生是评价主体，教师不再是唯一评价学生的人。

　　传统的历史课程评价注重终结性评价，强调纸笔测试是唯一方式。高中历史新课程评价强调从过分关注对结果的评价转向对过程的评价，重视过程性评价与终结性评价的有机统一。高中历史新课程的过程性评价强调学习过程的全程评价、动态评价，将评价贯穿于日常教学的始终，给予多次评价的机会，重在促进学生的转变与发展。高中历史新课程实施终结性评价，强调改变评价方式的单一陈旧，将纸笔测试与口头提问、课堂或课后作业、学习表现记录和活动记录有机结合起来。高中历史新课程实施过程性评价的方法，不能仅限于课堂提问、小测验、单元测验，其评价方式应灵活多样，可综合采用观察、记录、调查、访问、讨论、作业、测验、考试、评议、档案等方法；教师评价、学生互评与家长评价等多种方法相结合；可以使用观察法、访谈法、情境测验法、行为描述法、成长记录袋评价法，等等。①

---

　　① 姬秉新，李稚勇，赵亚夫．理解与实践高中历史新课程——与高中历史教师的对话　北京：高等教育出版社，2005.137~138

专题四 基于课标的中国史重点知识解读

本专题所诠释的问题摘自《普通高中历史课程标准（实验）》"内容标准"。这些问题涉及高中历史必修模块和选修模块的内容，是高中专题史教学中需要厘清的有关中国史方面重点知识。对这些问题的解读，有助于课程目标的落实和课标"内容标准"中"教学活动建议"的具体实施。

一、古代中央集权制度对中国社会发展的影响

秦始皇所创立的统一的中央集权政治制度，奠定了其后历代封建王朝政治制度的基本模式。正如清人恽敬所说："自秦以后，朝野上下，所行者皆秦制也。"[①] 中国古代的中央集权制度指的是君主专制的中央集权制度。它有两大基本特征，一是君主专制，"朕即国家"，"主独制于天下而无所制也"，皇帝决策方式带有独断性和随意性；二是中央集权，它相对于地方分权制而言，在中央政府与地方政府的关系上，国家权力全部集中于中央政府，各级地方政府只能根据中央政府的指令办事。前者是国家政权的组织形式（政体），后者是国家政权的结构形式。这一制度与当时新确立的以地主土地私有制为基础的社会经济状况及其发展要求相适应，也与整个社会历史发展的总趋势相适应。中央集权制成为中国封建时代政治文明的主要标志，是国家完整性的象征，对它的历史地位要一分为二地评价。

（一）积极作用和影响

古代中央集权制度对中国社会发展的积极作用和影响如下：①推动了中华民族多元一体格局的形成，有利于多民族国家的形成、巩固和发展。②有利于促进民族团结和遏制地方分裂势力，维护国家统一和领土完整。③强大的中央政府能有效地组织人力、物力、财力从事大规模的生产活动、经济建设、工程建设，促进社会经济的发展。④强大的中央政府有利于抵御（古代）北方游牧民族的进攻和抗击（古代后期和近代）外国的侵略。⑤在统一的环境下，有利于各民族融合，有利于各地区的经济文化交流发展。⑥有利于中国先进生产技术、先进生产方式和先进文化的外传，促进了亚洲乃至世界文明的发展进步。

（二）消极作用和影响

古代中央集权制度对中国社会发展的消极作用和影响如下：①皇权专制容易形成

---

① 大云山房文稿·三代因革论. 转引自白钢. 中国政治制度史. 天津：天津人民出版社，2002.32

暴政，导致阶级关系的紧张和农民战争的爆发。②高度的中央集权一方面削弱了地方官自主性和创造性，另一方面滋生了地方政治的保守性，产生诸如欺上瞒下、虚以应付、墨守成规等腐败现象。③高度的中央集权，必然要求舆论一律、独尊一家，促使统治者实行文化专制主义政策，禁锢了思想，导致科学文化的保守落后。④高度的中央集权导致"重农抑商"这一传统国策在全国范围内长期推行，抑制了商品经济的正常发展，使封建经济失去了发展变化的活力。⑤在封建社会末期，遏制资本主义萌芽、早期民主启蒙思想等近代化因素的成长，阻碍中国向近代文明演进。

认识：在教学过程中，对中国古代的中央集权制的评价，建议教师一要引寻学生渗透文明进步原则与道义原则相悖的价值判断标准去评价：古代中国的中央集权制从开始到结束，始终同时具有积极和消极的双重影响；二要引导学生历史地评价历史现象：古代中国的中央集权制在封建社会前期进步作用占主导地位，后期消极作用则占主导地位。

二、近代以来中华民族反抗外来侵略斗争的重大历史事件

（一）人民大众自发组织的反侵略斗争

关于三元里抗英。在鸦片战争中，清政府无力组织有效地抵抗。中国人民基于"天下兴亡，匹夫有责"的优良传统，自发组织起来，英勇抗击英国侵略者。三元里人民凭借天时、地利、人和重挫英军。

认识：三元里抗英斗争是中国近代史上中国人民第一次自发的大规模抵抗外国侵略的斗争，表现了中国人民为维护国家主权不畏强暴、抵御外侮的爱国精神。中华人民共和国成立后，人民政府在三元里建立了广东人民抗英烈士纪念碑，英雄们是当之无愧的。

关于反割台斗争。在1894年～1895年的甲午中日战争中，战败的清政府被迫与日本签订《马关条约》，割台湾和澎湖列岛给日本。台湾人民开展了轰轰烈烈的反割台斗争。参加台湾保卫战的力量主要有两支：一支是爱国志士丘逢甲、徐骧领导下的义军；一直是留守台湾的清军（刘永福的黑旗军）。两支部队由北到南英勇抗击日本侵略军。在此极端恶劣的形势下，刘永福仍留在台湾，力拒日军，其行义薄云天。1897年，台湾人吴德功即赞咏"峻岭夕阳挂，荒烟纥战地"、"黑旗诸将士，遗骸埋何处，安得有心人，搜寻泚石记"。反割台斗争表现了台湾军民为维护国家主权而不畏强暴、视死如归的爱国主义精神。

关于义和团运动。①兴起原因。根本原因：甲午惨败刺激帝国主义列强掀起瓜分中国的狂潮，中国面临从半殖民地沦为殖民地的严重民族危机，民族矛盾空前激化；直接原因：外国教会势力肆意欺压民众，导致中国人民一浪高过一浪的反洋教斗争，山东的"民教矛盾"、"民教冲突"最为显著。②运动经过。兴起（山东）、发展（进入京津）、高潮（抗击八国联军）、失败（中外反动势力的联合剿杀）。③评价。义和

团运动是一场以农民群众为主力的伟大的反帝爱国运动；它表现出的敢于同帝国主义血战到底的英雄气概，打乱了帝国主义列强瓜分中国的侵略计划，阻止了中国向殖民地的沉沦；义和团运动还在一定程度上推动了清王朝的改革运动（清末新政）。

认识：在教学过程中，对义和团运动的评价，教师应以义和团"扶清灭洋"的口号为中心，引导学生从不同视角解析。"灭洋"表明义和团把斗争矛头直指帝国主义，所以义和团运动是一场保卫家乡、保卫祖国的爱国斗争，这是义和团运动的主流和本质，如果因为其盲目排外、封建迷信而否定其爱国性质，那就站错了立场。但从另一方面看，"灭洋"的口号也表明义和团没有认清反对帝国主义侵略和学习西方先进文明的关系，正如蒋廷黻所说，这个"救国救民的方案"是"反对西洋化、近代化的"。[①] 总之，由"民教冲突"激化演变来的义和团运动，带有西方基督教文明与以儒家文化为代表的中华传统文明冲突的性质，也带有西方工业文明与中国传统农耕文明冲突的性质，中西文化的这种交汇、碰撞，既有落后与先进的差异，又有侵略与抗争的分别。

（二）政府爱国官兵的英勇抵抗

关于左宗棠收复新疆。19 世纪 60 年代，与新疆接壤的俄国把侵略势力扩张到北疆，控制印度的英国，企图把侵略势力从印度扩张到南疆。1865 年，中亚地区浩汗国（今乌兹别克境内）军事头目阿古柏率军侵入新疆，1867 年成立"哲得沙尔国"，自立为"汗"。英、俄企图利用阿古柏伪政权肢解新疆。新疆自古以来就是中国领土，作为中国西北战略屏障，新疆面临的危机，严重威胁中国的领土完整和国家统一。1875 年，清政府任命左宗棠为钦差大臣，出兵收复新疆。他利用新疆北可控南的地形，确定了"先北后南，缓进急战"的策略，在各族人民的支持下，消灭了阿古柏势力，粉碎了英、俄利用阿古柏分裂中国新疆的阴谋。在左宗棠的军事支持下，出使俄国的曾纪泽据理力争，根据中俄《改订条约》，中国收回伊犁。1884 年，根据左宗棠的建议，清政府建立新疆行省。之后，左宗棠在新疆实施了发展经济、巩固边防的一系列措施。左宗棠收复新疆、建设新疆，捍卫了中国的主权和领土完整，维护了祖国的统一和民族的团结，促进了新疆各族人民的历史进步，他是当之无愧的民族英雄。后人有诗赞颂左宗棠："大将西征人未还，湖湘子弟满天山。新栽杨柳三千里，赢得春风度玉关。"

关于黄海海战。1894 年 9 月 17 日，执行运兵任务后返航的中国北洋舰队在黄海海面遭到日本联合舰队的突然袭击，仓促应战。北洋水师爱国将士同仇敌忾，英勇奋战。提督丁汝昌裹伤督战；"致远"舰管带邓世昌、"经远"舰管带林永升壮烈殉国；"定远"舰管带刘步蟾、"靖远"舰管带叶祖珪先后临危受命，分别代替提督、旗舰指挥作战。在总体敌强我弱的形势下，北洋水师广大官兵虽伤亡惨重，但迫敌首先退出战场。黄海海战是中日甲午战争中双方海军的一次决战，有学者据此认为，这场海战已

---

① 蒋廷黻．中国近代史．上海：上海古籍出版社，2005.68

高

中历史教师专业能力必修

Gao Zhong Li Shi Jiao Shi Zhuan Ye Neng Li Bi Xiu

经决定了这场战争的最终结局，乃至今后 50 年中日两国的国运。笔者认为，这一观点有失偏颇，从黄海海战的结果看，中日双方舰船损失程度相当，尽管中方损失略大，但北洋舰队主力尚存。在当时中国的综合国力略强于日本的情况下，北洋舰队最终的全军覆没和中国的最终战败，则是由于统治集团缺乏抗战必胜的战略意志、社会制度的腐朽落后、政治统治的腐败等多种因素决定的。

认识：在教学中，教师要引导学生概括列强侵华和与之对应的中国人民反侵略斗争的基本线索，并从世界背景和中国国内环境的角度分析其历史阶段特征；引导学生得出结论并认识到，近代以来，面对列强的不断入侵，政府官兵和人民大众奋起抵抗，坚决维护国家主权，捍卫民族尊严，这正是列强不能把中国变为其殖民地的主要原因。

三、辛亥革命的成功与失败

（一）辛亥革命的成功

孙中山融汇中西，创立了以"三民主义"构建主权在民的近代国家的政治理念，并以"知难行易"为实践指导，符合世界潮流和时代发展的趋势，将中国近代国家观念推进到最高水平。

孙中山在中国近代第一个响亮地喊出了"振兴中华"的口号，创建了中国近代第一个全国统一的资产阶级革命革命政党——中国同盟会，领导的辛亥革命是一次"比较完全意义"的资产阶级民主革命，引领中国实现了 20 世纪的第一次划时代的历史巨变。

辛亥革命推翻了统治中国 260 余年的清王朝，结束了中国两千多年的封建君主专制制度，创建了中国也是亚洲第一个资产阶级民主共和国——中华民国，颁布了中国也是亚洲第一部资产阶级民主宪法——《中华民国临时约法》，成为近代中国政治民主化历程中的一座丰碑。

辛亥革命使人民获得了一些民主和自由的权利，提高了人民参政议政的意识；辛亥革命后，民主共和观念逐渐深入人心，人民开始了从臣民意识向公民意识的转变。辛亥革命也是一场上承戊戌变法、下启新文化运动的伟大思想解放运动。

辛亥革命为中国资本主义的发展扫除了一些障碍，促进了中国的经济现代化。南京临时政府奖励实业的法令为民族工业的进一步发展创造了有利条件，民族工业出现了"短暂的春天"。

南京临时政府实施的教育改革和移风易俗改革，有利于国民自由、平等的文明意识的养成，有利于国民独立、自由精神的塑造，使中国城乡人民的生活方式、行为方式、思想观念、精神风貌都发生了不同程度的变化，推动了中国社会领域的现代化。

辛亥革命对近代亚洲各国被压迫民族的解放运动，产生了比较广泛的影响，特别是对越南、印度尼西亚等国反对殖民主义的斗争起了推动作用。辛亥革命是"亚洲觉醒"和世界资产阶级革命的重要组成部分。

（二）辛亥革命的失败

辛亥革命只是局部完成了"民族主义"的革命任务，推翻了满洲贵族的民族压迫，但是，帝国主义侵华势力没有被驱逐。革命果实最终被袁世凯窃取，中华民国只是一个"假民国"，未能完成"民权主义"的革命任务。以平均地权为核心的"民生主义"则根本没有实施，封建地主阶级没有被消灭。

因此，辛亥革命没有彻底地完成反帝反封建的任务，中国半殖民地半封建的社会性质没有改变。

（三）辛亥革命失败原因

辛亥革命失败的客观原因在于：①帝国主义的破坏。它们拒不承认南京临时政府，对南京临时政府实行经济封锁、外交孤立和军事威胁，支持袁世凯为新的代理人；②袁世凯拥有强大的军事实力和丰富的政治经验，而且在人们心目中树立有"开明形象"；③附和革命的立宪派"拥袁弃孙"；④当时国穷民困，南京临时政府财政困难。

辛亥革命失败的主观原因在于：①辛亥革命的胜利来得"突然"，革命党人对掌握政权缺乏思想准备；②以孙中山为首的革命党人尚不具备管理国家的政治经验和才能；③同盟会内部的涣散分裂；④革命党人过分自信《临时约法》对袁世凯的约束力。

认识："辛亥革命是成功还是失败"，一直是辛亥革命史研究的一个持续的话题。教师在高中专题史教学中，重要的不是下一个成功或失败的结论，而是应依据《普通高中历史课程标准（实验）》"课程目标"中关于"论从史出、史论结合"的能力要求制定教学目标：引导学生结合史实，从多方面论证辛亥革命的成功或者失败之处，并分析其原因。

四、抗日战争是中华民族的全民族抗战

（一）抗日救亡运动发展到全民族抗战的原因

中日民族矛盾上升为中国社会的主要矛盾。1931年日本发动"九一八"事变侵占东北后，又在1932年发动"一·二八"事变、1933年进犯山海关、1935年发动华北事变。华北事变标志着中日民族矛盾正式上升为主要矛盾。"一二·九"运动使抗日救亡运动扩展为全国规模的群众运动；西安事变的和平解决，揭开了国共两党由内战到和平、从分裂对峙到合作抗日的序幕。

"七七"事变和"八一三"事变爆发，中华民族到了生死存亡的危急关头。事变发生后，日本从华北、华东两个方向发动进攻，妄图在三个月内灭亡中国。中日双方在经济、军事方面的悬殊对比表明，只有全民族抗战才是中华民族生存和发展的唯一出路。

（二）全民族抗战形成的经过

"七七"事变第二天，中共中央发表抗日通电，疾呼："平津危急！华北危急！中

高
中历史教师专业能力必修
Gao Zhong Li Shi Jiao Shi Zhuan Ye Neng Li Bi Xiu

华民族危急！只有全民族抗战，才是我们的出路！"呼吁国共两党亲密合作，筑成民族统一战线的坚固长城，把日本侵略者驱逐出中国。

蒋介石发表庐山谈话，表明了国民政府确定准备抗战的决心。

"八一三"事变第二天，南京国民政府发表《自卫抗战声明书》，宣布"不得不实行自卫，抵抗暴力"。国民政府的这一政策转变，是全民族抗战能够实现的最主要前提。

"八一三"事变后，中共领导的西北主力红军和南方红军游击队分别改编为八路军和新四军，实现了两党军事上的合作。

1937年9月22日，国民党中央通讯社公布了中共中央提交的国共合作宣言。9月23日，蒋介石发表《对中国共产党宣言的谈话》，实际上承认了中国共产党在全国的合法政党地位。至此，抗日民族统一战线正式形成。

（三）全民族抗战的表现

全民族抗战的表现涉及以下主要内容：①旗帜。以国共两党合作为核心的抗日民族统一战线。②地域。真正的全国全民族战争，前线军民奋战，后方全国救亡。③参战。有工、农、兵、学、商各界各族人民、各民主党派、抗日团体、社会各阶层爱国人士和海外侨胞共同参加的全民族抗战。④基础。广大民众，这是抗日战争的群众基础和力量源泉。⑤求同存异。全国各党派均以民族存亡为重，抛开政治歧见，求同存异，在为民族争生存、为国家争地位的基础上团结一致，集中力量争取民族解放战争的胜利。⑥主要表现。国共合作抗战，坚持抗战始终。全国军队（包括国民党军队和共产党军队，主力军和游击队）一致抗日，形成了既统一又独立的正面战场和敌后战场，二者互相配合，共同抗日。国共两党都为国家和民族做出了积极贡献。

认识：把握全民族抗战，要注意把"七七"事变前的相关内容，如"九一八"事变、华北事变、"一二·九"运动、西安事变等历史知识连贯起来分析说明日本对中国的侵略步步加深，中华民族的危机日益严重，亡国灭种的大祸迫在眉睫，从而让学生认识到：全民族一致对外抗战是历史的必然。在过程与方法上，通过图片、视频、文献等资料相互印证，再现历史，培养从史料中获取历史信息、分析历史问题的能力。例如，如何评价正面战场在抗日战争中的历史地位，以及如何对待有关正面战场的某些传统论断。在情感态度价值观方面，通过学习在抗日民族统一战线引领下的全民族抗战，让学生感知中华民族不畏强敌、同仇敌忾、万众一心、保家卫国的民族精神，感知中国共产党领导的敌后抗战在抗日战争中的中流砥柱作用，懂得正义终将战胜邪恶的道理。

五、我国人大代表、政协委员的履职情况

1949年9月，中国人民政治协商会议第一次会议召开，制定了具有临时宪法性质的《中国人民政治协商会议共同纲领》，选举产生了中央人民政府，标志着中国共产

党领导的多党合作和政治协商制度的确立。1954年9月，第一届全国人民代表大会在北京召开，大会通过了《中华人民共和国宪法》。第一届全国人民代表大会的召开和《中华人民共和国宪法》的制定，结束了由中国人民政治协商会议代行全国人民大表大会职权、《共同纲领》代行国家宪法的过渡状态，标志着正式以根本大法的形式确立了人民代表大会制度，国家的政治生活开始沿着人民代表大会制定的程序运行。

（一）人大代表的履职情况

关于全国人大代表。第一，行使立法权，包括修改宪法，制定法律，监督宪法的实施。第二，行使人事任免权，包括：根据国家主席的提名，决定国务院总理的人选；根据国务院总理的提名，决定国务院组成人员的人选；根据国家主席的提名，决定国防委员会和委员的人选；选举最高人民法院院长和最高人民检察院检察长，以及行使对上列人员的罢免权。第三，行使经济、财政的决策和监督权。第四，其他权力。

关于地方各级人大代表。第一，行使地方性事务的决策权。第二，行使地方性人事任免权。第三，负责监督本级行政、司法机关以及人大常委会的工作，包括听取和审查工作报告，撤销本级人民政府的不合适的决定和命令等。由于乡镇级不设司法机关和人大常委会，因此乡镇级人大代表不履行这两项职权。

关于人大代表的权利和义务。人大代表的权利包括：发言、表决免责权，提案权和质询权。人大代表的义务主要包括：模范地遵守宪法和法律；保守国家机密；密切联系群众，经常听取和反映人民的意见和要求；接受选民或原选举单位的监督等。

（二）政协委员的履职情况

1949年9月～1954年9月，第一届中国人民政治协商会议代行全国人民大表大会的职权，完成了建立中华人民共和国的历史使命。1954年9月，人民代表大会制度正式确立后，人民政协不再代行全国人大的职权，但作为人民民主统一战线的组织形式继续存在和发挥作用。1956年中共确定把"长期共存，互相监督"作为共产党和民主党派长期合作的方针，创造性地建立起共产党和民主党派长期共存、共事的政治模式。1982年中共"十二大"把"长期共存，互相监督，肝胆相照，荣辱与共"的"十六字方针"确定为新时期统一战线的基本方针。

人民政协的主要职能是政治协商、民主监督和参政议政。所以，政协委员应履行的职责包括：第一，对国家和地方的政治、经济、文化和社会生活等方面的重要问题进行协商，协调社会各方面的关系，促进各方面的相互沟通和理解，加强在中国共产党领导下的各党派团结合作。第二，对国家法律的实施、方针政策的贯彻执行、国家机关及其工作人员的工作，通过建议或批评的方式进行监督，促进国家重大决策的科学化和民主化。第三，充分发挥各民主党派、无党派民主人士及其所联系的各界人士的专长和作用，就人民关心、党政部门重视、政协有条件做的课题，组织调查研究，主动地向党政部门建言献策，或提出批评和发表意见，或以本党或个人名义对政府工作提出提案。

高中历史教师专业能力必修 Gao Zhong Li Shi Jiao Shi Zhuan Ye Neng Li Bi Xiu

认识：鉴于高一学生对现代中国的政治常识知之不多，在教学中宜采用讲授法。关于人民代表大会和人民政协的区别，选择"性质"和"功能"两个角度比较即可，并且要用语简洁，切忌把简单的问题复杂化。人民代表大会属于国家制度的范畴，人民政协属于政党制度的范畴。人民代表大会是国家权力机关，其决议具有法律效力；人民政协是各党派的协商机关，其决议没有法律效力。

六、我国社会主义民主与法制建设的必要性与艰巨性

（一）我国民主与法制建设的必要性

我国是人民当家做主的社会主义国家。建设社会主义民主政治是维护社会主义经济制度和全体人民利益的必然要求。

社会主义法制是人民当家做主治理国家的基本方法。社会主义现代化国家是高度民主与法制完备相统一的国家，社会主义民主是社会主义法制的前提和基础，社会主义法制是社会主义民主的体现和保障。

（二）我国民主与法制建设的艰巨性

新中国建立初期，在中国共产党的领导下初步建立了符合国情的社会主义政治体制，通过三大改造确立了社会主义的基本制度；通过"一五计划"奠定了社会主义工业化的初步基础，实现了中国社会在 20 世纪的第二次历史巨变。

1956 年 9 月，中共"八大"召开。大会提出加强社会主义民主政治建设；重申中国共产党和各民主党派"长期共存，互相监督"；健全国家法制，使党和政府的活动做到"有法可依"、"有法必依"；大会同时强调，在全党要坚持党的民主集中制，发扬党内民主，反对个人崇拜。中共"八大"为我国社会主义民主和法制建设提出了正确的指导方针。但由于 1957 年反右派斗争严重扩大化后，党内的"左"的错误不断发展，中共"八大"的正确方针没有得到贯彻。

"文化大革命"是一场由领导者错误发动，被反革命集团利用，给党、国家和各族人民带来严重灾难的内乱，使社会主义民主与法制遭到严重破坏。中央文革小组成为实际上不受中共中央政治局约束的"文革"的指挥机构；1968 年建立的"革命委员会"，集党、政、军和立法、行政、司法大权于一身，形成党政合一、政企合一的一元化领导体制，这是我国政治体制建设的一次重大倒退；中国的根本政治制度——人民代表大会制度遭到严重破坏，全国人大完全处于瘫痪状态，地方各级人大也被迫停止了活动；中共领导的多党合作和政治协商制度遭到摧残，全国政协和地方各级政协相继停止了一切活动；宪法、法律成为一纸空文；人权被野蛮践踏，上至国家主席，下至基层干部、劳动群众，可以任意被批、被斗、被抓。"文化大革命"的历史从反面说明了民主和法制建设的必要性和艰巨性。

中共十一届三中全会前，邓小平题为《解放思想，实事求是，团结一致向前看》的重要讲话，提出了保障人民民主和加强社会主义法制等思想。1978 年十一届三中全

会提出了发展社会主义民主，加强社会主义法制的战略决策。十一届三中全会后，我国进入了社会主义建设新时期，中国的社会主义民主和法制建设取得了重大成就：1980年，邓小平的《党和国家领导制度的改革》的重要讲话体现了党对建设社会主义民主政治的初步构想；1982年，五届全国人大五次会议通过的《中华人民共和国宪法》，成为中国在新时期治国安邦的总章程；1997年，中共"十五大"提出了依法治国、建立社会主义法治国家的历史任务；1999年，九届全国人大二次会议把"中华人民共和国实行依法治国，建设社会主义法治国家"这一治国方略以国家根本大法的形式确定下来；基层民主选举和城乡人大代表人口比例同等化，是民主政治建设的巨大成就。今天，一个以宪法为核心的有中国特色社会主义的法律框架体系基本形成。

认识：在学习新中国民主与法制建设的曲折发展历程时，可适当联系近代欧美资产阶级代议制的确立和发展的相关知识，并通过对比分析，引导学生得出制度和法律是近现代民主的表现形式的认识，理解民主与法制建设的关系：民主与法制密不可分，发扬民主与健全法制相辅相成，民主必须法制化，法制必须保障民主，社会主义民主是民主化与法制化的辩证统一；民主和法制建设是一个长期和艰巨的进程，任何个人和党派都必须在宪法所允许的范围内活动，绝不允许凌驾于法律之上，没有比法律更高的权力。

七、新中国外交取得的重要成就

（一）新中国成立到20世纪50年代末期

新中国在建国第一天就宣布奉行独立自主的和平外交政策，确立了我国始终奉行的根本外交方针。

根据"另起炉灶"和"打扫干净屋子再请客"的外交方针，彻底废除了帝国主义强加给旧中国的一切不平等条约，结束了半殖民地的屈辱地位，在政治上建立起独立自主的外交关系。

根据"一边倒"外交方针，毛泽东于1949年首访苏联，于1950年签订了《中苏友好同盟互助条约》。《中苏友好同盟互助条约》以及其他一系列经济援助协定的缔结，对促进中国经济的恢复和发展，打破帝国主义对新中国的孤立封锁，保障新中国的国防安全与维护世界和平，加强和巩固中苏两国的友谊和合作都具有重要意义。

1953年，周恩来在会见印度代表团时，首次提出了"和平共处五项原则"，成为解决国与国之间问题的基本准则，新中国为建立新型、平等、和谐的国际新秩序做出了重大贡献。

1954年，新中国第一次以大国身份参加日内瓦国际会议，周恩来推动了会议最终达成《关于恢复印度支那和平的日内瓦协议》，从而结束了法国在印度支那地区长达八年的殖民战争，进一步缓和了亚洲和世界的紧张局势。

1955年，在印度尼西亚的万隆举行第一次亚非会议，即万隆会议。这是第一次没有殖民主义国家参加的亚非国际会议，面对帝国主义国家对会议的干扰破坏，以及与会国之间因社会制度和意识形态不同而产生的矛盾和分歧，周恩来提出了"求同存异"的方针，促成会议最终通过了《关于促进世界和平和合作的宣言》。亚非会议后，我国与更多的国家建立了外交关系，有利于进一步打破帝国主义对我国的外交孤立，提高我国的国际地位。

认识：新中国成立初期是中国近代以来一个剧烈社会转型期，学习这一时期的外交斗争，应以两个"联系"为学生做知识铺垫：一是应联系近代以来历届政府的屈辱外交以及历届政府和广大人民为力争主权所进行的斗争；二是应联系"二战"以后世界局势的重大变化。只有把这一时期的外交斗争置于中国百年近代史和当时的世界大背景下进行观察，学生才可能真正理解这一时期外交斗争的伟大意义：经过这一时期的外交斗争，彻底摧毁了帝国主义对中国的控制，恢复了国家的独立和主权，使新中国在国际上站稳了脚跟，为中国外交的进一步发展奠定了坚实的基础。

（二）20 世纪 50 年代末期到 60 年代末期

这一时期，美国继续敌视中国，利用台湾问题搞"两个口国"；发动越南战争，从南面威胁中国。中苏关系严重恶化，苏联推行霸权主义政策，逐渐构成对中国安全的主要威胁。对此，毛泽东提出了"两个中间地带"的战略思想，中国外交取得了一定成就，主要表现在：①与更多亚非拉国家建交。②发展了同西欧、日本的关系，其中，1964 年中法建交，法国成为第一个与新中国建交的西方大国，为改善同西方发达国家的关系打开了缺口。③反对苏联控制，顶住了苏联的压力。④援越抗美和坚决反对美国制造"两个中国"的阴谋。

认识：在教学中，教师应引导学生搜集有关史实，说明这一时期我国外交取得的成就和对外战略的失误，并分析失误的原因及其消极影响：由于这一时期中共党内"左"的错误的发展，也出现了对国际形势的一些误判，如对世界战争形势估计过于严重，这对国内的经济建设产生了消极影响。

（三）20 世纪 60 年代末期到 70 年代末期

1971 年 10 月 25 日，第 26 届联合国大会恢复了中华人民共和国在联合国的合法席位，反映了中国国际地位的提高，标志着帝国主义孤立中国的政策彻底失败。从此，中国作为联合国常任理事国积极参与联合国事务，为维护世界和平，促进全球发展，加强国际社会的合作发挥着越来越重要的作用。

关于中美关系正常化历程。1971 年 3 月，通过"小球转动大球"的"乒乓外交"，打开了中美两国交往的大门；1971 年 7 月，基辛格秘密访华，中美两国同时发表了美国总统尼克松将访问中国的公告；1972 年 2 月，尼克松总统访华，发表了上海《中美联合公报》，标志着中美之间结束了 20 多年的敌对状态，两国关系开始正常化；1978 年 12 月，中美双方发表《关于建立外交关系的联合公报》；1979 年 1 月 1 日，中美正式建交，标志两国关系实现了正常化。

1972 年 9 月，日本首相田中角荣访华，签署了《中日联合声明》，标志中日邦交正常化。

认识：在教学中，教师可以讲述 20 世纪 70 年代中前期我国与西方发达国家在发展上差距进一步拉大的情况，使学生加深对我国调整外交政策紧迫性的理解；教师还可以引用当时国内对改善同西方发达国家外交关系持怀疑或反对态度的相关材料创设情境，加深学生对外交政策是基于国家利益的理解。在整个 20 世纪 70 年代中前期，我国仍处在"文革"时期，但是以毛泽东、周恩来等为代表的老一辈无产阶级革命家着眼世界大势和国家利益，以战略家的外交眼光审时度势，果断地改善了同美、日、西欧等发达国家的外交关系，为后来中国的改革开放创造了有利条件。

（四）20 世纪 70 年代末期到 90 年代末期

邓小平提出"和平与发展"是当代世界两大主题的新论断。坚持反对霸权主义，维护世界和平，为中国的社会主义现代化建设争取一个较长时期的和平的国际环境。

新时期独立自主的和平外交政策具体表现为不结盟。

坚持进一步对外开放。对外开放已成为新时期中国的基本国策。

认识：在教学中，应引导学生结合这一时期世界形势的发展变化和我国国内工作重心的转移来分析我国外交政策调整的依据：国际上，美苏争霸仍在继续，但有利于世界和平和稳定的因素在增长；在国内，中共十一届三中全会后，党和国家的工作重心转移到经济建设上来，开始了改革开放的伟大实践。历史证明，我国这一时期外交政策的调整符合实际，是实事求是的。

（五）20 世纪 90 年代至今

积极开展以联合国为中心的多边外交。2009 年 9 月，江泽民出席联合国千年首脑会议。会议期间，在中国倡导下，举行了中、法、俄、英、美五个联合国常任理事国首脑的历史上首次会晤。

积极推进新兴区域合作。1993 年，江泽民出席在美国西雅图召开的亚太经济合作组织领导人非正式会议，这是中国最高领导人首次出席亚太经合组织会议；2001 年，中国在上海举办了亚太经合组织第九次领导人非正式会议，这是中国第一次举办高级别的大型国际会议。这一时期，中国外交工作的突出成就之一是推动"上海五国机制"发展为"上海合作组织"。上海合作组织的建立发展，是当代国际关系中的一次重要外交实践，它丰富了由中俄两国始创的以结伴而不结盟为核心的新型国家关系，提供了以大小国家共同倡导、安全先行互利协作为特征的新型区域合作模式，对推动建立公正合理的国际政治经济新秩序具有重要的现实意义。

认识：今天，我国处在现代化建设的战略关键期。由于这部分内容贴近时代、贴近学生现实生活，教师可以以"今后，我国外交应在哪些方面努力？"为题来组织一次课堂讨论活动，鼓励学生畅所欲言，为国家"建言献策"，培养学生以史为鉴、经世致用的历史意识和关注国家民族历史命运的公民意识。

八、中国近代民族工业艰难发展的历程

（一）洋务运动与官办近代工业

关于洋务运动的背景。太平天国运动席卷江南，英法联军侵入京津，统治集团内部的部分有识之士在内忧外患的刺激下，认识到学习西方先进技术的重要性。

关于洋务运动的内容。20世纪60年代，首先打出"自强"的旗号，创办近代军事工业：1861年，曾国藩创办了中国第一家官办军用企业——安庆内军械所；1865年，李鸿章在上海创办了当时国内最大的官办军用企业——江南制造总局。洋务派创办的军用企业存在生产消耗高而效率低、大小官员贪污成风、洋匠挟技居奇等弊端。20世纪70年代，洋务派提出了"寓强于富"的口号，创办了开平煤矿、汉阳铁厂等民用企业。民用企业是为了"求富"、"分洋商之利"，已带有若干资本主义性质。

关于洋务运动的影响。洋务派创办的近代工业，标志着中国工业近代化的起步，刺激了中国民族资本主义的产生，在一定程度上缩短了从传统社会到资本主义的进程。

（二）近代中国资本主义的曲折发展

1. 近代民族工业的兴起

19世纪六七十年代，在外资企业的刺激和洋务派创办工业的影响下，中国出现了第一批由私人投资的近代工业。著名企业有：上海发昌机器厂、广东继昌隆缫丝厂、天津贻来牟机器磨坊等。

随着近代民族工业的出现，中国民族资本主义和民族资产阶级诞生了，同时也使中国无产阶级队伍逐步发展。新的经济因素和新的阶级力量，对封建生产关系和政治制度，起着越来大的瓦解作用。19世纪60年代以后，在一些知识分子中间产生了早期的资产阶级维新思想。

2. 近代民族工业的初步发展

从甲午战争到第一次世界大战爆发前，民族工业的发展出现了第一个高潮。甲午战争后，帝国主义列强加强对华资本输出，进一步破坏了中国的自然经济，为民族工业的发展创造了某些客观条件；清政府为了扩大税源，解决财政危机，放宽了对民间设厂的限制；以张謇为代表的有识之士纷纷呼吁"设厂自救"、"实业救国"；1901年起，清朝推行"新政"，设立商部，奖励工商；为了反抗帝国主义掠夺路矿利权，中国人民掀起了收回利权运动，引发了20世纪初振兴实业的又一个高潮。

随着近代民族工业的初步发展，民族资产阶级作为新的政治力量开始登上历史舞台，先后进行了维新变法运动和辛亥革命。

认识：在教学中，可以引用文字或数据材料并结合教材所讲，引导学生分析清朝晚期中国民族工业步履维艰、发展缓慢的社会原因：资本主义列强依仗在中国攫取的特权和利用他们的雄厚强大的资金、技术优势，压制中国民族工业的发展；清政府征收高额厘金、各级官府敲诈勒索等因素，又增加了企业的生产成本，使民族工业在竞

争中处于不利地位。进而引导学生认识：清朝晚期，在外国资本主义和本国封建主义的夹缝中求生存的中国民族工业仍然表现出顽强的生命力，新的经济因素和新的阶级力量为中国社会的变革提供了社会基础；同时，资本主义发展的不充分和资产阶级领导的社会变革的挫折，表明只有彻底完成反帝反封建的民主革命任务，实现国家独立和人民解放，中国民族工业才能真正获得独立发展。

3. 近代民族工业的进一步发展

1912年~1922年特别是第一次世界大战期间，中国民族工业的发展出现了一个"黄金时期"、"短暂的春天"。

近代民族工业的进一步发展的原因在于：辛亥革命推翻了封建君主专制统治，为民族工业的发展扫清了一些障碍；中华民国的成立提高了民族资产阶级的政治地位，激发了民族资产阶级投资近代工业的热情；南京临时政府和北洋军阀政府颁布了一系列奖励发展实业的法令，为民族工业的发展创造了一些有利条件；以中华民国工业建设会为代表的实业团体的涌现；群众性的反帝爱国斗争，有力地推动了民族资本主义的发展；政府倡导使用国货；一战期间，欧洲各帝国主义国家暂时放松了对中国的经济侵略，在客观上提供了有利的外部条件。

近代民族工业的进一步发展的表现。纺织业、面粉业、卷烟业等轻工业发展迅速，以化学工业为代表的重工业也有一定程度的发展。

近代民族工业的进一步发展的特征。中国近代民族工业带有的半殖民地半封建特征仍未改变，这是因为：第一，工业布局不合理，主要分布在沿海地区；第二，工业结构不合理，轻工业发展较快，重工业基础极为薄弱，没有形成独立完整的工业体系；第三，民族资本与外国资本比较，外国资本在一些主要工业部门仍处于垄断地位；第四，新式产业与传统经济形式比较，传统产业仍占绝对优势；第五，时间短暂，一战结束后，帝国主义列强卷土重来，刚刚有所发展的民族工业就很快萧条下去。

近代民族工业的进一步发展的影响。促使无产阶级队伍壮大，为五四运动爆发、中共成立，为以后中国从旧主主义革命向新民主主义革命转化提供了阶级基础；促使民族资产阶级进一步发展成熟，资产阶级革命派反对北洋军阀专制独裁、维护民主共和制度的斗争，资产阶级激进民主派发动了新文化运动。

4. 近代民族工业的显著发展

1927年~1936年，南京国民政府同前期，近代民族工业又出现了一个短暂发展时期。其原因在于，以上海为中心的民族资产阶级积极兴办实业；中国人民的反帝爱国运动一浪高过一浪，广大群众抵制洋货，提倡国货的行动，为民族工业的发展提供了发展的机会；国民政府为了巩固统治，采取的如铁路国有化、统一财政、改革税制等措施和开展的"国民经济建设运动"与关税自主运动有利于民族工业的发展；国民政府于1935年实行的"币制改革"，对刺激生产复苏起到了一定作用。但是，官僚资本凭借国家政权巧取豪夺，民族工商业受官僚资本的摧残、压迫越来越严重。

5. 近代民族工业陷入困境

20世纪30年代后期至40年代末，近代民族工业陷入困境，日益萎缩。抗日战争时期，日本空前野蛮的洗劫和破坏使沦陷区民族工业受到毁灭性打击；民族工业的大量内迁也促进了西南、西北地区民族工业的发展，改变了民族工业的空间布局。但同时国民政府实行的"统制经济"政策，致使官僚资本急剧膨胀，官僚资本通过资本渗透、排挤打击，民族工商业损失巨大。抗战胜利后，国民党对沦陷区的接收，"党国大员"以没收"敌伪资产"为名侵吞民族企业；国民党发动反共反人民的内战，极大地破坏了经济发展；国民政府的恶性通货膨胀政策，使民族工业遭到致命的打击；地方性繁多繁重的苛捐杂税，给工商业者带来沉重的负担；官僚资本依靠国家权力极力压迫民族工业；美国对中国的经济侵略，是造成民族工业陷入困境的重要原因之一。

认识：在教学中，教师要引导学生按时序、分阶段建构1912年～1919年民国时期中国民族资本主义发展历程的知识体系，再综合各阶段情况来分析民族资本发展受阻的社会原因；民国时期的民族资本在发展过程中除了深受内外战争困扰外，外国资本主义和本国官僚资本的重压是其发展步履维艰，乃至陷入绝境的主要原因。

九、近代以来我国交通、通讯发展及其对经济和人们思想观念产生的影响

（一）近代我国交通和通讯发展的原因

"西风东渐"，铁路轮船、电报电话等工业革命的成果传入中国，为近代交通业和通讯业的发展提供了物质条件。近代我国交通和通讯发展的主要原因如下：

列强侵华的需要。为扩大在华权益，在政治上控制中国的中央和地方政府，在经济上掠夺中国资源，在军事上镇压中国人民的反抗，西方列强在中国境内修铁路、办航运、办邮政、办电报局和电话局，在客观上促进了中国交通、通讯方式的改变。

历届政府的努力。清政府从抵制到支持；北洋军阀政府和南京国民政府的建设。

先进中国人为救国救民，积极兴办近代交通业和通讯业。

（二）我国近代交通业发展的情况

1. 铁路事业的命运多舛

1876年，英国商人未经允许建造了中国境内第一条从上海到吴淞的客运铁路，由于清政府反对，旋被拆毁。1881年，中国自建的第一条铁路——唐山开平至胥各庄铁路在一片反对声中建成通车，标志着中国铁路事业的诞生，但也引发了长达十余年的铁路之争。甲午战争后，列强激烈争夺在华铁路的修筑权，促使清朝官员改变观念，认识到修铁路的急迫性和重要性。1909年，詹天佑设计施工的京张铁路建成通车，极大地鼓舞了中国人民的民族自信心，成为中国铁路史上的里程碑。新中国成立后，相继修建了包成、兰新、京九、青藏等铁路和武广、京沪等高速铁路，我国的高速铁路已居世界领先水平。铁路因速度快、运力大、费用低廉而便于国计民生，成为国民经济发展的大动脉。

2. 水运事业的兴衰沉浮

1872年，李鸿章创办了近代中国最早的航运企业——上海轮船招商局，标志中国近代水运业的诞生。从晚清到民国时期，民间兴办的各种轮船航运公司始终在列强联手压价、竞争排挤中艰难求生。

3. 城镇交通工具的发展

清末民初，人力车是近代城镇中重要的交通工具。19世纪中后期，自行车（脚踏车）传入中国，新中国成立后，中国有了自己的自行车制造厂，我国有"自行车王国"之称。1906年，天津建成第一个有轨电车交通系统。1924年，上海最早开始公共汽车运行。1969年北京地铁开始运行，结束了中国没有城市地铁的历史。改革开放以来，摩托车逐渐成为城乡居民的又一重要交通工具；城市出租汽车行业发展迅速，家庭汽车也越来越多地进入寻常百姓家。

4. 民航事业的发展

1909年，旅美华人冯如制造了中国第一架飞机。辛亥革命后，孙中山提出了"航空救国"的主张。1920年，中国首条航线北京——天津航线开通，标志中国民航事业的开始。在旧中国经济文化落后的条件下，航空业的发展十分缓慢。

（三）我国近代邮电通讯事业发展的情况

1. 邮政通信事业的发展

1866年中国试办邮政，隶属当时的海关。1896年，"大清邮政局"成立，邮政正式脱离海关。到1911年，通信范围已遍及城乡。辛亥革命后，大清邮政改为中华邮政。1913年，北洋政府宣布裁撤全部驿站，这标志中国基本实现了从传统的驿传到近代邮政的转变。

2. 电讯事业的发展

1877年，福建巡抚丁日昌在台湾架设第一条电报线，成为中国自办有线电报的开端。1906年，始创无线电报。1882年，电话传入中国。民国成立后，电话线路与电话营业局、电话营业所继续增加。

（四）我国近代交通、通讯发展的影响

西方先进交通、通讯方式的传入和发展，大大加强了中国同世界的联系，有利于西方在政治、经济、思想领域中的先进事物在中国的传播，大大促进了中国社会的向前发展。

交通近代化，使异地传输更为便捷，促进了人员、商品的流通和信息的传递，加速了城市化进程，推动了中国经济与社会的发展。

新式交通、通讯事业的发展，加强了中央与边疆之间、各大城市之间以及城乡之间的联系。

交通、通信工具的进步，改变了人们的通讯手段和出行方式，使人们的生活更加多姿多彩，还在一定程度上转变了人们的思想观念。

新式交通极大地改变了中国人的生产、生活方式以及思想观念，推动了中国近代化的历史进程。

认识：交通发展的轨迹，标志着人类社会文明的进程；交通进步标志社会发展，社会发展又促进交通发展；中国各地经济发展不平衡，决定了各地交通、通信发展的不平衡。在教学中，应把教学重点放在讲述我国近代交通从无到有的艰难创业历程和分析近代交通、通讯的发展对我国近代化进程的影响上。

十、中国加入世界贸易组织后带来的机遇与挑战

世界贸易组织实际上就是各国（地区）之间从事经济贸易活动的世界性统一市场。其前身是 1948 年 1 月 1 日正式生效的关税与贸易总协定（简称"关贸总协定"）。中国是关贸总协定的创始国之一。新中国成立后，由于国民党窃据等历史原因，中止了在关贸总协定中的活动。经过 15 年的艰难谈判，2001 年 11 月 11 日，中国终于加入了世界贸易组织（WTO），标志着我国对外开放进入一个新的阶段。

（一）我国加入了世界贸易组织是难得的机遇

加入世贸，意味着我国领取了进入世界大市场的"营业执照"，有利于我国与世界经济接轨，彻底融入世界经济体系，遵守"游戏规则"，从中获益。

中国作为最大的发展中国家加入世贸组织这个"经济联合国"，可享受世贸组织给发展中国家的更多优惠待遇，如普惠制待遇、例外条款、贸易争端、技术援助等。

世界贸易组织的基本原则是市场经济和自由贸易，加入世贸组织，有利于中国进一步深化改革开放、完善社会主义市场经济制度。

加入世贸组织，有利于促进中国企业从"不找市场找市长"到"不找市长找市场"的转变，增强企业的竞争意识和竞争能力，使中国企业有更多的机会接触国际市场，接触外国企业，学会"与狼共舞"，在竞争中求生存、求发展。

加入世贸组织有利于深化国有企业的改革，给中国企业吸收国外的先进技术提供了更多机会，同时也可以学习国外大企业的运作方式和管理经验。

加入世贸组织有利于我国扩大对外贸易和吸收外来直接投资，促进中国经济的新增长，创造更多的就业机会。

加入世贸组织后，中国从此就可以参与各个议题的谈判和国际经济贸易规则的制定，提高中国在国际社会的发言权，维护中国在世界贸易中的合法权益，并在建立和维护公正合理的国际经济新秩序等方面发挥更大的作用。

（二）我国加入世界贸易组织面临的挑战

加入世贸组织后，我国的一些劣势行业，特别是尚处于幼稚期的技术密集型、资本密集型企业以及金融、商业、服务业，由于在质量、价格、技术等方面与国外先进水平存在一定差距，这些行业可能处于不利境地，同时加大金融市场的风险。

加入世贸组织后，随着"洋货"和外资的大量涌入，短期内可能会出现国有企业

亏损面扩大、破产企业增多、下岗或失业人员增加的状况。

认识：教师在备课环节应准备当今世界经济发展的两大趋势——经济全球化和经济区域化的相关素材，并结合我国深化改革开放的现实需求，引导学生分析我国"复关"、"入世"的必要性。至于如何认识"入世"带来的机遇和挑战，在教学中则应引导学生联系现实生活发表看法。实践是检验真理的唯一标准。因为我国"入世"毕竟已经 10 年，"入世"利弊如何，学生根据自身生活、家庭、社区、家乡和整个国家的变化，无论从宏观或微观，也无论从正面或负面，只要举出具体事例就不难得出正确的认识："入世"给中国带来的机遇与挑战并存，但总体看还是利大于弊，是长期利益，既有利于我国经济的腾飞，也有利于人民生活水平的提高；面对"入世"的利弊，我们应趋利避害。在教学中，教师在组织学生讨论时，应切忌空发议论，只有联系现实生活，用鲜活的实例才可能把讨论引向深入。

十一、我国传统思想文化对后世生活产生的影响

（一）孔子和先秦儒家

孔子的思想以"仁"为学说核心，倡导"仁者爱人"、"克己复礼为仁"，试图以伦理道德来规范社会秩序、协调人际关系，对今天塑造理想人格的崇高目标、对构建"和谐社会"、"和谐世界"的理想社会富有启迪；孔子主张"为政以德"、反对苛政，影响了当代中国倡导的"以法治国"和"以德治国"相结合的治国理政理念；孔子主张的"有教无类"、创造的启发式教学方式、注重人的全面发展的教育理念在今天对中国和世界教育仍然具有指导意义。孔子所倡导的仁义、智慧、诚信、和善，是中国传统文化中最高贵的气质。

孟子发挥了孔子的"德治"思想，提出的"仁政"学说，奠定了后来中国传统政治思想的理论基础；他提出的"民为贵，社稷次之，君为轻"的学说，成为中国早期民本主义的思想基础。孟子思想中的原始民主成分为后世儒家所不及，他强调的"政在得民"、争取民心的思想对中国共产党以人为本、"执政为民"的执政理念产生了深刻影响。孟子倡导"养浩然之气"、"富贵不能淫，威武不能屈，贫贱不能移"、先义后利、舍生取义，对历代中国人的人格精神的培养具有恒久的影响。

荀子在天人关系上，一方面强调"天行有常"，要人们尊重自然规律；另一方面又指出人道有为，"制天命而用之"，强调人也可以发挥自己的主观能动性去改造自然，使自然更好地为人类服务，他的尊重自然的唯物主义态度和与天奋斗、与社会奋斗的积极进取精神对现代社会处理好人与自然关系具有积极影响。荀子主张礼法并施，王霸兼用，将儒家的"礼治"与法家的"法治"紧密结合，他构建的这一政治文化模式成为汉代，乃至中国古代长期采用的政治文化模式，正如谭嗣同所说"二千年来之学，荀学也"。

（二）老子和先秦道家

老子认为"道"是最高哲学范畴，"道生万物"，道是宇宙万物本原，老子是中国哲学史上第一个探讨宇宙本原的哲学家；他提出的"天法道，道法自然"的思想否定了天命神学论；他关于事物恒变、矛盾对立转化的朴素辩证法思想，对中国后世哲学具有深远的影响；老子从"天道自然无为"出发，在政治上提出的"无为而治"思想对后世新兴封建王朝实行的"休养生息"政策产生了深刻影响。总之，老子的思想体系博大精深，对中国文化，包括哲学、伦理学以及中国人的思维方式、道德人格都产生了深远影响。

庄子提出的"齐物"的观点，认为任何事物的本质相同、没有区别；从"齐物"的观点出发，在人生态度上主张"逍遥"，即对事物的变化采取旁观、超然的态度；在人与自然关系上，认为天与人"不相胜"，即人必须顺从自然。庄子崇尚自然，主张超越功利去追求精神自由的倾向，在功利主义盛行的现代社会一定程度上有利于人格的健康发展。此外，庄子的文风对后世影响深远，如郭沫若所说："秦汉以来的一部中国文学史，差不多大半是在他的影响下发展。"

（三）韩非与先秦法家

在社会经济、政治和文化都发生剧烈变化的春秋战国时期，涌现出一批杰出的法家政治家和思想家。战国前期的法家代表人物有李悝、商鞅、吴起、申不害等，其中商鞅最为有名。他们在各国推行的变法运动，主要措施包括：实行君主集权制度、废除世卿世禄、奖励耕战、富国强兵、实施严刑峻法。

战国末期的韩非集法家思想之大成。他把"法"、"术"、"势"三者结合，将法家理论系统化，主张"以法治国"；他主张建立君主专制的中央集权的封建国家；他反对儒家"是古非今"的历史观，提出"不期修古，不法常可"、"事异则备变"，主张变法革新。韩非的理论对秦始皇统一全国和建立专制主义中央集权政治体制都起了重大作用；西汉以后，其法治思想吸收到儒学体系中，与儒家思想互为表里，成为中国古代社会维护专制政权的工具。

（四）墨子和先秦墨家

墨家注重实践经验、刻苦简朴和"赴火蹈刃"、"以自苦为极"的苦干与自我牺牲精神，是中华民族传统美德的重要组成部分。

墨家学说的核心是"兼爱"，反对儒家区别等级名分的"爱有差等"的仁者之爱，注重"爱无差等"；兼爱体现在国与国关系上就是"非攻"，即反对不义战争；兼爱体现在国家政治上就是"尚贤"，即让贤能的人位居高位，这与儒家亲亲、贵贵的"尚贤"观是对立的。兼爱本身并不是目的，"交相利"才是真正的目的。所以，墨家思想贯穿着讲求实际功利的积极进取精神（墨子倡导的功利并非一己之私利，而是天下之公利），这种"兴天下之利，除天下之害"的功利精神是我们应该继承弘扬的宝贵精神财富。

认识：在教学中，应根据各思想学术流派的具体观点来概括传统思想文化对后世乃至当今社会生活的影响。儒家思想孕育了我国传统文化中的政治理想和道德准则；道家学说构成了两千多年传统思想的哲学基础；法家思想中的变革精神，成为历代进步思想家、政治家改革图治的理论武器；墨家思想代表了平民（小生产者）的利益和愿望，虽然在阶级社会无法实现，但作为区别于其他诸子学派根本标志的"兼爱"思想带有浓厚的人性论色彩。在很大程度上，它们共同构造了中华民族传统文化的基本精神。

（五）董仲舒与汉代新儒学

董仲舒在继承先秦儒家"民本"、"仁政"思想的基础上，以"天人感应"、"君权神授"为核心构建了具有神学倾向的新儒学。为此，他建议皇帝进行文化体制改革，独尊儒学，实践德政，推行教化，养士求贤。此外，董仲舒还提出了"三纲五常"的伦理观念，"天意"和"三纲"构成了神权、政权、族权、夫权四种统治权力，这一思想对中国古代，乃至近现代人们的日常生活和观念都影响至深。

汉武帝采纳了董仲舒的意见，"罢黜百家，独尊儒术"，结束了各派学术思想平等竞争的局面，完成了提升儒学地位的文化体制和文化政策的转变，儒学逐渐被确立为中央王朝的统治思想。这一转变，一方面扼制了学术思想的自由发展，另一方面政府也加强了对思想、文化和教育的重视，这对民族文化的进步是有积极意义的。

认识：在教学中，教师应引导学生对比分析董仲舒新儒学和孔孟原生儒学思想的异同：董仲舒继承了先秦儒家的"民本"、"仁政"思想，但他通过"天人感应"学说把儒学神学化，神化君权为加强君主专制提供了理论依据；同时又主张人君必须仿效天道，实行仁政，也包含着限制君权的目的，从而维护统治阶级的长远利益。这是儒家思想能成为封建王朝正统思想的主要原因。

（六）宋明理学

关于程朱理学。面对佛、道的挑战，宋代儒家力图建立起既贯通宇宙自然和人生命运，又继承孔孟正宗并能治理国家的学说。经过"北宋五子"（周敦颐、邵雍、张载、程颢、程颐）的前后开创，确立了一个以"理"或"天理"为核心的观念系统，因而被称为"理学"。理学也称道学，论述了以"三纲五常"为核心的道德规范准则，要求人们有高尚的道德品质。南宋朱熹是理学的集大成者，建立了庞大而严密的理学体系。他将《大学》、《中庸》、《论语》、《孟子》集为四书并加以注解（《四书章句集注》），使之成为理学经典。作为一代儒学宗师，朱熹的地位仅次于孔孟，他的思想成为元明清三代的官方正统儒学，对维护专制主义政治制度起了重要作用。

关于陆王心学。陆王心学，指以陆九渊和王守仁为代表的理学。陆九渊提出"发明本心"以求理，不同意朱熹"格物致知"以求理；王守仁提出"心外无物，心外无事，心外无理"，通过"知行合一"就可以"致良知"，从而达到"至圣"。

理学作为宋元明清时期的儒学主流，对中国封建社会后期的政治生活、文化教育和社会教化等方面都产生了极为深远的影响。理学以"三纲五常"来维系专制统治，强化了官僚的奴仆意识；理学把"天理"与"人欲"对立起来，把传统儒学的"先义后利观"发展为片面的"重义轻利观"，不利于工商业的发展，造成人们长期固守小农经济的藩篱；但是，理学重视主观意志力量，注重气节、品德，讲求自我克制、发奋立志，强调人的社会责任和历史使命，又凸显人性的尊严，对塑造中华民族性格起到了积极作用。

（七）明末清初的反传统思想

明朝人李贽是中国反封建思想的著名先驱。他提出"吃饭穿衣，即是人伦物理"的主张，从根本上否定了"天理"的存在，摇撼了"存天理，灭人欲"的理论基础。他反对绝对的思想权威，否认孔孟学说是"万世之至论"，认为不能以"圣人"之言作为判断是非的唯一标准，人人都有权做出自己的判断。他提出"绝假纯真"的"童心说"，反对礼教的虚伪和官场的欺诈，认为人的个性应得到自由的发展。

在明末清初的"天崩地解"时期，涌现了黄宗羲、顾炎武、王夫之、唐甄等早期民主启蒙思想家。他们都是经世致用之学的积极倡导者，其主张基本相似：政治上，反对封建君主专制统治；经济上，反对重农抑商，主张工商皆本；法制上，反对人治，提倡法治。

认识：明清时期的反传统思想，是明中后期资本主义萌芽在意识形态领域的反映，对君主专制统治和封建纲常礼教造成了强烈冲击；不过，这一时期的早期民主启蒙思想并没有成为时代的主流思想，对推动社会变革没有多少影响，但是对近代的维新志士和革命志士起了一定启蒙作用。所以说，明清时期思想批判的影响主要在后世，就这一点而言，明清时期的批判思想与几乎同时代的西欧文艺复兴和启蒙运动对社会变革的推动作用是不能相提并论的。所以，在教学中，教师要引导学生把明清时期的反传统思想置于明清时期中国君主专制统治空前强化的社会大背景下，并通过中外历史的关照对比，从而正确地评价中国这一时期的反传统思想的历史作用。

十二、解放思想与社会发展的关系

（一）中国古代时期

关于商鞅变法。在商鞅变法前夕，甘龙、杜挚等旧贵族极力反对变法，他们认为："知者不变法而治"，"法古无过，循礼无邪"。商鞅批驳道："三代不同礼而王，五伯不同法而霸。智者作法，愚者制焉；贤者作礼，不肖者拘焉。"又说："治世不一道，便国不法古。"商鞅与保守派之间关于变法与反变法的大辩论，更坚定了秦孝公支持商鞅变法的决心。商鞅"治世不一道，便国不法古"的变革精神激励着后世的志士仁人为改革图治而奋斗。

关于王安石变法。宋代的阶级矛盾和民族矛盾都特别尖锐，社会问题很多。面对北宋中期的统治危机，一部分知识分子为了挽救危亡，改变积贫积弱的现状而奋起改革。其中，围绕王安石变法，改革派与保守派就立法为国还是为民、新法推行后的效果、改革推行的幅度和力度等问题展开激烈的争辩。王安石以"天变不足畏，祖宗不足法，人言不足恤"的大无畏精神，坚定不移地实行改革。新法推行十余年，一定程度上改变了北宋"积贫积弱"的局面；不过从总体上看，王安石变法是失败了。但是，王安石所主张的"天变不足畏，祖宗不足法，人言不足恤"的"三原则"对近现代中国的革命和改革具有积极的思想解放作用，例如温家宝总理就引用这"三原则"表达中国共产党进一步深化改革开放的决心。

（二）中国近代现代时期

关于洋务派与顽固派的论战。清王朝在太平天国运动和第二次鸦片战争的双重打击下，就要不要向西方学习的问题，统治集团内部的洋务派与顽固派展开了论战。洋务派以"中体西用"为旗帜批判顽固派的因循守旧。"中体西用"的思想反映了封建传统文化与西方文明的冲突，反映了当时中国人对西方文明既欣赏又排斥的矛盾心态，但它毕竟承认中学之不足，西学之所长，冲击了"夷夏之辨"的传统保守观念，为西学在中国的传播创造了良好的舆论环境，客观上有利于中国人的价值观由"传统人"开始向"现代人"转变。因此，蒋廷黻先生称洋务运动是"我国近代史上第一个救国救民族的方案"。[1] 尽管洋务运动最终未能实现"自强"、"求富"的目的，但是它冲击了"重农抑商"的陈腐观念，对中国的工业现代化、国防和军队现代化、教育现代化和外交现代化都起了一定的推动作用。

关于维新派与封建顽固势力的论战。中国在中日甲午战争的惨败，刺激了帝国主义列强掀起瓜分中国的狂潮，中华民族面临空前严重的民族危机。为了救亡图存，以康有为、梁启超为代表的资产阶级维新派把中国传统儒家思想与西方资本主义政治学说相结合，提出了开国会、定宪法、实行君主立宪的政治体制改革主张。维新派与封建顽固势力就要不要维新变法、要不要兴民权和实行君主立宪、要不要改革封建教育制度展开论战。康有为、梁启超、谭嗣同、严复等维新志士进一步传播了议会制、三权分立、民主自由、天赋人权等先进思想，猛烈抨击了"朕即国家"、"皇权至上"等神圣不可侵犯的天条，从理论上移植了构建中国资产阶级国家学说的基本框架，初步实现了国家观念从传统向近代的转型。这场论战，是近代中国资本主义思想与封建主义思想的第一次正面交锋，形成了中国近代第一次思想解放潮流，并为中国文化的发展开辟了一条新的道路；同时，维新派对封建制度的批判，客观上也有利于资产阶级革命思想的传播。

关于孙中山的三民主义。孙中山以"敢为天下先"的革命精神，趋利避害的价值尺度，融会中西，继往开来，系统探索国家理论，创获了以三民主义打造近代国家的政治理念。三民主义的理论体系，把民族解放、国民革命、社会改革的三大历史任务

---

① 蒋廷黻．中国近代史．上海：上海古籍出版社，2005.67

融为一体，完整地提出了建设民族国家、国民国家、社会国家的思想，使救亡图存的革命运动与国家近代化结合在一起。民主共和国的救国方案引发了以孙中山为首的资产阶级革命派和以康有为、梁启超为首的资产阶级改良派的激烈论战，形成中国近代史上又一次思想解放潮流，大大促进了民主思想的传播，扩大了革命的影响，壮大了革命的阵营，为民主革命的爆发做了准备。在三民主义的指导下，辛亥革命推翻了清王朝的统治，结束了中国 2000 多年的封建君主专制制度，建立了中国历史上第一个资产阶级共和国，颁布了中国近代第一部资产阶级民主宪法——《中华民国临时约法》。辛亥革命实现了 20 世纪中国的第一次历史巨变，是中国社会近代化进程中显著的里程碑。孙中山晚年，为了适应"联俄、联共、扶助农工"三大政策的需要，把旧三民主义发展为新三民主义，它与中国共产党的民主革命纲领基本一致，标志孙中山在开拓完全意义上的近代民族民主革命道路上迈出了崭新一步。在新三民主义和三大政策的旗帜下，实现了第一次国共合作，有力地推动了国民革命运动的发展。

关于新文化运动。袁世凯为复辟帝制，在思想文化领域掀起了一股尊孔复古的逆流，使旧思想、旧道德、旧文化卷土重来。资产阶级知识分子奋起反击，在文化领域掀起了一场轰轰烈烈的以民主和科学为旗帜的新文化运动。新文化运动是辛亥革命在思想文化领域的延续，它对封建专制主义和尊孔复古的思想逆流进行了猛烈的批判。新文化运动是一次伟大的思想解放运动，它动摇了封建礼教的思想统治地位，打倒了传统的权威，为各种各样的"主义"传入中国，形形色色思潮的涌现开辟了道路。新文化运动是一场伟大的思想启蒙运动，它启发了人们的科学、民主意识，不仅促进了青年知识分子的觉醒，而且启蒙了人民大众的思想。新文化运动也是一场全面的文化转型运动，它对中国的政治、思想、伦理、观念、文学、艺术等方面产生了深刻的影响，例如白话文的推广极大地促进了文化的平民化。新文化运动为马克思主义在中国的传播创造了有利条件，推动了五四运动的发生。

关于当代中国的三次思想解放运动。第一次是关于真理标准问题的讨论。"文化大革命"结束后，当时党中央的主要领导人提出了"两个凡是"的观点，这实际上是继续延续毛泽东晚年的"左"倾思想。能否从"左"的思想束缚中解放出来，彻底否定文化大革命，已成为事关社会主义建设前途和命运的重大理论问题。1978 年 11 月，《光明日报》公开发表了《实践是检验真理的唯一标准》一文，中国思想界展开了关于真理标准问题的大讨论。这场讨论，打破了个人崇拜和教条主义的精神枷锁，对于党的指导思想和实际工作的拨乱反正产生了巨大影响。

第二次是 1992 年邓小平南行讲话。1992 年初，中国的改革走到了一个关键时刻。中国要不要搞市场经济？人们对此争论不休。这个问题不解决，中国的改革就难以进一步推动。在这个关键时刻，邓小平在南行讲话中指出："计划多一点还是市场多一点，不是社会主义和资本主义的本质区别……计划和市场都是经济手段。社会主义的本质是解放生产力，发展生产力，消灭剥削，消除两极分化，最终达到共同富裕。"邓小平的南行讲话，破除了姓"社"姓"资"的框框，冲破了"计划经济崇拜"，极大地解放了人们的思想，为1992年中共"十四大"确立社会主义市场经济体制的改革目标奠定了理论基础。

第三次是1997年中共"十五大"。这次大会，确立了建立社会主义所有制的新理论，破除了姓"公"姓"私"的框框，冲破了"所有制"崇拜。

（三）世界近代时期

关于文艺复兴。14世纪以来，欧洲新兴资产阶级力求冲破教会神学思想的束缚，他们借助被教会视为异端的古希腊、古罗马文化来表达自己的反封建思想，这就是所谓"文艺复兴"。人文主义是这场运动的核心社会思潮。它提倡人性，反对神性；倡导个性解放，反对盲从盲信；主张人生的目的是追求现世的幸福，而不是教会强调的禁欲主义。文艺复兴运动冲破了天主教会的精神枷锁，它把人们从封建神学的桎梏下解放出来，唤醒了人们的自信心和进取精神，为欧洲从封建主义到资本主义的社会转型提供了精神动力；文艺复兴否定了封建特权和君权神授，推动了资产阶级政治学说的产生发展；文艺复兴为近代自然科学的产生和各种学术的发展破除了思想障碍，为以后自然科学的大发展打下了基础，同时也推动了生产力的发展；文艺复兴使文学艺术获得了空前的繁荣，许多艺术珍品和文学杰作成为人类艺术宝库中永放光芒的瑰宝。

关于启蒙运动。17、18世纪，封建专制统治已严重阻碍资本主义的发展，力量不断壮大，但在政治上仍处在无权地位的资产阶级迫切要求结束旧制度。启蒙思想家高举民主、科学的大旗，宣扬自由、平等、博爱，希望用"理性之光"驱散现实的黑暗，照亮欧洲社会的发展道路。他们批判封建的王权、神权和特权，反对专制统治和教权主义，主张构建一个政治民主、权利平等、个人自由的新社会。为此，启蒙思想家提出了天赋人权、自由平等、反抗压迫等一系列进步的社会观念；并进而为即将取代封建制度的新社会提出了种种政治设想，包括：人民主权、社会契约、三权分立、议会制度、法律至上、公民权利、经济自由、没有特权与等级的政治体制，等等。启蒙运动是文艺复兴的新发展，是在更高的水平和更科学的基础上发展的思想解放运动，为资产阶级取得统治地位提供了思想上和理论上的准备；声势浩大的法国启蒙运动为即将到来的法国大革命作了充分的思想准备；启蒙运动的影响超出了国界，跨越了时代，影响了东西方许多国家资产阶级的政治思想和政治实践。例如，杰斐逊、玻利瓦尔等资产阶级革命家都从法国启蒙思想家的理论中汲取力量；美国的《独立宣言》和中国同盟会领导的武装起义充分体现了卢梭"人民有权起义反抗暴政"的理论；美国1787年宪法和中国1912年《中华民国临时约法》以及当今几乎所有发达资本主义国家的政治、法律制度被公认为孟德斯鸠"三权分立"原则的再现。

认识：古今中外，人类社会的发展进步，往往都是以思想的解放为前提的。因此，通过学习思想史，要树立与时俱进、实事求是的精神。鉴于思想史教学具有抽象性、理论性强的特点，教师在教学过程中要引导学生运用历史唯物主义的基本原理分析问题。例如，能够应用社会存在决定社会意识的原理来分析不同时代先进思想产生的历史背景是什么，先进思想的阶级属性和主流是什么，不同时段的先进思想在当时先进性是什么、起到了什么作用，不同时段的先进思想之间有怎样的继承和发展关系，等等；教学过程中，要注意运用一分为二的方法和多元化的价值观评价各种类型的思想家及其思想观点；通过对本问题的理解，在情感态度价值观上，要引导学生自觉学习古今中外不同时代的进步思想家那种勇于面对现实、冲破藩篱、敢为天下先、探索富民强国之路、追求社会公正进步的开拓精神、创新勇气和高度的社会责任感与历史使命感。

十三、毛泽东思想、邓小平理论、"三个代表"重要思想、科学发展观对中国社会进步的推动作用

（一）毛泽东思想

关于毛泽东思想的萌芽。在国民革命的实践中，毛泽东对中国革命的基本问题——农民问题予以高度关注。1925年，毛泽东发表《中国社会各阶级的分析》一文，明确指出，农民是中国无产阶级最广大和最忠实的同盟军。这篇文章是中国共产党人认识国情、民情、社情的体现，是制定党在新民主主义革命时期路线、方针、政策的理论前提。1927年3月，毛泽东发表《湖南农民运动考察报告》一文，再次强调进行农村革命的伟大意义。这篇文章曾被瞿秋白誉为"中国的革命者个个都应读一读"。

关于毛泽东思想的初步形成。在建立和巩固井冈山革命根据地的过程中，毛泽东先后撰写了《中国的红色政权为什么能够存在》、《井冈山的斗争》、《星星之火，可以燎原》等文章，形成了"工农武装割据"思想，从实践和理论上开辟了一条农村包围城市、武装夺取政权的革命道路。这条符合中国革命实际的革命道路的开辟，标志着毛泽东思想的形成。

关于毛泽东思想的成熟。从遵义会议到抗日战争时期，毛泽东思想得到进一步发展。这一时期，毛泽东先后撰写了《中国革命和中国共产党》、《新民主主义论》等文章，对中国革命的领导阶级、革命对象、革命前途等一系列问题进行了系统论述，阐发了新民主主义的政治、经济、文化三大纲领。他不仅回答了当时中国革命面临的种种问题，而且回答了未来建设新中国的一系列根本问题。这是马克思主义中国化历程中的一次飞跃。1945年春，中共"七大"在延安召开，大会将毛泽东思想确立为中国共产党的指导思想，这既是毛泽东思想成熟的体现，也是中国革命的必然。它为中国共产党领导人民争取新民主主义革命在全国的胜利奠定了政治基础和思想基础。

关于毛泽东思想的新发展。从1949年~1957年，毛泽东关于中国社会主义革命和建设的思想，集中地体现在《论人民民主专政》、《论十大关系》、《关于正确处理人民内部矛盾的问题》等著作中，创造性地提出了人民民主专政的理论、社会主义工业

化和社会主义改造同时并举的理论、正确处理工业同农业、轻工业的关系，走出一条适合中国国情的工业化道路的理论等。

认识：毛泽东思想是把马克思主义普遍原理和中国实际相结合的产物，指导中共开创了有中国特色的新民主主义革命道路和社会主义改造道路，指导中共为开辟有中国特点的社会主义建设道路也取得了一定成就；毛泽东晚年错误地发动"大跃进、反右派斗争、'文化大革命'"，违反了实事求是的思想路线，把集权主义和专制主义推向了极端，给党和社会主义事业带来重大损失。因此，在教学中，教师必须要引导学生把毛泽东晚年的错误观点和毛泽东思想区分开来。

（二）邓小平理论

关于邓小平理论的酝酿。"文革"后期，邓小平提出"全面整顿"的思想，实际上是要系统地纠正"文化大革命"的错误。

关于邓小平理论的逐步形成。1978 年 11 月，中共中央召开工作会议，邓小平在闭幕会上作了题为《解放思想，实事求是，团结一致向前看》的讲话。邓小平这篇讲话成为开辟新时期新道路的宣言书，实际上成为随后召开的中共十一届三中全会的主题报告。1978 年 12 月 18 日至 22 日，中共十一届三中全会的召开，重新确立了中国共产党的正确的思想、政治和组织路线，作出了把党和国家的工作重点转移到社会主义现代化建设上来和实行改革开发的战略决策，形成了以邓小平为核心的第二代中央领导集体，标志着建设有中国特色社会主义的新道路从此正式开辟。从此，在中国改革开放的伟大实践中，建设有中国特色的社会主义理论科学体系——邓小平理论逐步形成和发展起来。

关于邓小平理论的发展。1982 年中共"十二大"首次明确提出了有中国特色的社会主义建设理论；1987 年中共"十三大"系统阐述了关于社会主义初级阶段的理论和基本路线；1992 年初，邓小平的南方谈话，就社会主义的本质，计划经济、市场经济和社会主义的关系，改革开放、革命与解放生产力的关系等问题做了深刻阐发，深刻地回答了长期束缚人们思想的许多认识问题，是把改革开放和现代化建设推向新阶段的又一个解放思想、实事求是的宣言书；1992 年中共"十四大"明确了中国经济体制改革的目标是建立社会主义市场经济体制，确立了邓小平建设有中国特色社会主义理论在全党的指导地位；1997 年中共"十五大"报告深刻阐述了邓小平理论的历史地位和指导意义，把邓小平理论确立为党的指导思想并写入党章。

认识：邓小平理论第一次系统地初步回答了中国社会主义的发展道路、发展阶段、根本任务、发展动力、外部条件、政治保证、战略步骤、党的领导和依靠力量以及祖国统一等一系列基本问题，指导我们党制定了在社会主义初级阶段的基本路线，为我们党开创中国社会主义事业崭新局面做出了重大贡献。邓小平理论发展了毛泽东思想，指引党和人民成功地走出了一条建设有中国特色社会主义的新道路，毛泽东思想和邓小平理论是我们事业继续前进的根本保证。

（三）"三个代表"重要思想

2000 年春，江泽民提出"三个代表"重要思想，即：中国共产党必须始终代表中国先进生产力的发展要求，代表中国先进文化的前进方向，代表中国最广大人民的根本利益。

2002 年 11 月，中共"十六大"把"三个代表"重要思想同马列主义、毛泽东思想、邓小平理论一起确立为党必须长期坚持的指导思想并列入党章。

认识："三个代表"重要思想继承和发展了马克思列宁主义关于人类社会前进最终是由生产力发展决定的，同时是由先进文化引导的，是由人民群众推动的等基本原理；揭示了中国特色社会主义是社会主义市场经济、社会主义民主政治和社会主义先进文化的有机统一。"三个代表"重要思想在邓小平理论的基础上，进一步回答了"建设一个什么样的党和怎样建设党"这一直接关系党和国家前途命运的重大问题，是新世纪新阶段中国共产党和中国人民继往开来、与时俱进，实现全面建设小康社会宏伟目标的根本指针。"三个代表"是我们党的立党之本、执政之基、力量之源，是加强和改进党的建设、推进我国社会主义制度自我完善和发展的强大理论武器。

（四）科学发展观

关于科学发展观的提出背景。经过新中国成立以来，特别是改革开放以来的不断努力，我国取得了举世瞩目的发展成就，但我国仍处于并将长期处于社会主义初级阶段的基本国情没有变，人民群众日益增长的物质文化需要同落后的社会生产之间的这一社会主要矛盾没有变。进入新世纪新阶段后，中国在发展中仍面临着一些突出矛盾和问题，主要是：经济结构不合理和粗放型经济增长方式还没有根本改变，城乡、区域、经济社会发展不够协调，人口资源环境压力加大，就业、社会保障、教育、医疗等民生问题比较突出。为更好地解决这些突出矛盾和问题，以胡锦涛为总书记的中央领导集体提出了要全面贯彻落实以人为本、全面协调可持续发展的科学发展观。

关于科学发展观的主要内容。科学发展观的第一要义是发展，核心是以人为本，基本要求是全面协调可持续，根本方法是统筹兼顾。深入贯彻落实科学发展观，要始终坚持党的基本路线，要切实加强和改进党的领导，要增强贯彻落实科学发展观的自觉性和坚定性，把科学发展观贯彻落实到经济社会发展的各个方面，继续深化改革开放，积极构建社会主义和谐社会。

认识：科学发展的理念，是在总结中国现代化建设经验、顺应时代潮流的基础上提出来的，也是在继承中华民族优秀文化传统的基础上提出来的；科学发展观是对党的三代中央领导集体关于发展的重要思想的继承和发展，是马克思主义关于发展的世界观和方法论的集中体现，是同马克思列宁主义、毛泽东思想、邓小平理论和"三个代表"重要思想既一脉相承又与时俱进的科学理论，是我国经济社会发展的重要指导方针，是发展中国特色社会主义必须坚持和贯彻的重大战略思想。

十四、从我国教育发展的角度理解"国运兴衰，系于教育"的深刻含义

（一）新中国成立后的前 17 年（1949 年~1965 年）教育

新中国成立后的前 17 年是社会主义教育的兴办时期。1949 年的《中国人民政治协商会议共同纲领》规定了"民族的、科学的、大众的文化教育方针"，通过加强思想政治教育、建立新的教育管理制度、改革学制，完成了从半殖民地半封建教育向新民主主义和社会主义教育的转变，确立了社会主义的新型教育制度。这一时期，贯彻向工农和工农子女"开门"的教育方针，工农教育首先以识字教育为主，以"开展识字教育，逐步减少文盲"为宗旨，开办了各种形式的补习学校。1954 年，《中华人民共和国宪法》正式将新中国教育为人民大众服务的性质确定下来。1957 年，毛泽东在《关于正确处理人民内部矛盾的问题》的讲话中指出：教育要培养德育、智育、体育都得到发展的有社会主义觉悟的有文化的劳动者。这成为人民教育事业发展的指导方针。这一时期，刘少奇关于"两种教育制度"、"两种劳动制度"的思路，有利于教育的普及、职业教育的发展和改变教育脱离生产实际的状况。

经过十多年的探索和发展，到 1965 年，中国教育事业初步形成了比较完整的国民教育体系，奠定了共和国教育持续发展的坚实基础，培养造就了一大批国家经济建设的新生骨干力量。

（二）"文化大革命"中的"教育革命"

"文化大革命"爆发后，在空前的动乱中，各地大中学校纷纷"停课闹革命"，招生工作基本上处于停顿状态，数以千万计的中学生失去了深造的机会。1968 年底，毛泽东号召"知识青年到农村去，接受贫下中农的再教育"，全国随即掀起一场大规模的、持续的知识青年"上山下乡"运动，使大批知识青年在青春年华中失去了在学校接受正规教育的机会。

1970 年虽然恢复了高校招生，但是采取"群众推荐、领导批准和学校复审相结合"的招生办法，这实际上废止了高考制度；同时，大批专家、教授被诬为"反动学术权威"横遭批斗。持续十年的"文化大革命"对高等教育造成了极其严重的破坏。

"文革"时期，"四人帮"一伙鼓吹"读书无用论"，导致社会道德观念和青少年科学文化素质的大幅度滑坡。

总之，"文化大革命"对中国教育事业造成了极其严重的破坏，使中国在一个时期内出现了"文化断层"、"人才断层"的局面，全国文盲、半文盲人数急剧增加，严重影响了全民族文化素质的提高和现代化事业的发展。

（三）新时期教育事业的蓬勃发展

"文革"结束后，中国教育界经过拨乱反正，恢复了教师的社会地位，"尊师重教"的优良传统得到弘扬。

1977 年底，恢复高考，体现了社会公正的重建。

1983 年，邓小平提出"教育要面向现代化，面向世界，面向未来"，成为新时期教育事业发展的指导方针。1995 年，中共中央、国务院提出实施"科教兴国"战略，有力地推动了中国教育事业的发展。

1980 年以来，中国教育立法取得较大进展，相继制定颁行了《学位条例》、《义务教育法》、《教师法》、《教育法》、《职业教育法》、《高等教育法》、《民办教育促进法》等，初步建立起中国教育法律法规体系。

认识：新中国成立后的前 17 年和改革开放新时期教育取得的成就说明，正确科学的教育政策促进了教育本身的发展，同时推动了国家整个经济、科技的迅速发展；"文革"时期教育被严重破坏，说明正确的教育政策被扭曲，将给国家整个经济、科技的发展造成灾难性的后果。所以，在教学过程中，除了帮助学生建构新中国成立以来教育发展历程的知识体系外，应把教学重点放在新中国成立后的前 17 年和"文革"十年教育政策不同影响的对比分析上，引导学生从正反两方面得出"国运兴衰，系于教育"的认识。

十五、从国内著名科学家的主要事迹中应学习什么

（一）李时珍

中国明朝卓越的医学家李时珍被公认为是对人类最有贡献的科学家之一，世称"医中之圣"。李时珍的《本草纲目》被誉为"东方医药巨典"，达尔文称这部书是"中国的百科全书"。他首创了按药物自然属性逐级分类的纲目体系，这种分类思想是现代生物分类学的重要源泉之一。李时珍能够取得这样的成就，是因为他重视实地考察和实验观察，注意运用比较方法进行创造性研究。我们应学习李时珍深入实践、严谨细致的科学精神。

（二）詹天佑

詹天佑是中国近代杰出的铁路工程师，一生致力于祖国的铁路建设事业，为维护国家铁路权益与列强斗争。他主持修建的京张铁路，为中华民族赢得了荣誉和尊严，周恩来赞誉他是"中国人的光荣"，赞誉他修建的京张铁路是中国的"争气路"。我们应学习詹天佑伟大的爱国主义精神和不畏艰难、勇于担当、善于创新的开拓精神。

（三）李四光

李四光因发表《地球表面形象变迁的主因》、《地质力学的基础与方法》、《新华夏海的起源》而成为公认的地质力学奠基人。李四光从运动的观点出发，探索地质现象的本质、地壳结构即构造规律，建立了独创的地质力学的理论和方法，从理论上打破了"中国贫油论"，对我国的石油探测有重要的指导作用。我们应学习李四光在科学研究上不迷信"权威"，根据客观实际做出自己判断的科研精神和科技报国的爱国主义精神。

认识：作为科学主体的人，即科学家，其杰出成就凸现出科学的价值，科学在发

展中的地位和作用。从杰出科学家的活动中升华出来的科学精神，不仅反映了科学的内在要求，预示着科学的方向，推动着科学的发展，而且深刻影响着人类的生活方式和生存状态。从这个意义上说，科学不仅是一种知识体系，更是一种精神：一种严密论证的求真求实精神，一种严格检验的理性批判精神，一种富有人文情怀的创造创新精神。这种精神最终凝练成古今中外杰出科学家的品格，如深厚的知识积累和灵活的思维，善于汲取前人的经验，追求真理的勇气，坚忍不拔和锲而不舍的探究精神，等等，是他们取得成功的共同原因。为此，教师要引用能体现杰出科学家的科学精神和人文价值方面的相关知识和有关素材，着力创设新的教学情境，增强课堂教学的生动性、趣味性，强化对学生情感态度与价值观的培养。

专题五　基于课标的世界史重点知识解读

本专题所诠释的问题摘自《普通高中历史课程标准（实验）》"内容标准"。这些问题涉及高中历史必修模块和选修模块的内容，是高中专题史教学中需要厘清的有关世界史方面的重点知识。对这些问题的解读，有助于课程目标的落实和课标"内容标准"中"教学活动建议"的具体实施。

一、希腊民主政治的利弊得失

希腊民主政治和罗马共和制度是西方古典民主制度。其中，希腊雅典民主政治是近现代西方民主政治的源头，它所表现出来的法律面前人人平等的政治原则、少数服从多数的决策原则、公职选举任期原则以及举手、投票、抽签等民主决策方式都为后世的民主所遵循，为人类社会政治组织的进步和完善提供了参考，是古代西方文明对人类文明的一个伟大贡献。

伯里克利在一篇演说中说到雅典民主政治的理想："我们的制度是别人的模范，它之所以被称为民主政治，因为政体是在全体公民手中，而不是在少数人手中。解决私人争执的时候，每个人在法律上都是平等的，让一个人员负担公职优于他人的时候，所虑的不是某一个特殊阶级的成员，而是他们的真正才能。任何人，只要他能对国家有所贡献，绝对不会贫穷而在政治上湮没无闻。"[①] 雅典当时在公民群众中基本上实现伯里克利标榜的这些优点：①各级官职向一切公民开放，并都以抽签方式产生。②民主政治的主要机构公民大会、五百人会议和民众法庭握有充分的权力。公民大会是国家最高权力机关。③在公民大会和公民群众获得国家主权的同时，原有的氏族贵族势力则被铲除殆尽。④为担任公职和参加城邦政治活动的公民群众发给工资和津贴。

雅典民主制度不仅对创造辉煌的希腊文明功不可没，而且对今天的社会发展、文明建设都有着可资借鉴的积极因素。但作为奴隶制民主政治，它也有明显的局限性：①广大奴隶群众不仅毫无权利可言，而且被明目张胆地列为专政对象。②雅典民主政治的范围即使在自由民中也是很有限的，妇女皆不能参政，外邦人也无任何权利，半数以上自由民无缘民主政治。③对内虽行民主，对外却极端专横残暴，毫无民主可言。④雅典民主政治的领导权仍掌握在奴隶主上层手中，只是这些上层分子不再属于反对平民的贵族而是支持平民利用民主的工商业奴隶主。⑤雅典民主政治在体制上也留有

---

① 吴于廑，齐世荣. 世界史·古代史编（上）. 北京：高等教育出版社，1994. 260~261

一个"漏洞"以便于上层分子掌握实权，那就是十将军始终保持选举制，可连选连任，并不给薪俸，这就决定了贫穷公民很难当选将军。可见，雅典民主政治是古代奴隶主阶级实行统治的一种手段。同时，希腊民主政治缺乏权威与制衡机制，很容易导致民主决策效能的下滑，甚至引起政治生活的混乱与内耗。

认识：民主政治是人类社会文明进步在政治上的重要表现。雅典开世界民主政治之先河，在古代世界率先建立了较为健全的民主政治制度，为后世留下了一笔宝贵的政治文化遗产。但要注意：

第一，古代雅典的民主政治是在古希腊的特殊环境下产生的，即它是小国寡民的城邦体制的产物，这种民主在疆域辽阔的国度是无法实现的，东西方古代世界的众多帝国都没有实行这样的民主。因此，我们在将古代雅典民主政治与古代中国专制政治进行比较时要特别慎重，要摆脱历史的宿命论。

第二，古代雅典的民主是直接民主，这与近现代以来的代议制民主是不同的。有学者认为，13世纪初英国《自由大宪章》才是近现代西方民主政治的源头。因此，我们也要慎重进行古代雅典民主政治与近现代西方民主政治的比较，正确看待历史的传承。

第三，古代雅典民主实行抽签选举和轮流坐庄的方式，看似民主，但其导致的结果也可能是不公正的，因为让道德学识修养不同的人享有同等的国家管理权，这本身就意味着不平等。雅典历史发展表明，其民主政治最后完全沦落为一种暴民政治，可谓成也民主，败也民主。

二、罗马法的利弊得失

民主和法制是人类历史进程中的两大基本趋向，是人类政治文明的重要成果。古罗马法制是后世西方法律制度、民主思想的重要源泉。

罗马法，即古代罗马奴隶制社会的法律，主要由公民法、万民法和自然法三部分组成。公民法适用于罗马公民。万民法是对所有的人都一视同仁的法律。自然法是建立在哲学基础之上的，是将公理和正义应用于法律，建立一套社会的合理的秩序。法律制订的思想在于承认人的天性都是相同的，因此都有资格享有某些基本权利，对于这些权利政府也无权违背。自然法之父西塞罗宣称："法律乃自然中应有的最高理性，它只许做应该做的事情，禁止相反的行为。当这种理性确立于人的心智并得到实现，便是法律。"[①] 作为一项法律原则的这种抽象的司法概念的发展，是罗马文明的重要成就之一。

（一）罗马法的积极作用

罗马法有利于维护罗马共和国和帝国的统治。以十二铜表法为代表的早期罗马法，

---

① 西塞罗. 论共和国论法律. 王焕生译. 北京：中国政法大学出版社，1997. 189

打破了贵族对法律的垄断，给普通平民以一定的社会地位，使他们能够积极投入到罗马国家早期的建设之中。罗马公民法的创建与完善，使得享有公民权利的罗马公民能够十分有效地履行公民义务。在共和国向帝国转变过程中，万民法突破了公民法的适用局限，为皇帝和元老院的权力提供了法律依据，稳定了社会秩序；维护奴隶制度，保护统治阶级的政治和经济利益，巩固了帝国的社会基础；顺应了经济的发展和变化，极大地推动了罗马私有商业经济社会的健康发展；对公民平等权利予以理论上的承认，对私有财产加以保护。这一切对维系和稳定罗马帝国的持久统治起到了积极作用。

罗马法对世界产生了重大影响。罗马法为近代新兴资产阶级的民权理论提供了思想渊源，为资本主义经济的发展和巩固提供了现成的法律形式，成为后世西方各国法律编纂的蓝本，并且通过直接或间接的法律移植影响到了世界许多国家。

（二）罗马法的局限性

产生于奴隶制时代的罗马法也存在着鲜明的政治导向和阶级色彩，存在着阶级局限性和社会局限性。它是保证除奴隶之外的自由民的权利，提倡的是自由民在法律面前人人平等，妇女的民主权利也受到限制等。法律既可以起到稳定社会秩序的作用，也可能起到相反的作用，罗马法维护奴隶制度，一次次的奴隶起义可以说是对罗马法所确定的奴隶制社会秩序的强烈反抗。

认识：通过学习罗马法从而理解法律在人类社会生活中的价值，这就要重点把握罗马法中的自然法思想，它是罗马法的灵魂。它通过其本身所蕴涵的"人人生而平等"的人权理念来规范罗马各法律条文的制定与实施，以保证罗马法得以很好地维系罗马政权的统治；它培养了罗马帝国的社会法制意识，并且逐步成为民族文化系统的一个层面，形成罗马的法制文明；它提倡人人生而平等，法律面前人人平等，法是至高无上的，具有超越时间、地域与民族的永恒价值。正因为如此，罗马法对世界产生了重大影响；罗马法中包含的法治精神和法律条文中的合理性，对于今天的法制建设有一定的借鉴意义。

三、"臣民"与"公民"、"专制"与"民主"制度

（一）"臣民"与"公民"

臣民是指屈从或被动服从于权力的人。臣民是身份概念，臣民缺乏独立的人格和意志，对国家具有强烈的依附性。相对于国家权力而言，臣民只有义务而没有实质上的有效权利。

公民是一个法律概念，是指具有一个国家的国籍，根据该国的法律规范享有权利和承担义务的法律主体。公民这个概念反映了个人与国家之间的固定的法律关系，属于某一国的公民，就享有该国法律所赋予的权利，可以请求国家保护其权利；同时也负有该国法律所规定的义务，并接受国家的管理。

公民是和民主政治紧密相连的，而臣民则是同专制政治结合在一起的。在历史上，

最早具有制度性的民主政治，出现在古希腊的雅典和古罗马的城邦时期。在这个奴隶制时期，在民主政治的雏形的基础上，出现了"公民"的称呼。欧洲封建制时期，奴隶制的民主共和形式消失了，公民的概念也就不再使用。西方资产阶级革命胜利以后，公民的概念被重新提出，各国宪法普遍地使用了公民的概念。

公民意识是一种平等意识、权利意识、公德意识，而臣民意识是一种等级意识、义务意识、私德意识。公民社会是民主的法制社会、多元化社会，臣民社会则是专制的人治社会、单一化社会。

（二）"专制"与"民主"

民主是指在一定阶级范围内，按照平等和少数服从多数的原则来共同管理国家事务的国家制度。唯物史观认为，民主属上层建筑，作为一种国家制度，民主总是体现统治阶级的意志，"民主政治的实质是其阶级性。哪个阶级掌握政权，哪个阶级占据统治地位，就实行哪个阶级所需要的民主政治"，"民主都是具体的、相对的、发展的、而不是抽象的、绝对的、静止的"。[①] 世界上从来没有抽象的超阶级的民主，只有具体的阶级的民主。

专制则是指一种由个人（或极少数人）单独掌握国家政权，按照个人意志实行独裁统治的国家制度。

民主政治在法律上确认主权在民的原则，承认普通公民的政治权利，并在某些方面为公民行使权利和参与政治提供形式；公民具有平等的政治权利和社会地位；权力结构由立法机关、行政机关、司法机关等若干部分构成，各机关各司其职，互相制约；实行法治，代表国家意志的法律成为规范社会行为的准则，社会政治生活按法定程序进行。希腊民主政治和罗马共和制度是西方古典民主制度，而西方民主政治的典型形式则是近代以来的资产阶级代议制民主，这种民主政治有以下特点：公民民主，实行普选制；政党政治；健全的议会民主制度。

专制政治主张君权神授，认为君权神圣不可侵犯；社会结构上等级分明；权力全部集中于作为国家元首的个人，具有无限性和绝对性；实行人治，君主的意志就是法律的精神，君主的命令就成为法律的条文，既定的法律可以随君主任意更改，社会政治行为的是非判断常常取决于君主个人的意志甚至喜怒。专制政治的典型形式，是奴隶社会和封建社会的君主专制。

认识：专制与民主是人类历史发展进程中的重要政治现象，臣民与公民则分别是专制社会和民主社会的产物。民主制度是对专制制度的否定，从臣民意识到公民意识，从专制到民主是人类社会发展的必然趋势，是人类文明的进步。从人类历史进程看，从人治到法治，从专制到民主，经历了一个漫长而曲折的过程。

---

① 李铁映．论民主．北京：人民出版社，2001．卷首语

四、欧洲文艺复兴和宗教改革时期人文主义的内涵

人文主义是文艺复兴和宗教改革时期新兴资产阶级的思想体系。代表新兴资产阶级的思想家，称为人文主义者。人文主义者以研究人和自然为对象，目的是通过对古典文化的研究、复兴和发扬，来打破中世纪经院哲学和天主教会在精神上的专制，并按照古代的典范，创立一种摆脱教会权威的、建立在文化知识和理性基础上的对世界和对人的看法。可从以下几方面理解人文主义的内涵：

人文主义思想的核心内容是提倡以人为中心，反对以神为中心。人文主义者提倡人性，反对神性，提倡人权，反对神权，认为人是现实生活的创造者和主人，要求肯定人的价值和尊严。批判神权统治，鼓吹人性解放和思想自由是文艺复兴及宗教改革时期人文主义的主要诉求。具体包括：①提倡个性自由和平等，反对神权和专制主义。②提倡追求现世幸福和物质享受，鼓励发财致富和冒险精神，认为人有追求荣誉和财富的权利，反对禁欲主义、来世主义。③提倡科学和理性，提出"知识就是力量"，唤醒积极进取、创造及科学实验精神，反对愚昧主义和神秘主义。

我们应结合文艺复兴和宗教改革运动产生的背景正确理解这一时期人文主义的内涵。文艺复兴产生的根本原因在于欧洲资本主义生产关系的萌芽、发展以及新的资产阶级的兴起。新兴资产阶级要求冲破封建制度的束缚，自由地发展资本主义，要求摆脱宗教神学的束缚，尽情地享受生活。从他们登上历史舞台起，就开始与封建统治的支柱——宗教神权进行激烈的斗争，从而引发了一场声势浩大的人文主义浪潮，并引发了席卷欧洲的声势浩大的宗教改革运动，推动了欧洲向资本主义近代的转变。所以这一时期的人文主义，是反封建的人文主义，是属于资产阶级的人文主义。

从文艺复兴的概念理解人文主义内涵。文艺复兴这一概念最早由意大利艺术史家瓦萨里在其《意大利艺苑名人传》中提出，后为西方学术界广为接受和使用。现在，西文中文艺复兴一词通用法语"Renaissance"，即指文艺复兴是文学、艺术和科学复兴的运动。特别是近代自然科学的产生，是文艺复兴的主要内容之一。这有助于我们对人文主义的内涵进行完整的理解。

从文艺复兴与宗教改革的关系看，文艺复兴时期的人文主义者通过文学、艺术及其他形式对天主教会的腐败现象进行揭露，为宗教改革提供了有力的依据。宗教改革是文艺复兴的继续，是人文主义思想在宗教领域的运用与发展，它从教会内部破除了封建的旧观念，树立了以人为主体的新思想。

认识：人文主义是个历史概念。文艺复兴和宗教改革时期的人文主义思想是西方人文精神发展链条上的重要一环，它同古代希腊的人文思想及此后启蒙时期的人文思想既有联系又有区别。这一时期的人文主义是新兴资产阶级反封建反教会的思想武器：这一时期的反封建，主要是反对封建领主的割据状态，要求建立民族统一的君主专制政体，以便在王权保护下发展资本主义经济；这一时期的反教会，主要是揭露中世纪

天主教会的贪污腐化，谴责修道院残害人性的罪恶，要求进行宗教改革，废除繁琐的宗教仪式，提倡比较简便的礼仪。

五、地理大发现对世界市场形成的意义

地理大发现是世界历史上具有划时代意义的事件，世界历史由此开始从分散发展进入整体性发展。地理大发现后，政治上开始了近代世界殖民体系和殖民掠夺；思想文化上改变了人类的观念和思维方式，促进了人类文明特别是自然科学的发展；经济上的重要后果是促进了世界市场开始形成。地理大发现对世界市场形成的意义可从以下几方面理解：

地理大发现引起了商业革命。①商业活动范围空前扩大，国际市场向全球扩展。欧洲同非洲、亚洲之间的贸易扩大了，并和美洲开始有了联系。原来各大洲的地区性市场开始变成全球性的真正的世界市场。②进入国际市场上的商品种类和数量不断增多。世界各地的商品逐渐在欧洲市场上出现。美洲的烟草、可可，非洲的咖啡，中国的茶叶，都成为国际贸易中的重要商品，甚至大批非洲黑人也被作为商品贩卖到美洲。各大洲的特有产品随着世界市场的开辟而实现了世界范围内的商品大交流。③商路和贸易中心发生了巨大变动。主要的商路和贸易中心从地中海转移到了大西洋沿岸，荷兰、英国等国因处于有利位置而在世界贸易中占有较大份额。④商业经营方式发生改变。开始出现固定组织的市场——商品交易所、证券交易所、拍卖市场，垄断海外贸易的特权贸易公司、股份公司等迅速发展，同时，主张增加商品出口减少进口以积累财富的重商主义思想在西欧各国盛行。商业革命成为促使封建生产方式向资本主义生产方式过渡的一个重要因素，正如马克思和恩格斯所说："美洲的发现，绕过非洲的航行，给新兴资产阶级提供了新的活动场所。东印度和中国的市场，美洲的殖民化，对殖民地的贸易、交换手段和一般商人的增加，使商业、航海业和工业空前高涨，因而使正在崩溃的封建社会内部的革命因素迅速发展。"①

地理大发现引起了"价格革命"。地理大发现后，西班牙等国从殖民地掠回大量金银，引起西欧金银贬值，物价上涨。价格革命是资本原始积累的因素之一，促进了西欧资本主义的成长。

地理大发现引起了西欧殖民者的殖民扩张。西方殖民者以暴力为手段，通过开发新的殖民地，为工业的发展开辟了广阔市场和廉价的原料供应地。殖民扩张作为手段，促成了世界市场的形成，加速了西欧资本主义发展的步伐。

认识：世界市场的形成过程经历了萌芽、发展和最终确立等几个阶段。在地理大发现这一时期，资本主义的发展尚处于资本原始积累的商业资本主义阶段，受交通条件的限制，国际经济联系还不紧密，严格说来，世界市场还处于准备阶段。世界市场

---

① 马克思恩格斯选集（第二卷）. 北京：人民出版社，1995. 273

的形成是与殖民主义相伴随的，因此它对亚非拉的作用是双重的，即马克思所说的"破坏性"和"建设性"，客观上推动了世界各地区的现代化进程。我们还要认识到，促进世界市场形成的决定因素不是地理大发现所带来的殖民征服，而是由于资本主义生产力的提高及资本主义的扩张性和开放性，以及世界范围内社会分工的不断发展，经济发展的不平衡性和互补性增强。

六、罗斯福新政对战后美国经济发展的作用

罗斯福新政是资本主义国家面对 1929 年～1933 年的资本主义经济危机自我调整的一个成功范例，是美国在经济危机中对社会制度的创新。新政在保证资本主义制度根本不变的情况下，采取一系列措施对农业、工业、金融业和社会保障等各种产业关系和利益关系进行大幅度调整，以确保充分就业、经济繁荣和社会安全。新政使美国克服了危机，经济走出低谷，缓和了社会矛盾，摆脱了法西斯势力的威胁。新政对战后美国及西方资本主义国家经济发展产生了深远影响。

罗斯福新政的种种政策措施直接为战后美国的经济腾飞奠定了基础。新政留下了大量防止再次发生大萧条的措施和政策，尤其是新政时期修建的一大批公共工程，不仅在当时解决了就业问题，促使经济早日复苏，而且许多基础设施建设使美国经济长期受益，为美国战后快速崛起奠定了坚实基础。

罗斯福新政标志着西方资本主义国家经济政策的转变，自由放任的古典自由主义经济政策逐步退出，开始了以国家干预经济为特征的国家垄断资本主义时期。以美国为首的资本主义国家，通过自我调节并借鉴社会主义国家的一些成功经验，将市场调节和政府调节结合起来，极大地促进了生产力的发展。

罗斯福新政开创了国家干预经济的新模式，为美国应对经济危机和发展经济提供了成功经验。新政影响到二战后美国政府的经济政策和措施，现代经济制度开始形成，具体表现为：①通过政府对经济的积极干预，以实现经济复兴和充分就业；②完善社会福利制度，进行国民收入再分配；③创办政府事业和公共工程；④通过股票分散化等方式改革单一的所有制形式，资本家不再拥有企业的全部所有权等。战后美国历届政府基本遵循了这一政策，促进了美国经济长期稳定发展。

战后，美国取代英国成为世界头号经济强国，在国际事务中通过其主宰的联合国、世界银行、国际货币基金组织、关税和贸易总协定等一整套国际机构，将国家干预主义理论及其政策主张运用于国际事务，获得巨大利益。

罗斯福新政为战后发达资本主义国家经济运行机制调节提供了实践经验。在战后新的历史条件下，促使资本主义经济运行机制自我调节的因素，除经济危机的惨痛教训、罗斯福新政的成功及凯恩斯理论外，还包括：资本主义私人垄断历史发展的必然结果；二战进一步促进了垄断资本主义的发展；第三次科技革命及高科技产业的发展；同社会主义的竞争；经济全球化等。

认识：美国等西方资本主义国家战后经济快速发展，除新科技革命为经济发展提供了强大的动力外，主要是国家对资本主义生产关系的某些环节和经济社会的运行、管理机制作了不少自我调节，在一定程度上暂时缓解了生产资料私人占有对生产力的制约，从而使资本主义生产关系不仅能够容纳现实的生产力，而且还使生产力得到了进一步发展。

七、苏联社会主义建设中值得借鉴的经验与教训

（一）苏联社会主义建设的经验

以"斯大林模式"为主要表现的苏联社会主义建设模式是在特定历史条件下形成的，它开创了一种不同于市场经济的计划经济体制和新型的工业化模式，是苏联进行社会主义建设的探索和创新。该模式以实现工业化为核心，以建立强有力的国防为目的，实行社会生活政治化、经济生活一体化，即高度集中的政治经济体制。这种高度集中的经济模式益处在于：①有利于社会主义国家和政府实行有效的宏观经济规划；②使苏联迅速实现了社会主义工业化，增强了经济实力，成为工业强国，为二战反法西斯战争的胜利奠定了物质基础；③在二战时期显示出巨大的优越性和高效率，有效地调动了全国人民的生产和战斗热情，保卫了社会主义的胜利果实，提高了社会主义的国际威望；④促进了军事科学技术的飞速发展，提高了国民文化素质，加强了苏联的国防；⑤其某些做法也为资本主义国家经济运行机制的调节提供了借鉴。

（二）苏联社会主义建设的教训

苏联社会主义建设的教训在于以下几个方面：①建设社会主义一定要坚持生产关系适应生产力发展的原则。苏联社会主义建设中，脱离本国生产力实际，一味拔高生产关系，过分注重阶级斗争在社会发展中的推动作用，造成了阶级斗争扩大化，严重阻碍了生产力的发展。②建设社会主义必须引入市场经济。苏联高度集中的计划经济体制，限制商品关系，否定价值规律和市场机制的作用，用行政命令甚至暴力手段管理经济，严重地阻碍了国民经济的发展和生产力提高。苏联改革不成功的教训表明，在经济文化相对落后的国家里搞社会主义，必须在经济上要有一个市场经济充分完备发展的历史阶段。③社会主义建设政策的制定要从国情出发，坚持可持续发展战略，农、轻、重按适当比例平衡发展。苏联在社会主义建设中片面强调重工业的发展，而忽视了轻工业和农业的发展，造成国民经济比例严重失调，极大地影响了人民群众物质和文化水平的提高。④社会主义建设必须从本国国情出发，离开本国实际、照抄照搬别国经验是建设不好社会主义的。⑤社会主义是开放而非封闭的。在不发达的国家建设社会主义要特别注意学习和借鉴资本主义的一切积极因素，任何一个国家要发展，闭关自守是不可能的。⑥社会主义建设必须解放思想，面向实际，把马克思主义与本国实际相结合，不断提出和创造新的理论，必须贯彻民主集中制的原则，必须重视和加强民主法制建设。

认识：社会主义没有固定的模式和规律可循，社会主义制度要通过不断改革来完善，改革是推动社会发展的重要动力，正如恩格斯指出："所谓'社会主义社会'不是一种一成不变的东西，而应当和任何其他社会制度一样，把它看成是经常变化和改革的社会。"① 苏联社会主义改革的失败说明：社会主义改革不可能一帆风顺，改革具有复杂性、艰巨性、曲折性。苏联社会主义建设的成功经验与失败教训对当今中国的改革开放和社会主义建设有着十分重要的借鉴意义。

八、经济全球化进程中值得探索的问题

经济全球化是"冷战"结束以后世界经济出现的新趋势。科技进步和世界市场的扩大是经济全球化的物质基础，其中科技革命是经济全球化的第一推动力，和平与发展的时代潮流是经济全球化的社会力量。

经济全球化主要表现为世贸组织、欧盟、亚太经合组织等国际性和区域性经济组织的出现；国际交往频繁；国际贸易大幅增长；国际巨额资本流动加速等。

经济全球化的积极影响主要有：①经济全球化促进了全球经济的快速发展。全球化完善和稳固了统一的世界市场，实现了资金、技术、产品、市场、资源、劳动力等生产要素在全球范围内的自由流动和优化配置，提高了资源配置效率，促进贸易和投资的自由化，推动全球技术转让和产业结构的调整。②经济全球化推动世界和平与发展。在经济全球化背景下，国际社会可以通过各种协调机制调整国际经济关系，协商解决关系全人类、全世界的重大问题；国际组织的作用加强，不同文化的交融加深；区域一体化进程发展，推动世界格局向多极化发展，促进了地区的和平与发展；各国经济关系日益密切，相互依存度越来越高，形成利益共同体，全球意识增强，合作、对话、和平、发展，成了时代的主旋律。③经济全球化给发展中国家提供了发展的机遇。如有利于发展中国家利用外资和对外投资，促使发展中国家出口商品结构优化等。④经济全球化为世界各国人民提供了选择物美价廉的商品和优质服务的好机会。⑤经济全球化有利于各国交流、比较和借鉴彼此在经济建设方面的成功经验，吸取失败教训，有利于各种先进的、行之有效的经济制度和管理模式、方法在国际间交流、借鉴和移植。

经济全球化的消极影响主要有：①全球化拉大了世界贫富差距，使全球经济发展更加不平衡，民族主义浪潮凸显，不利于世界和平与发展。②使世界经济不稳定性加强。各国对外贸易依存度普遍提高，世界金融市场迅速扩大，世界金融体系使各国经济紧密地联系在一起，加大了全球金融市场风险。③可能导致发展中国家生态环境遭到破坏，还可能给发展中国家带来许多社会问题，导致社会不稳定和混乱。④由于现行的全球经济运行规则不尽合理，大多有利于发达国家，西方发达国家尤其是美国利

---

① 马克思恩格斯选集（第四卷）. 北京：人民出版社，1995. 693

用全球化推行经济霸权、政治霸权和文化霸权，经济全球化对发展中国家的政治、经济、文化主权带来巨大冲击，各国的民族传统、民族文化发生变异，失去其民族特色，以至于有人把全球化称之为"新的殖民化"。

认识：经济全球化的发展如同一把双刃剑，面对经济全球化浪潮，机遇与挑战同在，关键在于如何因势利导，趋利避害。经济全球化给发达国家和发展中国家带来的机遇和风险是不对等的。对广大发展中国家来说，一方面要积极参与，争取在全球化进程中维护自身的权利，改革现行不合理的游戏规则，建立公正、合理的国际政治和经济新秩序；另一方面，还应通过制定适合本国的经济发展战略，积极参与国际竞争，充分运用当前科技革命成果，实现本国经济发展的现代化。

九、近代以来世界科学技术发展对人类文明的影响

近现代以来，世界先后发生了三次科技革命。工业化、民主化、科学化是世界近现代文明的主要特征。近代以来世界科技发展对人类文明产生了重大影响。

科技发展推动了社会生产力的极大提高。科学技术是第一生产力，是提高经济效益的决定性因素，它促使社会经济结构发生显著变化，是促进人类物质文明建设和现代经济增长的重要因素。近代以来的科技革命使人类从农业时代进入工业时代，进而进入信息时代，从资本主义生产方式建立到世界市场的形成，进而形成统一的世界经济体系，无不依靠科技进步的作用。

科技发展推动了意识形态领域的革命，促进了人类的思想解放。科技革命通过科学思想影响社会。美国科技史家科恩在评价近代的牛顿革命时说："牛顿革命也成了意识形态的一个重大的组成部分，唯一可与之相提并论的则是另一场科学革命，即达尔文革命。"[1] 牛顿革命有着巨大的方法论意义，开创了理性新时代。可以说，启蒙运动的整个纲领，正是以牛顿的原理和方法为基础的。

科技发展推动社会变革和社会发展，引起了深刻的社会革命和生产关系上的重大变革。科学技术是一种革命力量。近代以来的三次科技革命先后巩固了资本主义各国的统治基础、使资本主义进入垄断阶段、推动资本主义由一般垄断向国家垄断过渡，促进了资本主义生产方式的变革。近代以来，伴随着第一次科技革命的发展，马克思主义诞生，伴随着第二次科技革命的出现，社会主义由理想变成了现实，由一国发展到多国，20世纪新技术革命来临之际，也正是社会主义面临巩固和发展的第三次历史性飞跃之时。

科技发展引起各国政治经济的不平衡发展，对近代以来的国际关系产生重大影响。近代以来，第一次科技革命使英国成为世界殖民帝国，并导致了现代国际关系的萌芽。德、美、英、法等国在第二次科技革命中处于领先地位，成为典型的工业国家，并在

---

① 科恩．科学中的革命．北京：商务印书馆，1999.219

国际事务中起着主导作用。两次大战的发生以及美苏两极格局的形成，其根本原因就是科技革命造成各国综合国力的升降。当今世界的国际关系正随着第三次科技革命及新技术革命所引起的国际政治经济格局的调整而发生深刻的变化，世界正朝着多极化方向发展。

科技发展对人类生活产生了极大影响。科技改变生活，它引起劳动方式、消费结构和生活方式的变革，使人的观念、思维方式、行为方式、生活方式逐步走向现代化。以计算机网络信息技术为代表的高新技术已经彻底地改变了人类生活的世界，人们的衣食住行和文化娱乐随着科技的发展日益多样化，总体意义上的物质和精神生活更加丰富多彩。

科技革命的发展也带来一系列棘手的社会问题，对人类赖以生存的能源、环境等方面带来了巨大的挑战。如：生态环境的恶化、自然资源和能源的过度消耗以及核灾难的威胁，计算机网络等高技术犯罪、科技发展及应用引起的重要科技领域中的伦理问题等，成为举世关注的全球问题。

认识：科学技术是一把双刃剑，我们既要揭示科技发展给人类社会发展带来的积极推动作用，也要指出其消极影响。需要明白的是，科学技术本身并无好坏之分，关键是人的问题，在于人类如何利用它。同时，我们也要注意揭示科学与技术的联系，新技术的产生往往需要新理论作基础，而新技术的出现，也常常为理论研究提供新课题。

十、世界多极化趋势与和平发展的关系

冷战结束后，两极格局消失，各种力量重新分化组合，世界正朝着多极化方向发展。多极化趋势的发展给世界的和平与发展带来了机遇和有利条件，有助于建立一个平衡、稳定、繁荣、民主、不对抗的新秩序，这一趋势客观上符合所有国家的根本利益。

世界多极化有利于推动国际关系的民主化进程。"多极化就其实质来说，是国际关系的民主化。"[1] 就是在处理国际关系问题时，各国的事情要由各国人民做主，国际上的事情要由各国平等协商，全球性的挑战要由各国合作应对，这已成为国际政治发展的总趋势。特别是面对发展失衡、环境恶化、武器扩散、国际犯罪、恐怖主义等一系列跨国问题，没有世界各国的通力合作，问题就难以解决。在这种情况下，推动建立公正合理的国际政治经济新秩序，真正实现国际关系的民主化，不但成为世界各国认真思考的重大问题，也成为推进多极化发展的强劲动力。

世界多极化也意味着世界文明的多样化。各国文明的多样性，是人类社会的基本特征，也是人类文明进步的动力。世界文明的多样性，就是社会制度和发展模式的多

---

[1]　金一南．多极化——不可抗拒的历史潮流．解放军报，2002 - 7 - 2．（5）

样性。任何以单一政治制度和发展模式去规范世界的企图，最终破坏的不仅是国际关系的民主化，而且破坏了世界文明的多样化，从根本上违背了人类进步的规律和世界发展的潮流。

世界多极化与经济全球化趋势的发展，使美国对世界的控制能力下降，牵制了美国单极称霸的企图，有利于世界的和平、稳定与繁荣。

世界多极化结束了国际政治、军事大分裂，世界范围内的冲突与对抗也趋于分散化、局部化，全球层次的政治稳定与和平局面得到了保证，这是经济全球化的基本政治保障。

世界多极化在更大程度上反映了广大发展中国家的利益诉求，必然导致世界多极化的主要载体——联合国作用的增强。应该承认大国在国际事务上具有特殊作用的事实，但这并不等于大国包揽一切。《联合国宪章》充分体现了大国与广大中小国家一律平等的关系。多极化有利于世界和平与稳定，当然也有利于中国，中国作为世界上最大的发展中国家和联合国常任理事国之一，在国际事务中发挥着不可替代的影响，既是维护世界和平和地区稳定的重要力量，也是多极化进程的积极倡导者和推动者。

世界多极化与全球化趋势的发展，使世界各大力量和地区性强国或国家集团，在相互交往中进一步彼此借重，相互牵制，竞争共处。多极化结束了国际经济大分裂，世界各国发展和竞争的重点已从冷战时期的军事竞争转变为当今的经济与科技竞争，越来越多的国家走上市场经济的道路，投身于经济全球化的大潮之中，这体现了当代世界生产力对于全球范围内和平与发展的内在要求。各国寻求合作、谋取发展的意识日趋加强，爱好和平的力量明显增长，使和平的因素超过战争的因素，这必将有力地阻止世界性战争的爆发，为世界的和平与发展带来有利条件。

也有学者认为，世界多极化未必能给世界带来和平和稳定，相反，只会加剧大国冲突。理由是，冷战时期两极对峙，虽紧张，但稳定；一极主宰，一个声音说话，事情也好办；世界成了多头，反而易乱。

认识：与经济全球化利弊参半不同，世界多极化更多的是给世界带来积极因素。因此，致力于建立一个多极世界，符合世界发展的客观规律，有利于推动建立公正合理的国际政治经济新秩序，有利于促进世界政治经济文化的协调平衡发展，有利于促进以持久和平与共同繁荣为内涵的和谐世界的建立。当然，世界多极化的进程具有复杂性、长期性和曲折性，需要整个国际社会共同努力。

下 篇
技能修炼

历史教师要想在教学中正确体现新课标的精神，就必须加强教学技能的修炼，包括教学设计能力、课堂掌控能力、史料运用能力、教学评价能力以及科研能力的修炼。

专题一 高中专题史教学目标

教学目标是指学生通过教学活动后要达到的预期的学习结果，可分为课程教学目标、模块教学目标、专题（单元）教学目标、课时教学目标等不同层次。高中专题史教学目标的设计必须基于教学专题而进行。其中，课时教学目标的陈述与编写应准确把握行为主体、行为动作、行为条件、学习水平四个要素，应尽可能涵盖"知识与能力"、"过程与方法"、"情感态度与价值观"三个维度，并通过问题情境和材料情境的创设在专题史教学中予以具体落实，有效实施。

一、从课程目标到课时教学目标

课程目标是指特定阶段的学校课程所要达到的预期结果。它是对学生发展目标和方向的规定。① 课程目标是课程的第一要素，是所有学生通过课程的学习都要达到的目标。因此，课程改革首先要确立合理、科学的课程目标。在此基础上，将课程目标细化为课时教学目标，具体落实到学科教学中。

课程目标是课程的核心。作为学科课程目标，历史课程目标不仅要求清晰地呈现基本的学科成就标准，还要求对学习成就水平做出层次性和可操作性的具体规定。② 新一轮基础教育历史课程改革在课程标准中，首次构建了符合时代特点的、体现最新课程理论的课程目标。

课程目标的基本要求是：面向全体学生，使所有学生都能达到课程标准所规定的目标。《普通高中历史课程标准（实验）》以分类的呈现方式，将课程目标确定为"知识与能力"、"过程与方法"、"情感态度与价值观"三个维度，这样便于在课程实施中的具体操作。

作为学科课程目标，历史课程目标与广大教师所熟悉的历史教学目标有很大的区别。如前所述，历史课程目标是学生历史课程学习的成就标准，是历史课程计划的重要组成部分。它是历史课程性质、历史课程价值及历史课程理念的具体体现，同时也是编写历史教材、实施有效历史教学、开展科学的历史学习评价的出发点和基本依据。历史课程目标有三个基本特性：一是以学生为主体。历史课程目标所描述的是以学生作为主体所应呈现的状态，关注的是学生的历史学习过程，重视的是如何以学生的学

---

① 朱宁波，陈旭远. 新课程核心理念诠释. 北京：高等教育出版社，2005. 2
② 姚锦祥. 高中新课程实践引领（历史）. 南京：南京师范大学出版社，2010. 1

来实现目标。二是可观测和评价。历史课程目标所描述的具体状态应当是可以外部观察、直接把握或采用一定的手段能够评价的。因此，历史课程目标应该是清晰明确的，不能含含糊糊，使人捉摸不定。三是反映基本要求，这可以从两个方面来理解：一方面，历史课程目标作为历史课程学习的成就标准，是对学生学习所必须达到的最低要求的设定，它应当是每个学生都应达到的；另一方面，它作为一个标准只要求学生基本达到即可，并不要求每个学生在这方面都是优秀。历史课程实施中，教师的教学和学生的学习都可在这一点上灵活掌握。

教学目标是指学生通过教学活动后要达到的预期的学习结果，可分为课程教学目标、模块教学目标、专题（单元）教学目标、课时教学目标等不同层次，[1] 涉及知识与能力、过程与方法、情感态度与价值观这些不同的领域。作为学科教学目标，历史教学目标是指学生通过一定的教学活动所形成的在知识、技能、能力以及情感态度与价值观等方面的变化。历史课程目标则是学生通过历史课程学习所应达到的预设状态。一般说来，历史课程目标概括性强、较为抽象、适应面较广，适用于整个历史课程建设和管理过程，而历史教学目标较为具体，适应面较小，仅限于微观的教学过程，如历史课时（一节课）的教学目标等，是历史教学设计的一部分；历史课程目标的实施主体涉及面广，如涉及国家各级教育行政部门、教师培养与培训机构、广大教师和学生、历史课程研究与指导机构，以及中学历史教材编制出版部门等，而历史教学目标一般仅涉及教学活动中的教师和学生；历史课程目标有较高的原则性和稳定性，而历史教学目标有较高的针对性（如针对一堂历史课教学设计等）和一定的灵活性。当然，历史课程目标和教学目标也有紧密的联系，历史课程目标指导着历史教学目标的制订，历史教学目标是历史课程目标的具体化，是历史课程目标实现的基础和具体手段目标。两者都具有现实性、具体性、可操作性。

从教学过程来看，课时教学目标是一课之魂。高中专题史教学也不例外。高中专题史课时教学目标是历史课程目标在一节历史课教学中的具体落实，是历史新课程课堂教学改革的主攻方向。高中专题史课时教学目标能否尽快取得成效，取决于广大教师对它认识的深入程度，取决于对有效历史教学策略、方法的整合和运用。我们认为，教学活动是在动态中生成的，高中专题史课时教学目标为教师的教、学生的学指明了方向，教师和学生可根据课时教学目标来调节教学活动的偏差，避免教学活动中过多的随意性。明确的教学目标是进行评价的前提，高中专题史课时教学目标的确立，成为教学评价的依据，可以调动师生的主动性和积极性，学生为达到目标而学，教师为达到目标而教，并形成持久的动力，以尽力实现课时教学目标。

以下一则案例是依据课程目标、模块教学目标、专题（主题）教学目标所编写的历史必修 I "美国1787年宪法"（人民版）一课的课时教学目标：

---

① 黄甫全，王本陆. 现代教学论学程. 北京：教育科学出版社，1998. 142

普通高中历史课程目标①

一、知识与能力

在义务教育的基础上，进一步认识历史发展进程中的重大历史问题，包括重要的历史人物、历史事件、历史现象和历史发展的基本脉络。

在掌握基本历史知识的过程中，进一步提高阅读和通过多种途径获取历史信息的能力；通过对历史事实的分析、综合、比较、归纳、概括等认知活动，培养历史思维和解决问题的能力。

二、过程与方法

进一步认识历史学习的一般过程。学习历史是一个从感知历史到不断积累历史知识，进而不断加深对历史和现实的理解过程；同时也是主动参与、学会学习的过程。

掌握历史学习的基本方法。学习历史唯物主义的基本观点和方法，努力做到论从史出、史论结合；注重探究学习，善于从不同的角度发现问题，积极探索解决问题的方法；养成独立思考的学习习惯，能对所学内容进行较为全面的比较、概括和阐释；学会同他人，尤其是具有不同见解的人合作学习和交流。

三、情感态度与价值观

通过历史学习，进一步了解中国国情，热爱和继承中华民族的优秀文化传统，弘扬和培育民族精神，激发对祖国历史与文化的自豪感，逐步形成对国家、民族的历史使命感和社会责任感，培养爱国主义情感，树立为祖国现代化建设、人类和平与进步事业做贡献的人生理想。

加深对历史上以人为本、善待生命、关注人类命运的人文主义精神的理解。培养健康的审美情趣，努力追求真善美的人生境界。确立积极进取的人生态度，塑造健全的人格，培养坚强的意志和团结合作的精神，增强经受挫折、适应生存环境的能力。进一步树立崇尚科学精神，坚定求真、求实和创新的科学态度。认识人类社会发展的统一性和多样性，理解和尊重世界各地区、各国、各民族的文化传统，汲取人类创造的优秀文明成果，进一步形成开放的世界意识。

高中历史必修Ⅰ模块教学目标②

一、知识与能力

了解人类历史上重要政治制度、政治事件及其代表人物等基本史实，正确认识历史上的阶级、阶级关系和阶级斗争，认识人类社会发展的基本规律。

二、过程与方法

学习搜集历史上有关政治活动方面的资料，并能进行初步的归纳与分析；学会从

① 教育部. 普通高中历史课程标准（实验）. 北京：人民教育出版社，2003.4～5

② 教育部. 普通高中历史课程标准（实验）. 北京：人民教育出版社，2003.9

历史的角度来看待不同政治制度的产生、发展及其历史影响，理解政治变革是社会历史发展多种因素共同作用的结果，并能对其进行科学的评价与解释。

三、情感态度与价值观

理解从专制到民主、从人治到法治是人类社会一个漫长而艰难的历史过程，树立为社会主义政治文明建设而奋斗的人生理想。

专题教学目标①

——以"欧美资产阶级代议制的确立与发展"专题为例

（1）了解《权利法案》制定和责任制内阁形成的史实，理解英国资产阶级君主立宪制的特点。

（2）说出美国1787年宪法的主要内容和联邦制的权力结构，比较美国总统制与英国君主立宪制的异同。

（3）知道法兰西第三共和国宪法和《德意志帝国宪法》的主要内容，比较德意志帝国君主立宪制与法国共和制的异同。

（4）分析资产阶级代议制在西方政治发展中的作用。

《美国1787年宪法》课时教学目标②

——以人民版高中历史必修Ⅰ专题七为例

一、知识与能力

了解美国1787年宪法的主要内容，了解联邦政府的权力结构，理解1787年宪法制定的背景，理解1787年宪法的分权制衡原则，对比英美政体的异同，评价1787年宪法。了解联邦政府的成立及其政策措施，了解美国两党制逐步形成的过程，理解联邦政府成立初期的政策和两党制的形成促进了美国宪政建设的平稳推进。

二、过程与方法

（1）学生通过积极参与历史情境和活动体验，深入认识《联邦宪法》的内容和联邦政府的权力结构。

（2）学生通过积极参与历史情境和活动体验，积极探究美国宪法的原则、对宪法进行评价。

（3）学生通过图表对比法，简明扼要地分析英美政体的异同。

三、情感态度与价值观

（1）1787年宪法是美国建国先驱结合本国实际，大胆创新的成果，是人类政治智慧的精华。

---

① 教育部．普通高中历史课程标准（实验）．北京：人民教育出版社，2003.8
② 本案例由四川师范大学附中梁晓东老师提供．

（2）1787 年宪法是中央集权与邦权、大州与小州、南方与北方等利益集团辩论和妥协的结果，现代民主都是妥协的产物。

（3）坚持辩证评价1787 年宪法，尤其对宪法缺陷的认识，要坚持根据当时美国社会的主要矛盾和政治现实来认识，不要进行简单的道德评判和以今非古。

（4）英国的议会制君主立宪制和美国的总统制民主共和制都代表了政治文明化的发展方向，从中感悟民主政治既有多样性又有独特性。

从以上案例可以看出，课程目标是指整个高中阶段历史课程所要达到的预期结果。模块目标是从历史学科特点出发，以历史必修 I 政治文明演进历程的重要知识为依托，从三维目标的角度进行考虑确定的。在此基础上，将模块目标进一步具体细化为模块内每专题的专题（单元）目标以及更加微观的课时目标，体现了专题史学习的特点，注意了与具体学习内容的有机结合。

二、课时教学目标的陈述

（一）课时教学目标陈述应遵循的原则

高中专题史课时教学目标的陈述和历史课程目标一样，应该遵循以下几个基本原则：行为主体是学生；行为动词可测量、可评估；行为条件的限制；表现程度的说明。

1. 行为主体是学生

行为主体是学生，是指高中专题史课时教学目标的陈述必须从学生的角度出发，陈述行为结果的典型特征，行为的主体必须是学生，而不能以教师为目标的行为主体。课时教学目标强调的行为主体是学生，关注的是学生的历史学习过程，重视的是如何以学生的学来实现目标。这与原先"教学目的"的陈述方式是不同的，以往教师习惯采用"使学生记住……"、"提高学生……"、"培养学生……"、"教给学生……"等方式都是不符合陈述要求的，因为这样的叙写，其行为主体是教师。尽管有时行为主体"学生"两字没有出现，但也必须是隐含着的。例如，"（学生）（行为主体）了解（行为动词）王安石变法的历史背景（表现程度）……"这个"知识目标"，就省去了行为主体"学生"两字。

2. 行为动词可测量、可评估

行为动词用来描述学生应该形成的可观察、可测量出的具体行为。一般来说，高中专题史课时教学目标可按结果性目标、体验性或表现目标来做具体陈述。

结果性目标主要说明学生的学习结果是什么。它所强调的是规定性、可控制性，所采用的行为动词必须明确、具体，可检测，可量化。高中专题史教学中，学生对具体的历史内容的学习分为"了解"、"理解"、"应用"三个层次。就课时教学目标中的"知识目标"而言，相应的行为动词的陈述如下：

了解——包括再认或回忆知识，识别、辨认事实或证据、举例、描述对象的基本特征等。其行为动词主要有：说出、背诵、辨认、举例、列举、复述、描述等。

理解——包括把握内在逻辑联系，与已有知识建立联系，进行解释、推断、区分、扩展、提供证据，收集、整理信息等。其行为动词主要有：解释、阐明、说明、分类、归纳、概述、概括、推断、整理等。

应用——包括在新的情境中使用抽象的概念、原则，进行总结、推广，建立不同情境下的合理联系等。其行为动词主要有：分析、比较、探讨、讨论、质疑、总结、评价、设计、辩护、撰写、检验、计划、推广等。

就课时教学目标中的"能力目标"而言，相应的行为动词的陈述如下：

模仿——包括在原型示范和具体指导下完成操作，对所提供的现象进行模拟、修改等。其行为动词主要有：模拟、再现、例证、临摹、扩展、缩写等。

独立操作——包括独立完成操作，进行调整与改进，尝试与已有技能建立联系等。其行为动词主要有：完成、制定、解决、绘制、尝试、拟定等。

迁移——包括在新的情境下运用已有技能，理解同一技能在不同环境中的适用性等。其行为动词主要有：联系、转换、灵活运用、举一反三等。

需要说明的是，"了解"属于历史学习的第一层次，是最基本的目标，要求学生能正确地说出或写出这类历史内容的基本史实。例如，"记住（行为动词）中国同盟会纲领的名称、武昌起义和中华民国临时政府成立的简要过程"等。"理解"属于历史学习的第二层次，要求学生在达到第一层次要求的基础上，能对所学的历史内容进行归纳和整理，形成对历史问题的初步认识。例如，"学会从同盟会纲领、武昌起义的目的和中华民国临时政府的政权体制等角度，说明（行为动词）辛亥革命是资产阶级民主革命的历史结论"等。"应用"为第三层次，要求学生能运用已有的知识和技能，初步分析所学历史问题的因果关系、利弊得失和影响意义，并能做出自己的解释和判断。例如，"在解读《临时约法》的材料和联系英美资产阶级代议制的基础上，能够区分临时政府的民主政体与清政府的君主专制政体的差异及其意义"等。

体验性或表现性目标，主要是描述学生的心理感受、体验或明确安排学生表现的机会，主要指向无需结果化或难以结果化的目标。采用的行为动词往往是体验性的、过程性的，主要应用于反映"过程与方法"、"情感态度与价值观"目标领域。体验性或表现性目标强调的是多样性和个体性，主要包括"经历"、"反映"、"领悟"三个由低到高逐渐发展的水平层次。其中，"经历"包括独立从事或合作参与相关活动，建立感性认识等；"反映"包括在"经历"基础上表达感受、态度和价值判断，做出相应的反映等；"领悟"包括具有相对稳定的态度，表现出持续的行为，具有个性化的价值观念等。体验性目标或表现性三个层次的行为动词如下：

经历（感受）——其行为动词主要有：经历、感受、参与、参加、寻找、尝试、讨论、交流、合作、分享、参观、访问、考察、体验等。

反映（认同）——其行为动词主要有：遵守、认同、认可、接受、同意、反对、欣赏、称赞、喜欢、讨厌、感兴趣、关心、关注、支持、尊重、爱护、珍惜、怀疑、抵制、拒绝、摒弃、克服、帮助、拥护等。

领悟（内化）——其行为动词主要有：形成、养成、具有、树立、热爱、建立、坚持、保证、确立、追求等。

一般情况下，体验性或表现性目标中的"感受"层次的行为动词，多用于课时教学目标中的"过程与方法"目标；体验性或表现性目标中的"反映"、"领悟"层次的行为动词，多用于课时教学目标中的"情感态度与价值观"目标。

3. 产生目标指向结果的行为条件、表现程度

行为条件是指影响学生产生学习结果的特定的限制或范围。行为条件有以下几种情况：第一种，是时间上的限定，是在课堂上、还是课后，课堂上也可以限定在特定的时间范围之内，如"在 5 分钟内，能……"；第二种，是完成行为的情景，是在讨论中，还是在分享过程中，如"在课堂讨论时，能认可……观点"；第三种，是辅助手段。比如，"在教师的指导下……"，"根据提供的史料……"、"依据历史图表所提供的信息……"等等。

表现程度通常是指学生通过一段时间的学习后所产生的行为变化的最低表现水准或学习水平，用以评价学习表现或学习结果所达到的程度。因此，除了行为动词上体现程度的差异外，还可以用其他的方式表明所有学生的共同程度。如假设一道题目有五种解题方案，但作为面对全体学生的标准，不能要求所有的学生都能回答五种解题方案，那么就可以这样来陈述，"至少写出三种解题方案"、"80% 学生都能答出五种解题方案"，等等。①

以上三个基本原则说明，高中专题史课时教学目标的陈述涉及行为主体、行为动词、行为条件、学习水平（表现程度）四个基本因素。例如"能根据材料（行为条件），学生（行为主体）准确地（学习水平）概括（行为动词）专制主义中央集权的主要特点（学习内容）"。然而，并不是所有的课时教学目标呈现方式都要包括这四个要素，有时为了陈述简便，可省略了行为主体或行为条件，但行为动词和表现程度（学习水平）不可省略。

三、课时教学目标的编写

教学目标是教学活动所预期的结果，或是预期的学习活动要达到的标准。课时教学目标不是形式，而是对一节专题史课的提纲挈领。制订和编写课时教学目标，是高中专题史教学设计的第一步。

教学目标的编写方式主要依据的是行为目标理论。该理论由美国心理学家马杰（R. E. Mager）于 1962 年依据行为主义心理学提出。该理论认为，教学目标的叙述要采用学生可观察、可测量的行为，以学习后能表现外在的行为来判断学习者在教学过

①　周小山，严先元. 新课程的教学设计思路与教学模式. 成都：四川大学出版社，2002.20~21

程中是否学会。马杰认为，清晰的教学目标应具备三个要素：

（1）说明在学生身上预期的终点行为；

（2）完成任务的行为条件；

（3）使教师满意的并能表现学生已经掌握了的成绩水准。

这样，原本笼统的教学目标用马杰的理论方法来编写，变得更加具体、明确，便于操作。这个行为、条件、标准的三要素模式受到教育学者接受，在教育实践中又衍生出四要素模式。

（1）对象——指谁要完成教学所预期的行为，通常指学生。（行为主体）

（2）行为——指达到目标的具体学习行为。用明确、具体、可操作、可检测的行为动词描述学习行为。（行为动词）

（3）情景——指影响学生学习结果的特定的限制或范围。（行为条件）

（4）标准——指预期行为可接受的程度。学习结果的程度，或最低标准（从准确、速度、质量确定）。（学习水平）

目前，高中专题史课时教学目标主要采用"三维目标"的分类框架来叙写，即按"知识与能力、过程与方法、情感态度与价值观"的分类模式来编写，只是课时教学目标在"三维目标"的具体表述上略有差别。① 针对"三维目标"分类框架编写课时教学目标，一些学者提出不同看法，认为每一课都有教学重点，这些重点有的以"知识与能力"目标为主，有的侧重"学习过程与方法"目标，有的侧重培养"情感态度与价值观"，还有的则是综合了两个或三个维度。对于一节课的教学而言，其教学目标有可能是单维的，有可能是两维的，也有可能是三维的。因此，在课堂教学（课时）目标编写中，不必以"三维目标"三个维度加以标志，可采取"综合"模式，一课写上三四条即可②。以下一则关于"美国宪法"的教学目标的编写采用的就是"综合"模式："从北美独立战争后的形势及美国民众对政治的认识两个角度掌握美国宪法的历史背景，结合美国宪法条文和漫画作品分析美国宪法的原则，初步学习从材料中获取有效信息并提出问题的方法，感悟美国宪法对人类政治文明的贡献。"③ 该案例采用"综合"模式编写，是将课时教学目标看作有机联系的整体，即知识、能力、过程、方法、情感、态度与价值观融合在一起，密不可分。这种编写方式的优点在于简洁、可操作，而且大致勾勒出各种目标之间的联系。

就目前用"三维目标"的分类框架来编写高中专题史课时教学目标而言，课改一线教师撰写的教学目标存在以下一些问题。

---

① 如由龚奇柱主编、四川教育出版社社出版的《中国历史教师教学用书》、《世界历史教师教学用书》、《中国历史教学案例及点评》、《世界历史教学案例及点评》，这些书中有关课时教学目标的叙写，采用了"识记和理解、能力与方法、情感态度价值观"的叙写方式

② 姚锦祥. 高中新课程实践引领（历史）. 南京：南京师范大学出版社，2010. 13，56 ~ 58

③ 勾爱珍，张汉林. 教学目标陈述方式刍议. 中学历史教学参考. 2011，1 ~ 2

［案例一］

《古代希腊民主政治》（人教版）①

教学目标：

（一）知识与能力

希腊的自然地理环境；希腊的城邦制度对希腊文明的影响；西方民主政治产生的历史条件；雅典民主政治的主要内容、基本特征、实质。

该案例存在的问题是：把"教学内容"当成"教学目标"。这是因为，教学目标应该是学生学习预期的结果，要有相应的动词来描述学生习得的程度与水平。这个案例只有学习内容即知识点的单纯罗列，并没有表明，通过以上内容的学习应达到什么样的水平（学习程度），故不能说是教学目标，只能是教学内容。

［案例二］

《美国联邦政府的建立》（人教版）②

教学目标：

（二）过程与方法

1. 学会对相关材料的分析、比较、归纳、概括；

2. 自主探究学习，学会发现问题和解决问题；

3. 培养"论从史出"的历史学习方法和习惯；

4. 学会从第一手材料中获取信息与辨析历史材料的方法；

5. 学会从经济基础与上层建筑之间的辩证关系分析历史现象；

6. 学会透过现象——美国总统制——看本质，即资产阶级代议制；

7. 提高阅读能力和去伪存真，提取有效信息的能力。

该案例存在的问题是：把"课程目标"当做"课时目标"。课程目标不能等同于教学目标，课程目标是高中历史学科的总体目标，是对学生在整个高中阶段学习结果的描述，在一节课中是难以完成的。如关于"过程与方法"的课程目标，课标是这样表述的："掌握历史学习的基本方法。学习历史唯物主义的基本观点和方法，努力做到论从史出、史论结合；注重探究学习，善于从不同的角度发现问题，积极探索解决问题的方法；养成独立思考的学习习惯，能对所学内容进行较为全面的比较、概括和阐释；学会同他人，尤其是具有不同见解的人合作学习和交流。"③ 以此对照案例二，不难看出，该案例中罗列的第1至5条内容显然属于课程目标。教学目标是学生预期的学习结果，况且，历史课堂上每一节课都在培养阅读能力、提取有效信息的能力，故该案例罗列的第7条就不是初学目标，而应巩固和运用。

109

---

① 本案例由作者根据有关材料改编

② 本案例由作者根据有关材料改编

③ 教育部．普通高中历史课程标准（实验）．北京：人民教育出版社，2003.4

从鸦片战争、甲午中日战争到八国联军侵华（人教版）①

教学目标：

（三）情感、态度和价值观

引导学生分析列强侵华与中国人民的反抗斗争，使学生认识：中华民族是一个不屈的民族！

讲述一系列不平等条约，使学生认识：清政府的腐败无能和"落后就要挨打"的历史教训，形成开放的世界意识，培养爱国主义情感。

该案例存在的问题之一是：情感目标空洞、观念陈旧。高中专题史教学情感的激发、态度与价值观的形成，是建立在一定的历史知识基础上的，或者说，唯有历史知识为依托的情感态度与价值观才是真实、有效的。本案例所提出的情感目标观念陈旧，更重要的是史实的依托性不强，即案例没有表述用哪些史实可以实现这样的目标要求，怎样实现这样的目标要求，故显得空洞。

该案例存在的问题之二是：行为动词的表述过于笼统和宽泛。教学目标的行为动词必须具有操作过程的、有明确指向的叙述，否则难以在教学实践中照着做。即使做了也难以测量，不知道有没有实现目标。本案例的行为动词"认识……"、"培养……"、"形成……"等较为笼统和模糊，缺乏质和量的具体规定，可测性、可比性差，在教学中没有实际意义。

该案例存在的问题之三是：误将老师当成学习行为的主体。如前所述，课时教学目标强调的学习行为主体是学生，而不是老师。以学生为学习行为主体，所关注的是学生的历史学习过程，重视的是如何以学生的"学"来实现学习目标。所以，该案例中的"使学生认识……"的表述是不对的。

[案例四]

《辛亥革命》（人教版）②

教学目标：

（二）过程与方法

1. 使学生学会结合史实分析问题的方法；

2. 培养学生收集信息和处理信息的能力；

3. 引导学生多角度思考问题，学会概括与阐释问题的方法，培养学生合作意识。

该案例存在的问题之一是：行为主体定为教师而不是学生。课堂是学生历史学习的场所，教学的最终目的是学生的收获，而不是教师有没有完成任务。教学目标的编写必须站在学生的立场上，呈现行为主体是学生。本案例叙写是省略主语的无主句，

---

① 本案例由作者根据有关材料改编
② 本案例摘自姚锦祥. 高中新课程实践引领（历史）. 南京：南京师范大学出版社，2010. 53

但其省略的主语不是学生，而是教师，即"（教师）使学生……"、"（教师）培养学生……"、"（教师）引导学生……"，这样编写教学目标，是教师的目标，而不是学生的目标。

该案例存在的问题之二是：行为动词的表述过于笼统和宽泛。本案例的行为动词"培养……"、"引导……"、"学会……"等较为笼统和模糊，缺乏质和量的具体规定，可测性、可比性差。

该案例存在的问题之三是：教学目标没有明确的行为条件。行为条件是为了影响、导向学生应有的学习结果而特设的限制或范围，也是评价必然要参照的依据。本案例第1、2条的叙写没有明确的行为条件，即没有陈述通过怎样的过程或手段实现预设的结果，往往难以评价。

该案例存在的问题之四是：表现程度过于宽泛，没有标准。表现程度是指学生学习之后预期应有的表现程度或方式，并以此评估、测量学习过程或结果所达到的程度。本案例第3条目标的编写基本上没有程度的限制，无法对其结果进行评估。

［案例五］

《抗日战争》（人教版）①

教学目标：

（二）过程与方法

列举法：通过列出本课的一些相关知识点，让学生去联系史实，并说出相关的内容。

谜语分析法：通过设置谜语与学生共同探究日本投降的原因。

设问法：通过设问"为什么说抗日战争是中国近代史上最伟大的维护国家的斗争"，引导学生的思考。

该案例存在的问题之一是：过程与方法目标描述不准确。本案例描述的是教学方法，而不是教学目标下的"过程与方法"。课时教学目标将"过程与方法"作为"三维目标"分类框架的一维来编写，其实质应该是在教学过程中形成可以习得的学习方法，所以，在这一环节中，"过程与方法"所描述的应该是学生可能通过本课的学习会哪些"会学"的本领。比如通过讨论某一问题，从而习得讨论的基本程序与方法。

该案例存在的问题之二是：行为主体定为教师而不是学生。本案例编写是省略主语的无主句，但其省略的主语不是学生，而是教师，即"（教师）让学生……"、"（教师）通过设问……"、"（教师）引导学生……"，这样编写教学目标，是教师的目标，而不是学生的目标。

四、课时教学目标的实施

教师拟定了切实可行的课时教学目标后，接下来的关键在于如何科学实施，具体

① 本案例摘自何成刚．历史课堂教学技能训练．上海：华东师范大学出版社，2008.34

落实于专题史教学中。我们认为，情境创设不失为一种方法。

专题史教学中，创设什么情境，取决于课时教学目标。情境创设是否有效，关键在于所创设的情境能否有效地服务于教学目标。其中，突破"过程与方法"目标居于核心地位。

1. 创设问题情境落实教学目标

在旧课程背景下，学生的"知识建构"主要通过教师的"灌输"完成的；在新课程背景下，要求教师通过设问，即创设问题情境，通过问题的解决，具体落实知识（包括能力、价值观）等教学目标。下面是某位教师分析"甲午中日战争"中关于"日本发动战争的国内因素"所创设问题情境，用于具体落实教学目标的一个教学片断：①

[史料] 明治维新及工业、军事近代化的成就；日本的对外政策。（详细材料略）

[设问] 日本为什么敢于发动侵华战争？（凭借的是什么？）学生：实力。

[设问] 日本有没有这个实力？日本是因为什么才有了这一实力？学生：有，因为明治维新使日本走上了资本主义道路。

[设问] 日本有没有侵华需求？有哪些需求。（阅读教材并结合日本国情）

[设问] 资本主义发展需要哪些条件？学生：资金、原料、市场等。

[设问] 日本国内能满足这些需求吗？学生：不能，国内市场狭小。

[设问] 日本国内市场狭小，除了小国因素外，与明治维新有什么联系？学生笼统回答：明治维新不彻底，保留了浓厚的封建残余势力。教师讲解：保留了浓厚的封建残余势力，表明日本人民仍然遭受沉重的封建剥削，人民贫困，社会购买力低下，致使国内市场狭小，所以企图侵略中国夺取海外市场。

[设问] 从地理学科的角度，能说出一点原因吗？学生：日本自然资源贫乏。

[设问] 当时日本侵华除了经济上的原因，还有哪方面的原因？学生：人民起义不断。

[设问] 为什么人民起义不断？这与日本发动战争有何关系？教师讲解：日本人民仍然遭受沉重的封建剥削，表明明治维新这场改革是以牺牲人民利益为代价的，造成日本国内阶级矛盾尖锐，所以日本政府希望发动侵华战争煽动民族主义来缓和社会矛盾。

[设问] 日本有没有侵华野心？何以见得？（可多媒体呈现史料）学生：有，大陆政策。

[设问] 日本有没有侵华准备？可能从哪些方面着手准备？学生：有，军备扩张、战争决策、情报搜集、战争动员等。

[设问] 日本有没有发动侵华战争的迹象？教师指导学生阅读"朝鲜农民起义"

---

① 本案例由四川师范大学附中刘松柏老师提供

和"日本外相发给驻朝公使的密令"等史料，引导学生分析日本在朝鲜问题的举措意味着什么。

［板书提纲］

①有侵华实力：明治维新使日本国力迅速增强

②有侵华需求：经济上（国内市场狭小，自然资源贫乏）

　　　　　　　政治上（人民起义不断，转移国内矛盾）

③有侵华野心：制订了以侵略中国为中心的"大陆政策"

④有侵华准备：疯狂扩军备战

⑤有侵华迹象：蓄意扩大朝鲜事态，故意激化中日矛盾，意在制造战争事端

上述案例说明，"知识与能力"、"情感态度价值观"的教学目标能否达到，关键在于教师呈现一个什么样的教学过程，即创设什么样的问题情境。问题情境的创设需要教师"预设"，但更要关注学生问题的"生成"。学生作为学习主体，其行为富有个性与创造性，所提出的有些问题是教师无法作为目标事先预则的。教师应结合在学习过程中的具体情况，与学生进行有效的互动，随时产生"生成性目标"，并加以落实。

2. 创设材料情境具体落实教学目标

以下两则案例①是关于"获取信息的能力"目标、"提炼和论证观点的能力"目标在专题史教学中的具体落实。

（1）获取信息的能力

［案例］"上海的炮声应该是一个信号，这一次全国的人民真的团结成一个整体了……我们为着争我们民族的生存虽至粉身碎骨，我们也不会灭亡，因为我们还活在我们民族的生命里。"这段文字出自巴金即时而作的《一点感想》。

［问题］巴金的《一点感想》应写于什么历史时期？

［思考］教师应怎样引导学生获取信息解决问题呢？……史料中给出了"地点"——"上海的炮声"；"内容"——"全国人民真的团结成一个整体了"、"争我们民族的生存"；另外，巴金是中国20世纪的著名作家。综合这三个信息，可以根据所学知识判断：这个历史时期指的是抗日战争时期。

（2）提炼和论证观点的能力

［案例］马克思对太平天国运动的评价

材料一　1853年，马克思听到太平军胜利进军的消息，万分高兴，寄予热切的期望，想象以后东方会出现一个崭新的中国。他说：世界上最古老最巩固的帝国八年来在英国资产者的大批印花布的影响之下已经处于社会变革的前夕，而这次变革必将给予这个国家的文明带来极其重要的结果。

材料二　1862年，马克思又说出了如下的话："除了改朝换代以外，他们没有给

———————————

① 本案例由四川师范大学附中刘松柏老师提供

自己提出任何任务。""他们给予民众的惊慌比给予老统治者的惊慌还要厉害。他们的全部使命，好像仅仅是用丑恶万状的破坏来对立与停滞腐朽，这种破坏没有一点建设工作的苗头。"

［问题］

①马克思认为太平天国兴起的原因是什么？

②马克思在1853年和1862年对太平天国的评价的不同说明了什么？

［参考答案］

①原因：鸦片战争后，中国传统的经济结构（自然经济）在外来资本主义的冲击下开始解体。（世界上最古老最巩固的帝国八年来在英国资产者的大批印花布的影响之下已经处于社会变革的前夕）

②说明：马克思前一次对太平天国的革命水平估计过高；太平天国运动毕竟只是一场传统的旧式农民运动，不可能完成社会变革的任务；农民阶级由于自身阶级的局限性，不能担当领导中国民主革命取得胜利的重任。

教学是一门艺术，是一种创造性的劳动，教师对每节课教学目标的设计，都要因时、因地、因人而不断地调整，具体落实和实施，以保证历史教学基本任务的完成。在实施课时教学目标的，不能过分强调它的预设性，不能只考虑教什么、怎么教，更要考虑到学生有可能思索到的问题，重视教学过程中自然生成的教学目标，即生成性课堂教学目标。没有"生成性目标"的课不是好课。"生成性目标"强调过程的不可预测性，强调师生在互动过程中不断产生出教学的目标，它要求教师创设师生互动的教学情境，以便有足够的活动空间产生出有意义的教学目标。

高

中 历 史 教 师 专 业 能 力 必 修

Gao Zhong Li Shi Jiao Shi Zhuan Ye Neng Li Bi Xiu

专题二　高中专题史教学内容整合

专题史体例有别于通史体裁，其教材呈现"复合型"知识体系，教师在教学中应对教材内容进行整合。本专题阐明了高中专题史教材所体现的基本史观，论述了高中专题史教材与我国史学研究的新进展，探讨了高中历史必修模块教材之间、选修模块教材之间，以及必修与选修模块教材之间的整合处理的原则与方法。

一、对专题史教材中新观点的认识与理解

新一轮高中新课标历史教材采用专题史的形式构建教学内容的新体系。作为教材的重要组成部分，历史教科书"依据时代性和基础性原则，革新了课程内容……增强了课程内容与社会进步、学术发展和学生经验的联系"。[①] 专题史体例有别于通史体裁，以政治史、经济史和文化史为模块框架，确立了全新的历史知识体系。专题史教材在吸纳新的史学观念、新的学术成果方面迈出了新的步伐。但是笔者发现，在教学实践中，不少课改一线教师的史学观念陈旧，对新教科书中新的史学观点认识和理解不到位，致使教学内容与学术研究成果严重脱节，教学理念与新课程的要求相背离。新的教学理念和新的史学观念，就像鸟之两翼，缺一不可。专题史知识体系对当前的高中历史教学形成严峻挑战。史学观念更新是处理新课程内容的关键之一，因而教师更新史学观念刻不容缓。

（一）历史学的阐释与高中历史新课程理念

高中历史新课程理念反映了学术界对历史学科属性的新定位。当代著名史学理论专家何兆武曾有过精确的阐释："历史学本身就包括两个层次，第一层次（历史学Ⅰ）是对史实或史料的知识或认定，第二个层次（历史学Ⅱ）是对第一层次（历史学Ⅰ）的理解和诠释……历史学之成为历史学，却完全有待于历史学Ⅱ给它以生命。"[②] 由此可见，何先生所说的历史学Ⅱ是史学家的史学观念和价值标准。历史虽然叙述的是过去，但对其理解和认识却是现实的。

西方学者克罗齐有一句言简意赅的名言"一切真历史都是当代史"深刻揭示了历史学知古鉴今的本质。历史是现在与过去永无止境的对话，历史研究者总是从所处的时代出发，凭借自己的学养，运用现时的理论和手段，对历史进行着新的阐释和再认

① 朱汉国. 浅谈普通高中历史新课程体系的变化. 历史教学，2003.（10）
② 何兆武. 对历史学的若干反思. 史学理论研究，1996.（2）

识，并逐渐上升到新的理论层面，从而推动史学观念的进步和更新。不仅如此，随着新的科技手段的引进和研究手段的进步，考察、甄别、整理的方式和方法越来越先进，人们对史料即历史学 I 的认识和理解也越来越客观，更加接近真实的历史或者说是复原了的历史。由于历史教科书是以历史学科的基本内容为依托，以实现历史教育为目的的一种特殊史学著作，因此，也必然要体现史学的这些基本特点。

（二）高中专题史教材与我国史学研究的新进展

新课标历史教科书是我国当代史学发展和繁荣的缩影。以高校专家、学者为主体的新教科书编者，他们跟踪史学研究的发展趋势，力求与同时期的史学研究的整体水平同步，新课标历史教科书一定程度上成为反映学术成果、体现学术进展的载体。十一届三中全会以来，在改革开放的大环境下，我国的史学研究取得了长足的发展。中外学术交流频繁，国外新的史学理论和新的研究成果不断被引进，一定程度上改变了传统的历史研究的思维和方法；同时，史学研究和历史教育的手段大幅度更新，当代中国史学正是在全面反思与新的探索中实现了自身的升级与发展。实现学术研究与基础教育的对接势在必行。高中专题史教材的编写作了诸多努力，吸纳了许多改革开放以来我国史学研究的新成果、新进展，主要体现在：

一是充分体现了文明史观、全球史观和现代化理论等新史观、新方法。例如淡化了五种社会形态理论，审慎地用文明史观、全球史观和现代化理论透视中外历史，对革命和改革的关系和评价，做了更合理的阐释；对一些历史人物、历史事件等，进行历史唯物主义的客观评价；正本清源，以往一些被隐蔽的历史真相和被颠倒的历史事实恢复了历史原貌，有的甚至是与传统观点截然不同的看法。

二是在史学理论方面，学者们以开放的胸怀，积极吸纳西方史学研究的一些新理论和新方法，纠正了对马克思主义史学理论的某些简单化、绝对化和教条式的认识，开始走出当年重复苏联史学体系以及既有结论的束缚，对阶级斗争为纲的传统革命史范式做了深刻反思，完善、发展了马克思主义史学观，为科学全面地认识历史进程奠定了理论基础。

三是在研究对象和研究领域方面，随着史学研究手段的更加现代化，克服了以往历史研究过于集中于政治史、阶级斗争史的不足，历史学的研究领域呈现出了急剧扩大的趋势。在关注政治、经济、文化等发展的同时，更多的关注民间、关注广大百姓的社会生活、生态环境的变迁等，从而推动了史学发展的多样性。研究的领域方面，以世界史为例，除了传统的欧洲史研究以外，还进一步向美洲、非洲、亚洲、澳洲等地区国别史扩展，尤其是对世界整体史的研究成为世界史学界研究的重点。同时，由于中外史学工作者在研究上的不断交流与沟通，大大推动了中国史研究和世界史研究的交融与会通。简单地说，所谓的世界史研究是包括中国在内的世界史研究。

（三）高中专题史教材呈现"复合型"知识体系

从 20 世纪人文社会科学发展的总体面貌和发展角度看，出现了人文社会科学领域之间在研究水平向纵深发展的同时也呈现综合化的趋势。历史学科同其他学科广泛交叉，成为一门综合性较强的社会科学，它涉及语文、政治、地理、音乐、美术、物理、化学、生物等学科知识。高中历史课程用科学历史观阐释人类历史发展进程和规律，进一步培养和提高学生的历史意识、文化素质和人文素养，成为一门促进学生全面发展的基础课程。例如，社会史研究将主要以社会学理论为依托，文化史研究将主要以文化人类学理论为依托。历史学将在理论和方法上更多地引进和借鉴自然科学（地理学、气候学）、社会学（行为方法、结构方法、统计方法、假说论）、心理学、语言学和人类学等学科领域的研究成果，并把自己的研究成果向这些领域渗透。历史学以外的学科领域所取得的一系列研究成果，将直接为历史学研究所利用，如系统论、信息论、控制论等。历史学将在新的层次上同其他学科进行全方位的融合，进行更广泛、更深入的研究。

高中专题史教材着力体现了包含历史学在内的人文社会科学的综合化趋势，教材内容呈现"复合型"知识体系。这就要求教师精通中国通史、世界通史的基本史实和课标所涉及的主要专题史、地区史、国别史、断代史和史学理论知识，同时要具备广博的知识面。教师不仅要掌握历史学科专业知识，而且要掌握相关学科、交叉学科的基础知识，具备广博的文化知识。只有这样，才能在高中专题史教学中，把历史学科知识和相关学科知识有机结合起来，融会贯通。为此，教师要终身学习，提升专业素养。

（四）高中专题史教材所体现的基本史观

如前所述，近几十年来，史学研究的领域不断扩大，新理论、新观点层出不穷，如文明史观、现代化史观、整体史观（又称全球史观）、社会史观和生态史观等新史观，不但被学界同仁广泛接受，而且在高中专题史教材的编写中深刻渗透。

文明史观认为，人类历史从本质上说是人类文明发展的历史，人类文明的发展及其人类自身的文明化是人类历史发展的基本线索；人类创造、积累文明的过程及其所获得的成果是历史的基本内容；以社会生产力的发展为依据，把人类文明演变划分为农业文明时代和工业文明时代；重视至今仍有重大影响的文明成果，从现实追溯历史，从历史联系现实，说明现代文明是如何传承演变的，将历史与现实予以结合；以文明类型作为基本研究单位，承认文明的多元性；正确把握不同文明之间的关系，各种文明虽有强弱之分和大小之别，但绝无优劣高下之别，都有同等价值；把中华文明纳入到世界文明中考察，从人类文明发展的大背景下考察中国文明的演进，同时还应从中国文明的角度看待世界其他文明的发展。在把握历史线索和阶段划分时，改变按社会形态"由低向高"的传统做法，以中国文明的发展演变为主导线索，并按照中国文明在某一时期最突出的时代特征进行历史分期。《普通高中历史课程标准》规定的课程性质、课程理念和课程目标中，都渗透了文明史观，多次提到"要吸收人类优秀文明成果""热爱和继承中华民族的优秀文化传统""理解和尊重世界各地区、各国、各民族的文化传统，汲取人类创造的优秀文明成果"等。① 依据课标编写的、不同版本的高中专题史教材的内容都突出了中华文明和人类文明的成果和影响，注意了从文明演进的角度来确定教学内容和阐释历史。高中专题史三个必修模块从不同的角度体现了政治文明、物质文明和精神文明。例如，岳麓版历史必修 I 的前言中所说："我们要在已有的历史脉络和整体历史框架的背景下，分别深入思考人类政治文明、物质文明和精神文明的发展历程。"② 高中专题史六个选修模块也从不同侧面反映了文明史的相关问题。

全球史观是将人类社会的历史作为一个整体来看待，又称为整体史观，它从世界历史的整体发展和统一性考察历史，认为人类历史发展过程是从分散向整体发展转变的过程。这一转变开始于15世纪末16世纪初的新航路的开辟，到19世纪末20世纪初资本主义世界体系的形成标志其基本完成。现代化史观是以从农业文明到工业文明的演进为纵向发展主线，包括政治上的法制化、民主化进程，即从人治到法制化、从专制政治到民主政治等内容；经济上的工业化进程，即从传统农业到工业化、自然经济到市场化等内容；思想文化上的科学化、大众化进程。其中政治民主化进程和经济工业化进程是其核心，重点是把握人类历史纵向发展的历程。高中专题史教材从世界意识及认同社会发展的统一性和多样性、全球化和多元化等方面体现了全球史观、现代化史观。如学习高中历史必修 I 专题五"现代中国的对外关系"，教师可充分利用教材资源，引导学生用发展的眼光来学习中国外交史，从世界的角度来认识中国，用中国的眼光来观察世界，逐步形成开放的世界意识。学习高中历史必修 I "当今世界政治格局的多极化趋势"这一专题，也需要教师引导学生积极思考，感受世界多极化趋势在曲折中发展的多样性和统一性，理解和尊重不同国家和地区发展的特殊性，从而培养学生的国际意识。再如历史必修 II 反映的是人类社会经济和社会生活领域的重要内容。该教材模块从整体上要求学生能理解和认同历史上不同国家和地区的社会经济发展模式，从而认识到人类社会经济发展的多样性，尊重并善于吸收其他民族和国家发展经济的经验，主动顺应当今经济全球化的趋势。

生态史观主张从地理环境的生态结构出发，运用生态学的理论来研究与解释人类文明发展。人类历史是人类认识自然、利用自然和改造自然同时又改造人类自身的历史。高中专题史教材蕴涵着丰富的生态环境教育的内容，旨在培养学生热爱自然、保护环境及人与自然和谐统一、可持续发展的正确价值观。教师要仔细解读课标，充分挖掘专题史教材中环境教育的最佳结合点并及时进行渗透，加强和拓展环境意识教育及与之相关的可持续发展教育和生态文明教育。学习历史必修 II 专题一"古代中国的农业经济"有关中国古代耕作方式、耕作技术及水利工程时，应着力培养学生的生态

① 教育部．普通高中历史课程标准（实验）．北京：人民教育出版社，2003.1～5
② 赵世瑜，刘北成．普通高中课程标准实验教科书历史·必修（I）（政治文明历程）．长沙：岳麓书社，2004．前言

意识和环境保护意识。历史必修Ⅱ"经济全球化的世界"这一专题，若让学生感受全球化在现实生活中的影响，也必然涉及环境保护问题。历史必修Ⅲ"中国古代的科学思想"这一专题中更强调协调人与自然的关系。众所周知，中国古代思想讲究天人合一，尊重自然，重视完善人和自然的关系。《荀子·天论》中写道："天行有常，不为尧存，不为桀亡。应之以治则洁，应之以乱则凶。"其中就强调了自然规律的存在是不以人的意志为转移的，人只能顺应自然规律。《老子》强调的是"无为"，可以理解为不要有违反自然的行为。尤其值得一提的是，这些思想现在后来依然有其现实意义。至于历史选修六"世界文化遗产荟萃"这一专题，其教材编写宗旨也是要求学生懂得在人类生存的环境里，文化与自然有不可分割和密切相连的关系，从而树立基于文化和自然两方面的环境保护意识，真正认识保护文化环境和保护自然环境对世界遗产保护的重要性。

文明史观、全球史观和现代化史观是相互联系的。现代化史观和全球史观（整体史观）更多地强调1500年以来农业文明向工业文明演进以及工业文明向全球扩散的历史，实际上是文明史观的一个特定阶段，只是在这一阶段用现代化史观和全球史观（整体史观）来概括更能把握其特定的历史阶段特征。社会史观的本质是大众化、生活化，是"所有人的历史"，或称为"社会习俗的历史"、"社会生活史观"。马克思主义的社会史观就是辩证和唯物地看待社会，使马克思主义的自然观和历史观在唯物主义的基础上得到统一，体现了马克思主义辩证唯物论和历史唯物论的整体性。

以上可见，对历史和历史教材的认识及把握离不开一定史观的指导，不同的史观对历史的认识不同，对教材知识的整合也不同。史观是认识历史的重要指针，也是整合专题史教材的重要指针。作为课改一线教师，要结合高中专题史教材的教学内容，了解上述史学新理念、新观点。尤其是对专题史教材中现代化史观的渗透和把握上，应注意以下几点：

（1）生产力是推动人类社会发展进步的基础。运用现代化史观认识人类历史的演进，要注意把握人类社会生产力发展演进的情况，特别是在工业文明的历程中，物质文明起到决定性作用，物质文明的变迁往往带动了制度文明和精神文明的建设。

（2）现代化有内源型和外生型、资本主义现代化和社会主义现代化等类型，革命或改革是实现现代化的重要途径，内涵发展和学习创新也是实现现代化不可缺少的。

（3）现代化理论是建立在一元多线理论基础上的，即在同一生产力水平上可以有存在多种社会形态。因而世界各国的现代化既有普遍的规律也有自己的个性特点，对世界各国的现代化进程既要把握其共性，又要注意把握其个性。即从农业文明向工业文明转变是人类文明发展的共同趋势，但每一个民族在此转变中采取的具体类型不同，选择的社会制度不同，则显示出了现代化的多样性。

（4）民族独立是现代化的前提。建立民族独立国家是现代化的前提，在殖民地半殖民地不可能实现现代化。这是因为，独立的思想和经济根源都与现代化相连；独立是民主和平等思想在国际关系领域的表现；独立与民族经济的发展有着直接的联系；民族独立是现代化的产物。因此，第三世界国家必须将民族革命和民族革命结合起来，即将反帝与反封建结合起来，才能最终取得革命胜利，才能最终走上现代化道路。

（5）尽管现代化是人类历史发展的总趋势，但现代化道路充满着复杂性和曲折性，实现现代化依然是当今世界各国共同的追求。

（6）生产关系一定要适应生产力发展的要求，当生产关系不适应生产力发展的要求时必须改革。实现现代化建设必须从国情出发，必须实事求是，一切从实际出发，尊重客观规律，不能过分夸大人的主观能动性。

总之，现代化是世界近现代史的主线，在整合专题史教材时，既要宏观地加以把握，又要注意分阶段地具体地分析。

二、对必修模块教材之间的整合处理

高中专题史教材必修内容分为政治史、经济史、文化史三个模块，编排体例新，时空跨度大，给人以全新的视角，提供了多维的学习和思维空间。但是，这种专题史的编写方式跳跃性强，思维层次高，给教师教学和学生学习带来了一定的难度。我们发现，教学过程中不少课改一线教师没有科学处理课标与教材之间的关系，受传统的"教教材"的思维定势的影响，没有真正做到"用教材教"，而是以教材为中心，遵循教科书编写顺序，处理教学机械、呆板。更有甚者，一些课改一线教师大量补充老教材中有而新教材中已经没有的知识点，导致所谓课堂教学"内容多"与"课时少"的矛盾特别突出。要解决这些问题，科学整合必修模块显得尤为必要。

（一）必修模块教材之间整合的原则

高中专题史必修模块教材之间的整合应遵循以下原则：

1. 整体性原则

整体性原则是指对同一模块各专题的内容在进行整合时，要加强教学效果，凸显历史的整体感，最大限度地避免史实割裂、时序混乱和内容重复。我们认为，教师在进行专题史教学设计时，通过调整、取舍教材内容，不仅能更好体现历史发展的时序性，同时也能横向反映人类文明发展的步伐、不同文明的相互交流与碰撞，最终实现对教材内容的整合和优化。例如，历史必修Ⅱ的编写的基本线索是：从中国古代农耕经济讲起到近代西方工业文明的崛起和对中国的冲击，再到20世纪各国经济体制的创新与调整，以及中国对建设社会主义道路的探索，结束于经济全球化日趋明显的现状。学习时可以整合为：人类农耕文明的代表——中国古代农耕经济；从第二专题（单元）到第五专题（单元）实际上讲述的是世界近现代的经济文明发展史，可整合为两条主线：一条是现代化主线，一条是全球化主线。可以把这两条主线作为建构知识体系的总纲。这是因为，当今史学界已把"现代化"和"全球化"作为研究世界历史发展的灵魂。著名历史学家齐世荣先生和钱乘旦先生在2003年11月24日给中央政治局委员主讲"15 世纪以来世界主要国家发展历史考察"时，也是采用这两个观点。"现代化"就是指从农业社会向工业社会过渡。"现代化"可以作为教师整合史实、构建知识结构的理论旗帜，中外历史都是如此。教材中的"近代化"概念是中国特色的提法，它和国际上通用的"现代化"概念是同一内涵。"全球化"应成为世界历史的另一条主线。人类历史发展进步的历程，就是整体世界形成的过程。新航路开辟是全球化的起步，三次科技革命大大加快了世界一体化的步伐。二战后，全球化的最大特点是出现了"制度化"趋势，如各种国际组织的成立、国际协定、国际公约的制订等。"现代化"是指人类文明的纵向发展，是世界近现代历史发展的主线，而"全球化"是指人类文明的横向扩展。因此，将第二专题（单元）到第五专题（单元）的有关事件放在"现代化"和"全球化"的视角下去分析，是对教材内容非常好的解读。

2. 对比性原则

所谓对比性原则，是指在进行教材内容整合时，注重历史发展进程的横向或纵向比较，以对比为目的的整合。就历史发展的横向比较而言，以对比为目的的整合，需要凸现中外历史本身的联系、世界背景与中国历史的关联。如历史必修 I 专题一"古代中国的政治制度"、专题六"古代希腊罗马的政治制度"整合为"中西古代政治制度的不同特点的比较"；在历史必修 III 中把明清时期的思想、科技与西方同时期的人文主义思想和科技进行比较、联系。又如，就纵向比较而言，如历史必修 I 专题五"现代中国的对外关系"、专题九"当今世界政治格局的多极化趋势"整合为"战后世界形势的发展与新中国外交"；历史必修 II 中把近代中国经济机构的变动、民族资本主义曲折发展、中国近代社会生活的变迁与近代世界殖民扩张、世界市场的形成、发展紧密结合。这样整合的目的，不仅弥补了专题史教材的缺憾，也更能突出课标对教学内容所要求的那样，做到"中外关联"，让学生养成横向联系和比较的思维能力。就历史发展的纵向比较而言，以贯通为目的的整合，有利于突出专题史教材中比较模糊的时序性。

3. 完整性原则

所谓完整性原则，是指对不同模块教材之间同一主题的内容进行模块间整合优化，建立相关知识的有机联系，准确全面反映历史。课标对高中学生历史学习提出的能力要求是这样的："在掌握基本历史知识的过程中，进一步提高阅读和通过多种途径获取历史信息的能力；通过对历史事实的分析、综合、比较、归纳、概括等认知活动，培养历史思维和解决问题的能力。"[①] 要达到课标的要求，单从割裂开来的专题学习是远远不够的。如在理解分封制这个历史概念时，仅从历史必修 I 中把握其核心内容和建立到崩溃的过程还是不够全面、科学的，只有把历史必修 II 中井田制的确立与瓦解、历史必修 III 中百家争鸣局面的出现与其联系起来，这样一个历史概念才有血有肉。又

① 教育部. 普通高中历史课程标准（实验）. 北京：人民教育出版社，2003.4

比如，要对十一届三中全会内容的掌握，则要把在历史必修Ⅰ中涉及的民主政治建设、历史必修Ⅱ中伟大的历史转折、历史必修Ⅲ中邓小平理论发展过程有机地结合起来，才能准确全面地把握十一届三中全会的前因后果及其对中国现代化进程的影响。因此，在专题史教学实践中，注重从宏观和微观对整套教材进行灵活的整合和优化。从宏观的角度来看，对不同模块之间的相关知识进行整合，构建新的教学内容体系。即有意识把同一时期的历史现象整合在一起，突出时代的阶段特征及历史发展规律。如通过对不同版本历史必修教材的整合，梳理明朝、清前期在政治、经济、思想文化、外交方面的表现，让学生从表现中归纳阶段特征及对后人的启示。例如，在历史必修Ⅲ教学中，把"近代中国的思想解放潮流"和"20世纪以来中国重大思想理论成果"两个专题（单元）的内容进行整合，把思想解放和理论成果紧密结合起来，梳理出近现代中国不同阶级、不同阶层的优秀人物进行抗争探索的全过程，从而形成清晰的知识体系。其中，我们可以将孙中山的旧三民主义提到新文化运动之前学习，把新三民主义放到马克思主义在中国的传播之后再学习，遵循历史发展的时间顺序。通过这样的优化整合，历史发展的脉络和规律便一目了然，有利于学生历史整体思维能力的培养。从微观的角度来看，则注重对历史现象、事件的深化，力求准确全面地了解历史全貌。如要对辛亥革命这一历史事件有一个完整的把握，形成完整的历史概念，就必须把与这内容相关的、从不同角度叙述的教材进行组合，让学生有全面的认识。的确，通过模块间的整合、优化，容易使学生形成一条历史发展清晰的脉络，避免知识的缺失，提高分析、解决问题的能力。

4. 兼容性原则

兼容性原则是指在教学内容整合时，要善于借鉴吸收不同版本的教材资源，构建丰富的历史知识体系。"一标多本"是新课改的特色，目前已经出版发行的不同版本的历史教材，都是根据课标编写的。不同版本的教材各有特色，有丰富的教学素材，是非常好的课程资源。而且，新课程背景下的高考也是以课标为依据，兼顾不同版本的教材。教师在进行教学设计时，应善于利用不同版本的教材，博取众家之长。在教学实践中，一位教师在使用人民版教材的基础上，参考了材料内容充实、课外知识丰富、综合性较强的岳麓版教材。通过岳麓版教材中的"知识链接"、"阅读与思考"、"解释与探究"的栏目，丰富所讲的知识，拓展学生的视野。不同版本的教材能为教师的教学带来极大的方便。

在研究不同版本教材时，先要吃透课标的要求，再阅读、比较各个版本教材，并进行恰当融合，但不能机械相加，应取其精华，化为己有。此外，对于人教大纲版旧教材的部分内容，也可用来对新课程的知识体系进行适当的补充。例如，可充分利用旧教材中完整的大事年表来帮助学生整理历史发展的线索，构建一个阶段历史发展的框架，让学生在通史的基础上更好地进行专题史学习。只有这样，专题史的教学才能有根基可言，不至于把历史完全割裂开来。

（二）必修模块教材之间整合的方法

在坚持上述原则的前提下，历史必修模块的教材整合可采用如下方法：

1. 宏观把握，细节入手

首先，应对教材结构、课文内容有一个总体认识。应对照课标，找出专题史教学内容的重点、难点，了解教学目标中知识、能力、过程、方法以及情感方面的要求；应对教材中辅助材料，如课前的引文、历史图片、问题设计、课后练习等进行深入研究，揣摩编者这样设计的意图；分析课与课、专题与专题之间的关系，分析专题在模块中的地位与作用。在多套专题史教材并行的今天，教师还应该就课文结构、内容选取与表达的方式，学生活动的设计等方面进行多套教材的比较研究，充分吸纳各套教材的长处，服务于自己的教学。其次，教师对教材整合后，要留时间给学生消化，引导学生跨专题、跨单元，形成对历史的整体宏观把握。

2. 注重模块间的整合，建立整体历史

高中历史新课程采取"模块＋专题"的呈现方式，要求将历史必修三个模块作为一个整体进行整合，以准确全面地了解历史发展的因果关系，在把握历史发展全貌的基础上理解历史发展的性质、特点与规律。例如，学习历史必修Ⅰ"欧美资产阶级代议制的确立与发展"这一专题时，就要学会从历史必修Ⅱ"资本主义世界市场的形成和发展"中熟悉感知其建立的经济背景：新航路的开辟、欧洲殖民者的扩张与掠夺和工业革命，这三大事件促进了欧美资本主义的发展，增强了资产阶级的经济实力和政治热情；从历史必修Ⅲ"西方人文精神的起源及其发展"和"近代以来世界的科学发展历程"中，熟悉感知其建立的思想文化背景：人文主义、理性主义和近代自然科学的发展等。

3. 紧扣课标，合理取舍

课程标准是国家意志的体现，是课改赖以进行的纲领性文件。教师备课时，应认真研究课标，领会课标的意图，把握每个专题的核心内容及每节课的学习要点，精选基本特征。在整合处理教材时，首先，要认识专题的主线（或核心）。如历史必修Ⅰ第一专题"古代中国的政治制度"，其主线是：反映两千多年中国古代政治制度产生与发展的过程。其次，根据课标的"学习要点"和"教学活动建议"，拟定各课的重点和难点。"古代中国的政治制度"这一专题分为4课，"秦朝中央集权制度的形成"是本专题重中之重。课标要求"知道'始皇帝'的来历和郡县制建立的史实，了解中国古代中央集权制度的形成及其影响。"[①] 皇帝制、中央官制和郡县制在初中历史学习已有所涉及，本课重点应该着力引导学生探究秦始皇开创的政治体制在长达两千多年的中国封建社会中的巨大影响。了解这一政治制度的特点，就成为解开古代中国政治结构的钥匙。隶属于本专题的"从汉至元政治制度的演变"，反映了从汉至元这一时

---

① 教育部. 普通高中历史课程标准（实验）. 北京：人民教育出版社，2003. 6

期中央政治制度、地方政治制度的演变，应以时间纵线为线索，突出从汉到元政治制度的继承与创新，从而说明中国古代政治制度的特点。隶属于本专题的"明清君主专制的加强"，则反映中国封建社会晚期政治制度的特点及影响。明清时期君主专制制度达到顶峰，应重点引导学生探究如下问题：明清时期是怎样强化君主专制的？君主专制的加强对中国社会产生了什么影响？

要做到合理取舍，必须注重基础，贴近时代。专题史教材内容跨度大、跳跃性强，涉及的知识面广、知识点多，哪些细讲、哪些略讲，哪些不讲？我们认为，可以适当地重点使用贴近时代的内容。课标明确提出，遵循高中历史教学规律，在内容的选择上，应坚持基础性、时代性，应密切与现实生活和社会发展的联系，关注学生生活，关注学生全面发展。① 由此可见，专题史教材内容必须精选素质教育必需的基础知识，包括在历史上产生过重大影响、对现实仍具有一定影响或借鉴意义的重要历史事件、历史人物和历史现象；反映人与自然、人与社会、人与人的全方位互动联系；与现代社会、科技发展及学生生活间的联系的内容。至于深度、广度如何把握？还是以课标为依据。值得注意的是，课标没有对教学目标的上限作出具体规定，这就给教学提供了较大的回旋空间。教师必须根据学生的知识水平和认知能力，制定恰当的教学目标，切忌过分拔高教学难度和拓展教材内容。例如，江苏镇江韩强老师在执教历史必修Ⅱ第六单元《战后资本主义的新变化》一课时，针对本课内容多，知识点繁杂的情况，依据课标要求"以第二次世界大战后美国等国家为例，分析当代资本主义的新变化"，大胆整合教材，甚至把"二战后联邦德国崛起"等内容完全删除，另外补充了一些新鲜实用的史料，按照时间顺序把"战后资本主义的新变化"分为"二战后至六十年代末的变化、二十世纪七八十年代的变化、二十世纪九十年代的变化"三个阶段。这样处理不仅没有削弱教学效果，反而使"二战后资本主义运行机制的调节"这条主线更加清晰，重难点更加突出，教学效果很好。

4. 活用不同版本教材

目前不同版本的高中专题史教材，对课标的把握角度不同，侧重点有较大差别。教师在备课时，可先研究课标，然后再阅读、比较各个版本教材，这样对全面、深入理解课标，把握教材核心内容有较大帮助。同时，不同版本的教材各有特色，是非常好的课程资源，教师在进行教学设计时，应善于利用，取众家之长。2010 年 7 月，江苏大港中学的束鹏芳老师为四川省普通高中课程改革教师远程视频培训的老师及成都石室中学学生上了《走向大一统的秦汉政治》（人民版）一课。② 束老师紧扣课标内容标准，对人民版教材内容进行了重新整合。例如，"关于丞相的史料解读"材料一《史记》载：始皇曾外出巡游，见到丞相车骑多，认为不是好事。宫中有人将此事告

① 教育部. 普通高中历史课程标准（实验）. 北京：人民教育出版社，2003.1~3
② 束鹏芳. 在情境叙事中推动历史学习的有效认知. 中学历史教学参考，2011，（4）

诉丞相，丞相随即减少车骑。始皇帝大怒，说，你们有人泄露我说的话！但没有人敢承认。于是下诏逮捕当时在场之人并且全部杀掉。（问：始皇帝为什么对丞相车骑的多少如此在意？这则小故事反映出什么问题？）束老师所用的这条材料取材于人教版教材的"学思之窗"。再如，束老师所用秦朝政府的组织（金字塔结构图）取材于岳麓版教材的"秦朝从中央到地方的官僚机构示意图"，并略作改动（在乡一级"三老"、"啬夫"、"游徼"前加了"有秩"），这一取材，就突出了"中央集权制在秦的形成"这一重点，有利于学生探究中央集权制对秦朝及后世的影响。[①] 此外，江苏省教研室组织了一批骨干历史教师编写了《普通高中历史课程标准教学要求》，其中的"史论共享"所呈现的就是不同版本历史教材中有关历史原因、地位、影响等论述内容，有助于教师拓宽视野，对专题史教学无疑是大有裨益的。

（三）必修模块之间内容整合应注意的问题

1. 重视文本资源的开发与利用

课程资源是新一轮国家基础教育课程改革所提出的一个重要概念。开发利用各种各样的历史课程资源，对于实施历史新课程，深化历史教学改革有着重要的作用。从历史学科来看，历史教科书、历史文物、历史遗址遗迹、历史题材的影视作品、蕴涵丰富历史内容的人文景观和自然景观等等，都构成历史课程的资源。这些课程资源，按照空间分布，既有校内的，也有校外的；按其性质，既有文本资源、实物资源，也有人力资源和信息化资源。它们可以通过多种渠道获得，是保证课程实施的重要条件。

束鹏芳老师讲授《走向大一统的秦汉政治》（人民版）一课时，向学生提供的材料主要有：导入新课时用了一幅国画。讲秦的统一时，从《史记·秦始皇本纪》选择了一段史料，并用了《秦朝疆域图》，借以和人民版教材中的"六王毕，四海一"遥相呼应。关于君臣朝议，从《史记·秦始皇本纪》选择了两则史料，说明始皇帝的来历，以及分封制与郡县制之争，朝议由此而展开，结果是秦始皇采纳李斯建议，而实行郡县制。关于皇帝制度的创立，所引用的四则材料，既选自人民版教材中，又选自《史记·秦始皇本纪》、唐甄《潜书》，所折射出的理念是教师对教科书的态度，即由"教教材"（将教材看做是教学的全部依据）转向"用教材教"（教材是教学的文本材料之一），教材是重要的课程资源，但不是唯一的资源。课程资源开发和利用的主要承担者是教师。因此，教师首先必须转变观念，积极投身课程改革，对自我提出挑战。在很大程度上，课程就是教师本身。在课程标准以前，中学教师唯一能够做的事情，就是按照专家们设计好的体例、内容去授课。新课改的目标之一，就是要把课程的自主权交还给教师。教师可以在课标的指导下自由地整合教材、选择教法、积累资源、科学评价。因此，如果每位教师都表现出自身的特色，那么，我们就有了众多的富有特色的历史课程。

---

① 陈辉. 实现知识分类，关注教材重组，推进有效学习. 中学历史教学参考，2011，（4）

其次，教师要树立终生学习的观念，挖掘图书馆、博物馆、互联网等课程资源，不能仅以教材作为全部授课的内容。也就是说，教师要结合课标和教材，从学生的生活经验出发，要关注学生的关注点、时事热点等，从学生的生活经验、生活体验、思想现状出发，为学生的学习提供一个新的情景，新的学习氛围。对教学内容进行有机地再创造、再开发，而非刻板地"照本宣科"。如在讲对长征的认识时，一位教师给学生讲：在著名文学家魏巍的笔下，长征是"地球上的红飘带"；在美国文学家哈里森·索尔兹伯里的笔下，长征是"一个前所未闻的故事"；在著名记者埃德加·斯诺看来，长征是战争史上的一个奇迹；英国蒙哥马利元帅曾经评价长征是"一次体现出坚忍不拔精神的惊人业绩"；在毛泽东看来，"长征是宣言书，长征是宣传队，长征是播种机"。[①] 这样的分析，能使学生从不同角度理解长征的艰难及伟大意义。

2. 建立各模块之间知识内容的有机联系

与传统的通史体例相比较，专题史显然在政治、经济、思想文化内容内在联系上相对处于劣势，因为它们被分散在三册历史必修课本中。教材在编写过程中，在不改变专题史体系的前提下，可以适当加强三大模块之间的横向联系，与之相互渗透，做到"通"。在这方面，2007 年修订后的人教版教材作了尝试，设置了《模块链接》栏目，一定程度上弥补了这一不足。该栏目是用以提示每一课内容与其他必修模块内容之间内在联系。以历史必修Ⅰ第 20 课《新中国的民主政治建设》为例，本课讲述了中国特色民主制度的三项内容，在本课的《模块链接》栏目中作了如下提示："本课相关内容可参见必修Ⅱ第 11 课；必修Ⅲ第 19、20、21 课"。通过该提示信息，与本课相关的经济和思想文化方面内容跃然纸上，既有利于教师轻松自如地驾驭课程内容，也有利于加深学生对教材的这两部分知识的理解，尤其是三大模块知识间的相互渗透、中外历史的有机结合，有利于学生历史思维的形成。

3. 提高胜任专题史教学的能力

教师的专业知识和广博的相关知识，是胜任专题史教学的基础。教学是分专业的，没有人可以胜任所有学科，历史教师也不例外。教师必须对所教专业有深入透彻的了解，达到深且精，并且能够在专题史教学实践中随时调整和补充新的专业知识。教师通过知识的传授，引导学生认识世界、开发智力、能力等各种素质，从而达到培养人的目的。只有专业知识丰富，教师才能在专题史教学中做到游刃有余、深入浅出。教师也不能将自己的知识素养局限于历史学专业，而应该开阔视野，广泛涉猎各方面知识，形成较为完整的知识结构。这不仅是教师自身素质的需要，更是专题史教学内容整合的需要。

高中历史新课程以专题为体系，无疑对教师的知识系统提出了更高的要求。专题史体系要求教师首先要对历史有全面、系统、专业的了解和认识，这是无法在短时期

———————————
① 毛泽东选集（第一卷）．北京：人民出版社，1991. 149～150

内掌握的，所以就要求教师必须不断地丰富自身的专业知识，在教学中积累，在平常时学习。其次，除了专业知识外，教师还应涉猎军事、文化、艺术、地理等学科的知识，丰富自己的知识系统。历史本身就是人类社会所发生过的一切活动，专题史体系则尤为突出了历史的完整性和丰富性。因此，教师广博的相关知识显得更为重要。

三、对选修模块教材之间的整合处理

高中历史选修课程是供学生选择的学习内容，分为六个模块，即"历史上重大改革回眸"、"近代社会的民主思想与实践"、"20世纪的战争与和平"、"中外历史人物评说"、"探索历史的奥秘"和"世界文化遗产荟萃"。这种设置方式与以往的历史选修课相比，具有显著的特点：一是在课程结构上，不再像传统高中历史教材那样，从历史学科的角度把某一段历史内容划为必修或选修，而是以专题的形式加以规定；二是在课程内容上，具有"中西贯通"的特点；三是选择性，学生可以根据其自身发展的特点，选择其感兴趣的"模块"内容，突出"促进学生个性化的发展"。

目前，高中新课程历史选修课程的教学面临着诸多理论和实践层面的问题。对于学生来说，受高考压力等多重因素的影响和制约，他们学习选修课的时间、精力和兴趣比较有限。我们曾经就有关问题进行过调查，认为开设选修课"没有必要"和"说不清"分别高达52.8%和28.4%，远远超过"有必要"的比例18.8%。选择愿意选修一门选修课的为156人，占40.5%；选择两门选修课的为168人，占43.6%；选择三门课的仅有61人，占15.8%，选择4门及4门以上的同学为零。① 对"近代社会的民主思想与实践"、"探索历史的奥秘"和"世界文化遗产荟萃"感兴趣的同学明显偏少。因此，如何优化整合历史选修模块的教学内容，提升学生学习历史选修课的兴趣，是教师在专题史教学中亟待解决的问题。

（一）选修模块教材之间整合的原则

1. 同一选修模块内容整合的联系性原则

同一选修模块内容整合的联系性原则，是指对同一学习专题（单元）内容的前后联系，形成一个完整的历史整体。只有做到这一点，才能将同一专题的知识点前后贯通，这一点在学习历史选修一"历史上重大改革回眸"时需要特别注意。不同版本的历史教材基本上都是将每一场改革内容的学习划分为三个部分：改革的背景（即为什么要改）、改革的内容（即如何改）和改革的结果和评价（改了以后如何）三个部分。在专题史教学中，教师不可离开改革背景的联系而直接分析改革的内容，也不可离开改革的内容而孤立地分析如何评价一场改革的得失成败。以历史选修Ⅰ"历史上重大改革回眸"中"王安石变法"这一专题为例，一位老师在讲述"王安石变法的主要内容"一课时，根据课标要求和教学目标达成的需要，将本课的内容整合为三个教学环

① 林桂平. 现状与对策：从问卷调查看高中历史课程改革. 中学历史教学参考，2007，（6）

节："探源王安石变法"、"领会王安石变法"和"感悟王安石变法"。"探源王安石变法"环节就是对前一节课学习内容的回顾，重点放在领会王安石变法的内容中如何处理国家、地主和农民三者之间的关系这一重难点问题上，而感悟环节体现的是情感态度与价值观目标的升华。安徽省淮北市实验高级中学赵剑峰老师在 2007 年 7 月的全国高中历史课堂教学竞赛中，讲授了历史选修五"探索历史的奥秘"中涉及的"清新典雅的皖南古村落"一课，这一课的教学内容既分散又重叠，如前两个子目介绍这两个村落的建筑，而第四个子目又专门论及建筑成就；第三个子目写村落水系。教科书中这样划分层次，使前两个子目与后两个子目的内容前后重叠，又显得分割和分散，显然是不甚合理。这样的写法，既未能突显古村落的特点、价值，也容易使本课教学失去"历史味"。皖南古村落作为世界上第一次列入世界遗产名录的民居，在这三个角度上都具有自身的特色。为此，赵老师结合教材内容，补充了徽州的历史、民谚等四段材料，旨在说明皖南古村落的形成与明清时期徽商的兴盛有着非常紧密的关联。这不仅突出皖南古村落建筑的价值，还反映出其历史和文化上的价值。

2. 同一选修模块内容整合的纵横比较原则

同一选修模块内容整合的纵横比较原则，是指对同一选修模块内容的学习过程中，将同类的历史事件、历史人物、历史现象等按照时间和空间的联系，进行纵横比较。只有做到这一点，才能将历史知识贯通起来。例如，历史选修Ⅲ"20 世纪的战争与和平"第二专题（单元）的重点是第一次世界大战后以"凡尔赛—华盛顿体系"为代表的世界体系的建立，以及为了维护世界和平做出的尝试和失败的教训。这一专题的内容，连承着第一和第三两个专题，它既是第一专题内容的延伸，又是第三专题内容的前导，因而将其与前后两个专题的知识体系进行科学整合就尤为必要。第四专题主要讲述了两极格局的形成、冷战的开始、美苏对峙与争霸和两极格局的结束，回答了美苏两国及其领导的两个阵营和两大集团的对峙都有哪些表现，美苏争霸经历了怎样的历程，最终的结局如何等问题。学习过程中，必须将"雅尔塔体系"与"凡尔赛—华盛顿体系"进行纵向联系和比较。再如，学习历史选修四"中外历史人物评说"时，教师可以将同一时期的历史人物进行整合。例如，"东西方的先哲"这一专题中，先后介绍了孔子、柏拉图和亚里士多德的生平与主要思想。通过学习并对同类知识的整合，学生可以发现，他们分别诞生于古代世界的两个文化高峰——中国的春秋战国时代和希腊古典文化时期。通过比较，使学生了解三位思想家的生平概况，并结合时代特点，进而认识其思想观点、政治主张。在比较中，教师应注意引导学生探究东西方思想家在哲学、政治主张等方面的异同，使学生感知和认识人类文明在生成过程中的多元性，培养学生为了追求真理而不懈探索的精神。

3. 同一选修模块整合的联系性原则

同一选修模块之间的联系性原则，是指通过某一模块内容的学习，将本模块的全部学习内容综合起来进行整合思考，最终在理论高度上达到一个总结性的升华，加深对历史发展演变规律的认识。例如，通过历史选修五"中外历史人物评说"这一模块共六个专题的历史人物评价的学习，将有关历史理论、历史史实进行科学整合，构建起一个新的中外历史人物的知识体系。学生通过了解这些历史人物及其主要活动，探究他们与时代的相互关系，认识历史人物所进行的各项重大活动既受到历史环境的影响和制约，同时又与其个人的主观因素密切相关；掌握科学评价历史人物的一些基本方法，把历史人物置于特定历史条件下，进行具体分析，尤其要关注个人在历史发展进程中所起的作用，正确认识个人与社会、个人与自然的关系；并从杰出人物的一言一行中汲取历史智慧和人生经验，进而确立强烈的历史使命感和社会责任感。

4. 不同选修模块之间的互补性原则

不同选修模块之间的互补性原则，是指对六个历史选修模块的内容学习进行综合比较研究，使不同的学习模块的内容之间互为补充，形成完整的选修模块知识体系。历史选修模块的专题分别涉及改革史、政治民主化进程史、战争史、人物史、历史奥秘和文化遗产，这些模块之间的相互补充，就形成了完整的知识体系。例如，通过改革史的学习，学生可以掌握有关古今中外历史上不同改革发生的原因、实质、影响、评价原则等基本的历史演进规律，体会到中国如今推进改革开放的必要性；通过战争史的学习，让学生了解近代以来的战争，并且通过分析理解战争的威胁依旧存在，然而和平的力量远远超过了战争的力量，因此，和平与发展是当今世界的主流，从而培养学生的分析、理解能力以及思考问题的全面性，并从中形成学生对和平的追求及对学生人文精神的培养。

（二）选修模块教材之间整合的方法

1. 化繁为简，透出知识结构

在历史选修模块教材整合过程中，教师要引导学生注重主干知识的宏观把握，要从背景、原因、内容、特点、过程、成败、地位、影响、经验、教训等方面建构和整合知识。只有在宏观建构知识体系上入手，才能在知识学习中做到纲举目张、化繁为简。这样才能在通过新材料、新情境、新问题的探究中明确知识的定位。

2. 创设材料情景，激发问题探究兴趣

在历史选修模块教材整合过程中，教师应立足于学生已有的知识基础、兴趣点及其选修专题所涉及的背景知识，着力创设材料情境，激发学生的问题探究兴趣。①材料来源：教材已有材料；课外原始材料；社会生活材料。②材料形式：不同文体材料；图片形象材料；表格数据材料；不同功能材料（史实材料、评论材料）。③情景创设：要运用典型材料，从不同角度探讨问题，以突出学习重点和难点。例如，历史选修一"历史上重大改革回眸"涉及"明治维新"这一专题，在学完这一专题后，为了深入探究"中日近代化道路的比较"这一宏观问题，教师可向学生提供有关图书目录和相关网址，叫他们利用课外时间查阅有关 19 世纪中期中日两国政治、经济、阶级关系以及洋务运动和明治维新的相关资料，引导学生探究"中国、日本改革的结果有何不同？

为什么？"这一问题，激发学生的学习兴趣和热情。在学生主动探究这一问题的过程中，教师要引导学生结合选修教材内容研习资料，分类辨别资料，从中发现问题，使材料成为学生感受历史、理解历史的载体。

3. 有效挖掘、合理利用选修教材资源

教材有其自身的知识建构体系，它是教材编写者根据一定的编写原则和认识对历史做出的解读。因此，教材的内容和呈现方式与教师的知识结构、学生的认知水平，以及学生的学习兴趣存在一定的差别。教师要根据学情对选修教材资源进行有效挖掘、合理利用。有的需要整合、梳理；有些则需要增补、删减、置换、重组。例如，历史选修一中的"日本明治维新"这一专题，教材的编排显得拖沓、冗长，教师可把它分成三部分：背景、内容和影响。在引导学生分析背景的时候，教师不要按部就班地从第一课说到第二课，而是把两课内容用五句话整合在一起：德川幕府统治下的日本；资本主义萌芽的产生和发展；西方列强的殖民侵略；从尊王攘夷运动到倒幕运动；明治政府建立。这样循序渐进、步步推进的安排，可以使线索更清晰明了，更便于学生从整体上把握日本明治维新的背景。

（三）选修模块之间内容整合应注意的问题

要实现高中专题史教学中选修模块之间内容的整合，必须注意以下问题：

一是加强对学生历史学习兴趣的引导和主体意识的培养。自主学习是学生个体的、自觉的行为，进行自主学习需要浓厚的学习兴趣，学习兴趣直接关系到自主学习的效果。因此，培养学生自主学习能力时，教师应注重对学生的兴趣引导。自主学习是当今教育研究的一个主要课题，历史选修模块由于其自身特色又为学生自主学习能力的培养提供了得天独厚的条件。自主学习能力的培养过程中，首先必须使学生树立自主学习的意识。学生如果形成了较强的自主学习意识，也就相应的具有了学习的自治能力，他们对自身的学习内容、学习方法、学习目的等才具有相应的选择能力、决策能力和控制能力，他们才了解自己面临的发展任务和学习需要，逐渐成为一个成熟的自学者。

二是培养学生自提问题并独立解决的能力。培养学生自己提问并独立思考解决问题的能力，也就是学生对观察力、记忆力、想象力、思维能力的自身培养提高的过程。在历史选修模块之间内容的整合中，教师不仅要教会学生"是什么？"更要教会学生"为什么？"让学生探究"还有什么？"并帮助学生开动脑筋，寻找问题的答案，培养学生从不同的角度、侧面去提问、去思考问题的能力。

三是培养学生使用工具书的能力。人类历史的长河奔腾不息，古今中外，上下几千年，其间发生的事件太多太多。高中专题史对这几千年历史的浓缩不可能一一叙述，对某些历史事件不可能详细阐述。由于历史选修模块内容多，不可能所有的选修内容都在课堂上学习，学生必须"会学"，形成自主、合作和主动探究问题的能力。因此，在学生自学的同时，对某些历史事件或现象的了解就要借助工具书或参考书。培养学生学会查阅工具书、参考书，不仅是自学能力提高的表现，而且能培养学生的分析问题、解决问题的能力。培养学生使用工具书的能力，一可以根据历史选修教材教学需要，适当选取编印一些相关历史资料，这不仅能有助于学生理解教材内容，而且也有助于提高学生的材料解题能力。二可以充分利用现成的课程资源。历史选修教材在每一模块后面的"附录"中都列举了一些"课外读物推荐书目"和"历史学习推荐网站"，适当向学生介绍这些书目和网站，也可提高学生使用工具书的能力。

诚然，由于受传统教学形式与方法的影响，尤其是高考"指挥棒"的驱动，目前历史选修教材的整合中受"以考定教"的影响颇深。对于教师而言，必须创新教法，多让学生学会如何去学，"授之以鱼"不如"授之以渔"；对于学生而言，更多地要培养学生自主学习的能力，举一反三，将历史选修课程的学习真正落到实处。

四、对必修与选修模块教材之间的整合处理

高中专题史的三个必修模块共设置了25个"贯通古今、关联中外"的学习专题，分别反映人类社会政治、经济、思想文化、科学技术等领域的重要历史内容，是学生必须学习的基本内容。选修模块是供学生选择的学习内容，旨在进一步激发学生的学习兴趣，拓展学生的历史视野，促进学生个性化发展。正是由于选修模块是建立在必修模块基础之上的，因而如何处理与把握同必修模块内容的关系，以及两者之间的科学整合就成为亟待解决的关键问题。

（一）必修与选修模块教材之间整合的原则

有效整合高中专题史必修与选修模块教材内容，必须遵循如下原则：

1. 衔接性原则

衔接性原则是指注重历史选修教材与必修教材的衔接，关注学生在学完历史必修教材内容之后所达到的认知水平与课标所要达到的基本目标，做到历史必修与选修内容的平稳过渡和顺畅连接。

进入高中阶段后，高中生首先是从历史必修课程的学习而开始高中历史的学习。这些体现人类政治、经济、思想文化科技基本文明成果的内容，是高中生的必学内容。无论知识的构成、能力的培养，还是情感态度与价值观的达成，都是最为基本的要求。进入高二文理分科以后，这个时段的学生主体发生了变化，教学的各种要求明显提高，对历史知识的学习要求开始转向深层次的历史规律的探索；对历史学习技能的要求，开始注重探究、发现的能力提高；对历史意识的培养，开始注重学生独立的历史价值观的塑造。例如，历史选修一"商鞅变法"这一专题（单元）的学习内容与历史必修Ⅰ第一专题中"秦朝中央集权制度的形成"、历史必修Ⅱ第一专题中"春秋战国时期经济发展和经济政策的变化"，历史必修Ⅲ第一专题"法家思想的产生"等问题关系较大。这些内容可以作为商鞅变法的政治、经济和思想文化背景，商鞅变法就是顺应了奴隶制度瓦解、封建制度确立的时代潮流，采取了与时俱进的措施，使秦国迅速强盛起来，超过了同一时期的其他国家，走上了日益强大的道路。然而，商鞅变法却严

重触犯了秦国宗室和旧贵族的势力，于是在秦孝公去世后不久，商鞅便被车裂而死，其家人也遭到了连坐。商鞅虽然被杀害了，他的新法却在秦国继续推行，为秦国最终兼并六国和统一奠定了基础。商鞅变法是战国时期最为彻底、也是最为成功的一次变法。

2. 深化性原则

深化性原则是指历史必修教材与历史选修教材的衔接过程中，关注学生在学完历史必修教材内容之后所达到的更高认知水平。就教材结构体系的完整性而言，历史必修教材存在一定的缺陷，不能完全地整体构筑历史学科的知识框架，这就使历史选修教材的内容成为历史必修教材内容的重要补充，是历史必修教材的深化和拓展。例如，历史必修 I 在分析"北宋专制主义中央集权制度的强化"时提到其导致北宋中期"冗官、冗兵、冗费"的弊端，那么北宋时期的政治家们是如何试图解决这一弊端的呢？历史选修一的"王安石变法"这一专题就可以与之相互补充。呈现在学生面前的事实是：宋仁宗年间，范仲淹等有远见卓识的官员发起了"庆历新政"，却遭到特权阶层的强烈反对，最终以失败而告终，北宋朝廷进一步地陷入了"积贫积弱"的局面，统治危机进一步加深，为了克服危机，一场由王安石倡导的更大规模的改革开始了积极的酝酿。

3. 适度性原则

适度性原则是指历史选修教材是在必修教材基础上的适度深化，力求避免同一水平上的简单重复或内容过于艰深和复杂。例如，历史选修一专题中"欧洲宗教改革"的内容是对历史必修 III "西方人文精神的发展——文艺复兴和宗教改革"这一专题中有关宗教改革内容的深化，具体的学习要求是："了解中世纪天主教的地位，认识欧洲宗教改革的必要性"、"知道马丁·路德的宗教改革主张，理解欧洲宗教改革的实质"和"简述欧洲宗教改革的主要内容，分析欧洲宗教改革的历史作用"。[①] 在完成上述三节课的学习任务以后，不必要进一步将其与文艺复兴、启蒙运动进行比较，要点到为止。

（二）必修与选修模块教材之间整合的方法

其一，以历史必修教材内容体系的掌握为基础，理解和应用历史选修知识。教学中，教师应引导学生按照合理的框架将历史选修和历史必修的知识串联起来，从而形成宏观的知识概念。例如，历史选修二模块中的的"商鞅变法"这一专题，要更好地理解商鞅变法的历史必然性，得从变法的背景和所产生的深远历史影响上去体味。联系历史必修 I 第一专题的相关内容，通过分析，"礼崩乐坏"、"废井田、开阡陌"、"百家争鸣"是背景，"六王毕、四海一"（秦朝统一全国，确立中央集权制度）是深远影响。经过教学衔接以后，学生就能从历史发展的大空间上确立起如下概念：

---

① 教育部．普通高中历史课程标准（实验）．北京：人民教育出版社，2003.17

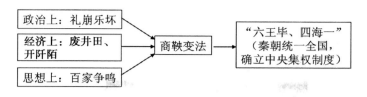

其二，以历史选修教材内容为切入点，深化和拓展历史必修教材内容。历史选修课程的教学中，要注重引导学生对历史必修知识进行回顾，在比较学习中把握历史选修部分扩展的知识内容，认识历史选修部分所表达的深邃的历史道理，感悟历史选修内容中所蕴含的至深的历史情感。例如，历史选修Ⅱ模块中的"梭伦改革"，历史必修Ⅰ和历史选修一的主干内容是一样的。所不同的是，历史选修教材展开介绍了改革前雅典尖锐的社会矛盾和梭伦强烈的爱国情感。因此，在教学衔接中，教师可通过回顾梭伦改革的主要内容入手，与学生一起探讨改革的复杂背景，探讨改革前后梭伦的个人情感的变化，这样，就能够使学生从深层次上理解改革的必然性和进步意义，深刻地体会到改革家的个人素质对改革进程和效果的巨大影响。

其三，倡导自主学习、探究学习的学习方式，培养学生自主整合必修与选修模块知识的能力。由于历史选修模块的专题性特征十分突出，每一个专题都是一个相对独立的可供学生探究的课题，但也因此在各专题知识的背景上显得相对孤立。教学中有意识地创设历史情境、倡导学生的自主学习、探究学习的学习方式，有利于选修课程目标的有效实施。

（三）必修与选修模块教材之间整合应注意的问题

有效整合高中专题史必修与选修模块教材内容，必须注意以下问题：

第一，注重必修与选修专题内容的整合。教师在教学中应通过对历史教材专题内容的重新整合，构建新的知识系统，提供新的学习思维平台，使复杂的内容变得简单有序，使分散的知识点变成一条线，使容易模糊混淆的知识变得容易理解和记忆，使枯燥的学习记忆变成相互联系的思维过程。这样，就能提高学生学习的兴趣和积极性，以及学生的归纳、概括、理解、分析、综合、比较等能力。在教学中，教师可尝试打乱教材内容原有的编排顺序和知识体系，抓住重要的一些历史专题知识，依据历史知识固有的内在联系，对教材进行专题内容的整合。在可能的情况下，还可以引导学生跨专题，跨单元，形成对历史的整体宏观把握。在不违背课标改革精神的前提下，重新整合建构历史教学体系，这是非常必要的。以古希腊知识点的有关内容为例，教师在教学中将遇到3次。具体情况如下表：

书目	内容
必修Ⅰ	第2单元　古代希腊罗马的政治制度　古代希腊的民主政治
必修Ⅲ	第2单元　西方人文精神的起源及其发展　西方人文主义思想的起源
选修Ⅰ	第1单元　梭伦改革

这就要求教师在备课时应把握专题核心内容。在进行教材整合时，应确定专题的主线，抓住古希腊在不同时期的发展历程。从梭伦改革引导出古代希腊的民主政治，而古代希腊的民主政治又为西方人文主义思想的起源提供了基础。教师要让学生懂得：希腊奴隶制民主政治繁荣和公民地位的提高，这是促使一些学者把研究重点转移到"人"本身，即把研究主题开始从自然界转向人类社会，他们关注人与人之间的关系、社会组织和伦理规范等。说明一个国家的政治影响到思想文化。这样学生对这些知识就明了了，形成了整体的认识。

第二，注重历史必修与选修中外历史内容的比较。历史表述的是整个世界的发展进程，在历史必修与选修教材中更突出了这一点，即从不同的角度阐释中外历史发展的共性和个性。教师可以将分布在不同专题的有关中外历史知识按照先后顺序进行整合，进行细致的对比，从而比较特定时期政治、经济、文化。如果把中外历史割裂开来，不对教材进行整合联系，学生的理解就有很大的困难。高中专题史是模块教学，无论必修还是选修模块都涉及中外历史的对比。学生本身对中外历史就缺少一个整体的认识，这就需要重新按照它们之间的联系进行整合，这样既能帮学生理解，又提高了他们的综合分析能力。例如，学习明清之际进步思想家的主张时，可以和欧洲的启蒙运动及历史选修Ⅰ中宗教改革进行联系与整合，在明朝中后期，我国开始出现资本主义萌芽，欧洲也形成了这种经济基础，但明清封建统治者为了加强君主专制，阻碍了工商业的发展，因此，三大进步思想家提出反对君主专制的要求。而欧洲的启蒙运动是资本主义有了一定的发展，为了促进资本主义的发展。两者思想有着本质的不同。历史选修Ⅰ中的宗教改革，促进了启蒙运动的开展，而中国却缺少这个过程。只有通过对有关知识的整合，学生对这些内容的内在联系才能比较透彻地理解，才能够讲清楚明清三大进步思想家的民主主张和国外的民主思想与当时的政治、经济状况的必然联系。通过整合，使学生懂得：明清时期，我国封建君主专制达到顶峰，极大地阻碍了社会进步。而宗教改革促进了启蒙运动的扩展，启蒙运动的扩展又促进了资本主义的发展。通过这样的整合，就能揭示它们之间的相互影响或者它们之间异同点。

综上所述，高中专题史教材内容整合必须在求新、求稳、求实三个方面下工夫。求新，就是要体现新课程的特点，重课堂教学的创新性；求稳，就是要立足现实，稳步前进，平稳过渡，不过于激进，重历史必修与选修之间的自然衔接；求实，就是重基础知识落实，重基本能力培养，重课堂教学的有效性。只有这样，才满足高中专题史教材内容整合的教与学要求。

专题三　高中专题史教学设计

《普通高中历史课程标准（实验）》依据"古今贯通，中外关联"的原则，以专题的形式构建高中历史教材新结构，新的高中历史教学就是专题史教学。本专题从备课、说课、上课、反思、听课评课五个基本活动入手，谈谈如何搞好高中专题史教学设计。

一、备好专题史课

备课是教师完成教学任务的基本保证，也是提高教师教学水平的重要途径，对搞好高中专题史教学设计极为重要。高中专题史教学的备课，大致可以分为四个层次：针对课程的备课（整体备课）、针对模块的备课、针对专题（单元）的备课、针对课堂（课时）的备课。

（一）整体备课

教师要有针对高中历史新课程整体备课的意识，整体备课能够使教师对专题史教学建立宏观的框架，把握方向性、本质性的内容，在实施专题史教学时有较高的前瞻性。整体备课的基本要求主要有：

1. 学习课标

高中历史课程标准是专题史教学的纲领性、指导性的国家文件，是对高中专题史教学的总体要求。教师应明确高中历史课程的性质、基本理念、课程目标、课程结构、实施建议，了解各学习模块的内容以及各模块之间的联系。

2. 研究学生历史学习的基本特点

高中学生处于青年早期，其年龄特点、情感价值观特点、认知特点等决定了他们在历史学习中的特点。《普通高中历史课程标准（实验）解读》就此进行了论述，并提出相应的对策。例如，该书指出，由于世界观和人生观的逐渐形成（有部分研究表明是在高中二年级），高中学生的价值判断相对比较独立，现成的历史结论和评价会破坏他们学习的热情。因此，在历史课程设置中要留给学生思考的空间，激发其探究的欲望。①

3. 反思自己的教学方式

实施新课程，照本宣科、一讲到底的教学方式必须摒弃，要使高中专题史课堂教学焕发出新的活力。无论哪个年级的教学，教师都要特别重视激发学生的学习兴趣，

---

① 朱汉国，王斯德. 普通高中历史课程标准（实验）解读. 南京：江苏教育出版社，2004. 1～14

引导学生积极主动地参与教学过程，体验和感知历史，探究和思考问题，展开质疑与讨论，从历史中寻求真理，寻求借鉴。要让历史课堂生动起来，让学生的思维活跃起来，让学生在体验、思考、探究、交流和反思的过程中积累知识，发展能力，受到熏陶和获得教益。

4. 统筹安排整个专题史教学的内容

高中历史新课程的一个显著特点是教学内容的整体性，即历史课程必须全景式地反映人类社会发展的面貌，它既指历史的时空（时间上的古代、近代和现代，空间上的中国历史和世界各国历史），也指人类社会发展中政治、经济、文化等领域。[①] 在高中专题史教学中，常见的现象是教师在一开始就急于让学生形成整体性的联系，大量补充其他模块其他专题的知识，结果导致教学时间极其紧张，什么都讲，什么都讲不清。教师应对整个高中历史新课程成竹在胸，统筹安排两年（理科）或三年（文科）的历史学习时间，并慎重考虑三个历史必修模块和六个历史选修模块各自的教学重点是什么，该如何彼此关联，形成整体框架。当然，首先要做的是将其中的一个专题或一个模块弄透，在此基础上，再用心构建此专题与彼专题的联系、此模块与彼模块的联系。比如说，在政治史的教学中，教师要弄清政治史的基本内容，着力培养学生的学习兴趣、学习习惯、学习方法和思维能力，"先利其器"，以使其具备可持续发展的能力；在经济史的教学中，再适当联系相关的政治史内容，初步建立起联系；在文化史的教学中，才开始打通文化史和政治史、经济史的界限。[②]

（二）模块备课

模块式的课程结构是本次高中历史新课程改革的一个新的标志，高中历史新课程由必修课程和选修课程构成，共设置了9个学习模块，一个学期要完成1个或2个模块的教学任务，模块备课其实就是对学期教学的备课。教师可以通过模块备课，完整地认识高中历史课程中各个模块的内容和特点。模块备课是教师在整体备课基础上对总框架进一步构建的过程。模块备课的基本要求主要有：

1. 学习课标中相关模块的教学要求

一要学习本模块的学习要点。如历史必修Ⅰ着重反映人类社会政治领域发展进程中的重要内容，有9个学习专题，其中有5个属于中国历史（专题1~5），4个属于世界历史（专题6~9）。

二要学习本模块的三维目标。如历史必修Ⅰ的情感态度与价值观目标是："理解从专制到民主、从人治到法治是人类社会一个漫长而艰难的历史过程，树立为社会主义政治文明建设而奋斗的人生理想。"

---

① 朱汉国. 从历史课程的特点看专题史教学内容整合的必要性. 教育部 2010 年普通高中课改实验省教师远程培训历史学科研修简报. http：//xkg2010. teacher. com. cn/Briefing/BriefingComment. aspx？BriefingID＝99281

② 张汉林. 浅谈专题教学中如何体现历史的整体性. 教育部 2010 年普通高中课改实验省教师远程培训历史学科研修简报. http：//xkg2010. teacher. com. cn/Briefing/BriefingComment. aspx？BriefingID＝99281

三要学习本模块的教学活动建议。如历史必修Ⅰ列出了"组织课堂讨论，谈谈古代中央集权制度对中国社会发展的影响"等一些具有示范性的教学活动建议。[①]

2. 通读专题史教材

对于本学期所使用的专题史教材，教师在学期前的备课过程中要进行通读，主要目的是了解教科书全貌，对教学内容有整体把握，从而为专题（单元）备课和课时备课打下基础。

3. 了解任课班级学生的历史学习情况

教师应通过多种途径和方法，具体了解所教班级学生对历史课程的态度、学习历史的兴趣和方法、对历史教师的希望、在历史学习上的困惑等，最好也能掌握一些历史学习的佼佼者和困难者的情况，以便在筹划学期教学工作时能够有的放矢，有针对性地准备。

4. 制定学期（模块）教学工作计划

这里要着重强调的是模块备课中教学内容的整合问题。课标中有关各模块内容标准，即学习要点的排列，基本上是先中国史后世界史，不利于从世界的视野来观察中国问题，古代、近代到现代的顺序要反复两次，也不利于学生历史学习，部分版本高中历史实验教科书的专题排列也是如此。如何整合模块中各专题的教学内容，是制定学期（模块）教学工作计划时必须直面的问题。以历史必修Ⅰ为例，本模块的9个学习专题，可以依据人类政治文明发展的主线及其阶段性的特征，依据"古今贯通，中外关联"的原则，整合如下：（1）"古代中外的政治制度"，包括专题一"古代中国的政治制度"和专题六"古代希腊罗马的政治制度"；（2）"近代西方资本主义政治制度的建立"，涉及专题七"欧美资产阶级代议制度的确立与发展"；（3）"近代中国争取独立和民主的斗争"，包括专题二"列强的侵略与中国人民的反抗斗争"和专题三"近代中国的民主革命"；（4）"科学社会主义从理论到实践的探索"，包括专题八"从科学社会主义理论到社会主义制度的建立"和专题四"现代中国的政治建设与祖国统一"；（5）"当代世界的政治格局"，包括专题九"当今世界政治格局的多极化趋势"和专题五"现代中国的对外关系"。

（二）单元备课

根据课标，专题史每个模块中有若干专题，每个专题就成为一个教学单元。当然，教学单元的划分，也可以重新整合。针对专题（单元）的备课，是在模块备课基础上的更深一步的细化。单元备课的基本要求主要有：

1. 依据单元教学主题，研究明确的学习要求

每个教学单元都有一个教学主题，这一主题是该教学单元的核心，统领着该单元的教学。模块中各个专题的标题，如历史必修Ⅰ中的"欧美资产阶级代议制的确立与

[①] 教育部. 普通高中历史课程标准（实验）. 北京：人民教育出版社，2003.9

发展"，其实就是本专题（本单元）的教学主题。教师在单元备课时，应依据单元教学主题，结合课标中本专题的具体要求，认真研究明确的学习要求。下面以"欧美资产阶级代议制的确立与发展"专题（单元）为例加以说明（见下表）。

"欧美资产阶级代议制的确立与发展"单元学习要求

内容标准	学习要求
（1）了解《权利法案》制定和责任制内阁形成的史实，理解英国资产阶级君主立宪制的特点。	了解《权利法案》的制定情况；了解英国责任制内阁的形成程序；理解英国君主立宪制的特点；体会主权在民取代主权在君的政治变革，是人类历史进程中的一大进步。
（2）说出美国1787年宪法的主要内容和联邦制的权力结构，比较美国总统制与英国君主立宪制的异同。	知道美国1787年宪法的主要内容；知道美国联邦制的权力结构和美国联邦政府的构成情况；比较美国总统制与英国君主立宪制的异同。
（3）知道法兰西第三共和国宪法和《德意志帝国宪法》的主要内容，比较德意志帝国君主立宪制与法国共和制的异同。	知道法兰西第三共和国宪法和《德意志帝国宪法》的主要内容；比较德意志帝国君主立宪制与法国共和制的异同；理解各国政治制度的差异是由各国的国情所决定的。
（4）分析资产阶级代议制在西方政治发展中的作用。	了解西方国家资产阶级代议制的主要形式；分析资产阶级代议制在西方政治发展中的作用；体会资产阶级代议制在人类历史发展中的进步性。

2. 考虑单元教学的设计

　　一个教学单元是由多个课时组成的，在明确了单元的学习要求后，就要进一步考虑本单元教学的设计思路，包括如何分配课时，进行什么样的教学活动等。例如"欧美资产阶级代议制的确立与发展"这一单元，可以用4课时完成，课标中的四个内容各用1课时。其中，"分析资产阶级代议制在西方政治发展中的作用"容易被忽视，因为教科书没有专门编为一个课题，为此，对这一节课提出如下教学建议：

　　（1）构建本单元知识结构。现代认知心理学告诉我们，认知结构是知识和智力统一发展的中介和产物。如果教师提供的知识内容是零散的、杂乱无章的，那就不仅不能发展学生的智力，反而会扼杀学生的智力。人民版教材中在每一专题结束后都附有"专题小结"，所列的本专题知识结构为教师提供了范例，应充分加以利用。

　　（2）列表比较英美法德四国资产阶级代议制的异同点。从比较中体会资产阶级代议制在西方的广泛影响，并从政治民主化进程的角度，认识人类文明的统一性与多样性。

　　（3）适度联系当代发达资本主义国家的政治文明，加强历史与现实的联系。现代政治文明是从资本主义开始的，资本主义构筑了以自由、人权、民主、法治为核心的政治思想体系，发展了一整套与市场经济相适应的民主政治制度，包括政党制度、选举制度、代议制度、司法分立制度等。特别是随着社会和经济的发展，公民科学文化水平的提高和自主性的增强，当代发达资本主义国家普遍扩大了公民参与政治的权利，普遍树立了宪政和法治的观念，充分利用和调动了民主政治的合法性资源，在现阶段表现出了比较强的适应性和比较高的文明程度。

（4）讨论在社会主义政治文明建设中，可以借鉴西方政治文明中的哪些成果，汲取历史智慧。教师总结时可以强调两点：一是强调可以借鉴的西方政治文明主要成果包括人民主权的思想和制度、代议制理论及其制度实践、权力控制的理论与实践、法治理论和实践、人权理论和实践等；二是强调从制度层面上充分汲取有益成果所蕴含的实质内容。就现代文明社会的司法独立来说，设置大法官也许是它的一个好形式，但这一形式的有效作用始终是以健全成熟的司法独立制度为根基的。在美国，由尼克松总统亲自任命的大法官，能够在不受任何控制和干扰的情况下，独立调查和起诉尼克松水门事件，最终让有恩于自己的尼克松先生无可奈何地离开总统宝座，所倚靠的并不是大法官的身份，而是美国高度成熟的司法独立制度。借鉴司法独立这一人类政治文明的有益成果，倘若仅仅去搞诸如设置国家级大法官一类的具体形式，而忽视建立健全司法独立制度，那就很难说有多少实际意义。

（四）课时备课

前面三个层次的备课，即整体备课、模块备课、专题（单元）备课，主要是长期的和宏观的规划和准备，但要具体落实到每一节课上，还需要进行课时教学的备课工作，这是上好专题史课的关键所在。课时备课是一项非常具体的工作，涉及很多环节，大致说来，主要包括以下几个程序：（1）理解课标的要求，尤其是课标中对本课题的内容阐述；（2）研究课题的立意和地位；（3）分析教科书的内容结构；（4）梳理所教内容的逻辑，包括历史的逻辑、教科书的逻辑和认识的逻辑，重点研究将历史的逻辑和教科书的逻辑整合为学生认识的逻辑；（5）发掘历史知识的内涵；（6）找准教学重点和难点；（7）确定课时教学目标；（8）考虑教学方式方法；（9）设计教学活动，特别注重学生怎么去学；（10）准备教学资源；（11）编写课时教案。[①]

这里着重谈谈课时备课中如何准备教学资源问题。历史新课程认为，知识的来源是多方面、多渠道的，教科书仍然是教学的重要资源，但不是唯一的资源。一节课的教学资源是指有利于这节课教学目标实现的各种因素的总和，其中既包括物力的，也包括人力的；既包括校内的，也包括校外的；既包括教科书和图书资料，也包括音像资料和网络资源。教师应强化历史课程资源意识，在课时备课中准备好各种有利于实现本节课教学目标的教学资源，尤其应注意以下几个方面：

1. 充分开发与利用所用版本教材资源

若使用人民版教材，教师应吃透该版本教材，充分开发与利用这一核心资源。在课时备课中，应对人民版教材中的"课前提示"、"学习正文"、"历史图片"、"历史

_____

① "课时备课程序"详见于友西主编.中学历史教学法.北京：高等教育出版社，2009.185～193

地图"、"历史表格"、"学习思考"、"史学争鸣"、"资料卡片"、"知识链接"、"自我测评"、"材料阅读和思考"等进行深入研究。例如人民版教材有一道史学争鸣题："有人认为辛亥革命因没有完成反帝反封建的历史任务而失败，有人则认为辛亥革命是中国'从君主到民主'社会转型的成功开始。你赞同哪种看法？"这两种看法争论的关键在于评价的标准和评价的角度不同。教师应善于激疑、点拨、诱导、鼓舞学生，使课标提出的"注重探究学习，善于从不同角度发现问题，积极探索解决问题的方法"的要求真正落到实处。①

2. 适度开发与利用其他版本教材资源

高中专题史教材都是编者精心编辑并在继续打磨进程中，都严格以课标为依据，都有利于切实有效地实现历史课程在知识与能力、过程与方法、情感态度与价值观等方面的课程目标，有利于学生的探究学习和个性发展，是十分宝贵的课程资源。教师应对多套高中专题史教材进行比较研究，充分吸纳各套教材的长处，服务于自己的教学。例如，使用人民版教材进行"君权与相权"教学时，可以运用人教版教材中一个故事及其设问："从宋真宗起，相权逐步得到强化，皇权反而受到种种限制。那时，经济发展较快，国库充实，但具体数字只有三司使知道。真宗多次想打听虚实，宰相李沆担心真宗知道了库藏量而随便花销，始终不肯让三司使提供具体数字。李沆还经常将各地的水旱灾情和'盗贼'情况报告真宗，以使天子了解民间疾苦，巧妙地抵制了真宗扩大财权的企图，实际上限制了皇权。宰相李沆与宋真宗的这段故事，能说明什么问题？"这个故事说明，中国古代相权与皇权的消长，总体上虽然朝着强化皇权的方向演变，但其间也有相权强化的时候，并非简单的直线发展。运用人教版教材这个故事及其设问，有助于提高学生运用辩证观点理解和分析历史问题的能力，使课标提出的"学习历史唯物主义的基本观点和方法，努力做到论从史出、史论结合"的要求真正落到实处。②

3. 阅读与教学有关的史学论著

这有助于加深教师对有关专题史教学内容的史学认识水平，从而跳出历史教科书和历史教师教学用书的束缚来设计教学，也可以从中精选有价值、学生感兴趣的史料，丰富教学内涵，还可以参考研究者的史料分析策略和技巧，并将之运用到专题史教学过程中。南京宁海中学的陈红老师在准备《罗马法》一课时，在认真研究课标的基础上，查阅了最新的学术研究成果，研读了《罗马法》、《法律简史》、《世界政治制度史》、《人类文明的演进》、《西欧文明》、《世界文明史》、《罗马法原论》、《世界文化史》等多部史著，从中摘录了许多有价值的材料，并从"法学史专家"那里获得了有益的启发，使她的教学设计显得技高一筹，教学效果也与众不同。当然，我们大多数

① 教育部．普通高中历史课程标准（实验）．北京：人民教育出版社，2003.4
② 教育部．普通高中历史课程标准（实验）．北京：人民教育出版社，2003.4

教师没有如此便利的条件查阅到如此丰富的史学资源，但是我们教师要尽可能地在设计中体现出这一点来。①

4. 精选史料，为教学目标服务

高中专题史教学中非常注重史料教学，但有一个很不好的现象，就是在一节课上充斥大量的学生难以消化的史料。教师在准备教学资源时，应该避免随意的、简单的和不加筛选地堆砌史料，而应该精选典型的、特色突出的、能引起学生兴趣和引导学生深入思考的史料，为实现教学目标服务。

二、说好专题史课

说课就是以教育、教学理论为基础，以说为形式，面向同行、专家系统而概要地说课标、说学情、说教科书、说教法与学法、说教学程序的实施，而后评议、交流、切磋的一种新型的教研活动形式。它不受任何场地和人员的限制，时间可长可短，形式多种多样，但确是教师教学能力提高的一种有效途径，教学研究互动的一种有效方式，教学评价的一种有效手段。② 在高中专题史教学设计和教学研究中，教师应充分发挥说课的功能和作用。

一般而言，说好专题史课的基本要求主要有：

1. 把握基本的程序和内容

简单地说，说课活动由两部分构成，即解说和评说。解说由说课人完成，评说则是针对解说而进行的同行之间的评议、交流和研讨。

说课人一次完整的说课活动可以按如下顺序进行：说课题梗概——说课程标准——说学情——说教材——说教学目标——说程序策略。

"说课题梗概" 即简介课题的名称、类型、课时等。

"说课标" 是高中新课程体系下的一个新要求，在说课过程中既可以单独进行，又可以与说教材结合，关键是说清楚课标中关于一节课的教学指导思想和一些原则性的要求，说清楚有关课题的具体要求。

"说学情" 即学情分析，这是 "以学生发展为本" 理念的必然要求，是确定教学目标和教法学法的依据。它包括对学生学习态度的分析，对学生已有基本知识和技能储备的分析，对教学中学生可能出现的困难、问题的分析等。

"说教材" 是教师处理教学资源能力的体现。教材是课程资源的重要组成部分，说教材要说明对教材的整体理解，明确课题在单元、模块体系中所处的地位、作用和联系，准确地认定教材的重点和难点。鼓励教师提出自己对教材文本的独到见解，根据实际，对教材内容重组、调整、筛选和开发。

---

① 秦阳. 谈谈如何进行历史教学设计. 教育部2010年普通高中课改实验省教师远程培训历史学科研修简报. http：//xkg2010. teacher. com. cn/Briefing/BriefingComment. aspx？BriefingID=9928

② 何成刚. 历史课堂教学技能训练. 上海：华东师范大学出版社，2008. 231

"说教学目标"是说课的核心。要依据教学目标的分类，明确"三维目标"的表述；结合特殊学情，提出不同层次的目标要求；从课程标准、学生主体和教育理论层面解释目标。教学目标的定位要着眼于针对性、适切性、可行性。教学目标的阐述要突出教师设计的独到、个性和亮点。

"说程序策略"是说课的重点。通过对运行程序设计的阐述，体现教师教学安排是否合理、科学，是否具有独创性和艺术性。在具体操作中要特别关注：清晰地展现教学思路与环节安排；扼要地说明运行程序的设计依据；简洁地叙述教与学双边活动安排；精炼地表达各环节间的传承关系。教学策略主要包括：提高教学目标达成度的有效方法与途径；营造浓重学习氛围和宽松民主环境的手段与艺术；突出教学重点和突破教学难点的技巧与经验；应对课堂突发现象和思维离散状况的睿智与机敏等。在阐述教学策略过程中，教师不必面面俱到。关键是抓住一个方面，深入浅出地加以说明即可。①

最后进入评说阶段。在专题史教学设计和教学研究中，应大力提倡"研究型"说课（主要是指集体备课中的说课），说课活动前大家就某一课题进行充分准备，指定的说课人说课后，大家共同讨论，形成一个最佳教学方案。它有利于群体优势的发挥，有利于教师同伴之间的相互交流、相互促进和共同提高。同时，也可以搞一些"评比型"说课活动（主要是指以说课方式进行的评比、竞赛活动），这种说课活动对说课人的激励作用大，但由于评比活动的封闭性，常常缺乏信息反馈和交流，建议高中专题史教学的"评比型"说课活动，一定要有评议、交流和研讨的评说阶段。

举一个评说的例子。我们曾参加人民版历史必修Ⅰ《美苏争锋》一课的说课活动。在认真听完说课人的解说后，感到说课人对冷战形成原因（本课难点之一）的教学设计不理想，于是，我们提供了如下"冷战形成原因"的教学设计建议并说明了设计理由。

要求学生通过阅读下列材料并回答问题，加深对"冷战形成原因"的理解。

材料一 这次战争和过去不同了：无论谁占领了土地，也就在那里强加它自己的社会制度。不可能有别的情况。

——斯大林

材料二 吾国因拥有道义、政治、军事以及经济各方面之力量，固自然负有领导国际社会之责任，且随之亦有领导国际社会之机会。吾国为本身之最大利益以及为和平与人道计，对于此种责任，不能畏缩，不应畏缩，且在事实上亦未畏缩。

——罗斯福（1944年）

材料三 苏联"狂热的坚信，他同美国之间不可能有永久的妥协。它坚信，如果

---

① 李惠军. 说课：一种有效的团队研修活动. 教育部2010年普通高中课改实验省教师远程培训历史学科研修简报. http：//xkg2010. teacher. com. cn/Briefing/BriefingComment. aspx？ BriefingID＝99281

苏联政权要得到巩固，那么搞乱我国内部的社会和谐，破坏我国传统的生活方式，以及损害我国在国际舞台上的权威，这种做法是可取和必要的"。

——美国驻苏代办乔治·凯南（1946年）

材料四 战后美国对外政策的基本特征就是争夺世界霸权，苏联是美国通往世界霸权道路上的"最主要障碍"，美国正积极扩充军备，准备针对苏联的战争。

——苏联驻美大使诺维科夫

问题：结合上述材料分析美苏冷战形成的原因，对今天中美关系的发展来说，从中可以吸取哪些教训？

上述"冷战形成原因"教学设计的理由是：

（1）轻松突破学习难点，体现"论从史出，史论结合"的教学特色。随着二战的结束，美苏两国在社会制度和国家利益上的矛盾冲突日益加剧，昔日盟友反目成仇。对学生来讲，这确是一个学习难点。学生通过研习上述材料，得出冷战形成的原因。前两条材料表明美苏都在设法将自身的社会制度与价值观念推广到其他国家，并借此谋求对其他国家的控制，以期最大限度地维护自身的利益。后两条材料则说明美苏双方互相极不信任，相互把对方的存在作为对自己利益的最大威胁。

（2）设计内容贴近现实，突出时代性，情理交融，明理启智。美苏冷战的形成，教训是深刻的，基于上述材料，对今天中美关系的发展来说，可以吸取两点教训。第一，不能简单地把社会主义同资本主义绝对对立起来，应确认"存异"和宽容的态度与价值观。这是因为，世界是丰富多彩的，两种社会制度应当彼此尊重，长期共存，在竞争比较中取长补短，在求同存异中共同发展。事实上，正如人民版历史必修 I《美苏争锋》一课指出的一样："不同社会制度的国家在长期共存中都不同程度地从对方身上借鉴了经验，吸取了教训，并用于内部的调整和改革，推动了世界的整体发展。"[①] 中美关系正常化以来两国关系的发展史也证明了这一点。中美关系正常化以来，虽然两国间有许多分歧、摩擦，两国关系也经历了动荡、起伏，但总的来说，两国关系是向前发展的，两个社会制度和意识形态不同的大国，不但可以和平共处，而且可以建立互利双赢的关系。对这种关系，在美国和国际上一直有人持怀疑的态度，但这种关系的存在是一个事实，今后也必须是而且只能是这样。这自然不是一件容易的事情，需要双方的努力、细心的呵护、用心的栽培。第二，缺乏互信对当时美苏两国关系产生了重大负面影响。今天中美两国关系中的一个大问题，就是缺乏互信。尤其是在世界金融危机爆发后，本来可能在五到十年中发生的事情现在一下子发生了，中国被推到了国际舞台的中央，置于聚光灯下，美国政界和学界一些人，尤其是防务界和情报界的一些人对中国更是疑虑重重。他们担心真的有一天中国 GDP 总量超过美国，美国当不成世界老大了。他们担心中国在经济实力支持下的军力发展，会大大超

---

① 朱汉国主编. 普通高中课程标准实验教科书·历史必修（第一册）. 北京：人民出版社，2009. 第4版. 157

过美国在西太平洋的军事存在。他们也担心中国在教育、科技方面赶超美国。当然他们最担心的是中国的战略意图，中国将如何运用其影响力。虽然中国一再表示，中国既没有意图，也没有能力挑战美国的地位，但他们还是心存疑虑，把中国当成最主要的对手，甚至最主要的威胁。因此中美两国增信释疑的工作应持续不断，有必要加强两国各层次的实质性对话和沟通，以减少误解、误读、误判。

这样的评说活动，有理有据，令参加活动的教师心服口服，受益匪浅。

2. 抓住说课的理论灵魂

说课不仅要说出其当然，即教什么？怎么教？而且要说出其所以然，即说出其理论依据：为什么要教这些？为什么要这样做？当前，教师的说课重在教育理论依据，教师说课主要就教育学、心理学、教学论、课程论中的有关教学原则、原理、要求和方法，以及《普通高中历史课程标准（实验）》中的指导思想、教学原则、教学要求等予以阐释，而忽略了支撑说课的史学理论依据。诚如有学者指出，失去背后理论支撑的说课是没有分量、缺乏深度的。①

教育理论和教学理念乃至史学理论，是整个说课的灵魂所在。在此，我们以历史唯物主义理论指导教学为例加以阐释。课标在"课程性质"中明确提出："普通高中历史课程，是用历史唯物主义观点阐释人类历史发展进程和规律……学会用马克思主义科学的历史观分析问题、解决问题。"② 课标在"课程目标"中明确提出："对历史唯物主义的基本理论和方法有所了解，初步认识人类社会发展的基本规律，学会运用科学的理论和方法认识历史和现实问题，逐步形成科学的世界观和历史观"，"学习历史唯物主义的基本观点和方法，努力做到论从史出、史论结合"。③ 课标在"内容标准"中还提供了一些具体指导，如在历史 II 中写到："在人类发展进程中，经济活动是人类赖以生存和发展的基础，它与社会生活息息相关，并在社会政治、文化的发展中起决定作用。"④ 这是历史唯物主义的生产观点（其展开就是社会基本矛盾学说）的运用。可见，高中历史新课程标准明确要求学生学会运用历史唯物主义的基本观点和方法，逐步形成科学的世界观和历史观。

历史唯物主义基本观点和方法究竟有哪些？这些基本观点和方法之间有何内在联系？高中历史新课程标准没有简洁明了而且相对系统的阐释，这让老师们感到困惑和难以操作。历史唯物主义是一个开放的和发展着的体系，必须注意吸收现代科学和哲学研究的最新成果。在此，我们向教师推荐董德刚新著《当代中国根本理论问题——科学的马克思主义观研究》，该著作对马克思主义的科学世界观和马克思主义哲学方法

---

① 何成刚. 历史课堂教学技能训练. 上海：华东师范大学出版社，2008. 235
② 教育部. 普通高中历史课程标准（实验）. 北京：人民教育出版社，2003. 1
③ 教育部. 普通高中历史课程标准（实验）. 北京：人民教育出版社，2003. 4
④ 教育部. 普通高中历史课程标准（实验）. 北京：人民教育出版社，2003. 10

论进行了独具匠心的阐发；① 推荐由马克思主义理论研究和建设工程组织编写的新版《马克思主义哲学》教材，这部教材以科学的方法、发展的眼光、与时俱进的精神，阐释了马克思主义哲学的基本观点；② 推荐冯一下《试论现代唯物史观的基本特征——兼论当代历史教育的指导思想》一文，该文认为唯物史观应吸取其他史观（现代化史观、整体史观、文明史观、社会史观、生态史观等）的科学精辟的观点和论述，借鉴其他史观的视角、研究领域、基本概念、研究方法和资源观等，展现唯物史观海纳百川的宽广胸怀。③ 不断丰富发展的历史唯物主义，在高中专题史教学中应发挥不可替代的指导作用和柱石性的理论支撑作用。

举一个运用历史唯物主义基本方法的具体例子。下面三段文字是人民版教材中有关农村经济体制改革的叙述：

农业集体化以后，在高度集中的经济体制中，广大农民生产积极性受到压抑，农业生产发展缓慢，农民的收入和生产水平徘徊不前。到 1977 年，农民人均口粮还没有达到 1957 年的水平。在一些地方，农民为解决温饱问题自发开始了改革农村原有经济体制的尝试。

1978 年，安徽省凤阳县小岗村农民自发实行包产到户，粮食生产获得空前丰收。安徽、四川等省的一些地方在推进实行联产到组等责任制的同时，也开始试行包产到组。1980 年，四川省广汉县向阳在全国率先取消人民公社，"改社建乡、政社分开"。

农村出现的改革势头，得到中共中央和邓小平的支持。1980 年 9 月，中共中央发出加强和完善农村生产责任制的文件，首次突破多年来把"包产到户"等同于"分田单干"和资本主义的观念，肯定在生产队领导下的"包产到户"不会脱离社会主义的轨道。在中共中央的肯定和推动下，"包产到户"、"包干到户"的责任制迅速推广，人民公社体制也随之在全国逐步废除。到 1983 年初，全国实行家庭联产承包责任制的生产队达 93%。农村经济体制的重大变革，极大地调动了农民的生产积极性，从根本上改变了农村的经济形势和社会面貌。④

人民版教材有关农村经济体制改革的叙述，自然地渗透了历史唯物主义的生产力标准和实践标准两个基本方法。生产力标准要求把是否有利于生产力的发展，作为评价一切社会现象好坏优劣的主要标准、根本标准。以上所摘教材叙述明确指出，"农业集体化以后，在高度集中的经济体制中，广大农民生产积极性受到压抑，农业生产发展缓慢，农民的收入和生产水平徘徊不前。到 1977 年，农民人均口粮还没有达到 1957 年的水平"。这说明农村高度集中的经济体制阻碍了生产力发展，必须尽快改革。实践标准要求尊重实践，尊重群众，勇于探索，要求用实践特别是其结果来检验认识的真

---

① 该书于 2009 年 10 月由河北人民出版社出版发行
② 该书于 2009 年 9 月由高等教育出版社、人民出版社出版发行
③ 中学历史教学参考，2009，（6）
④ 朱汉国主编．普通高中课程标准实验教科书·历史必修（第二册）．北京：人民出版社，2009．第 4 版．53

理性。以上所摘教材叙述把中共中央和邓小平如何运用实践标准方法清晰勾画出来。正如邓小平所说:"改革开放中的许许多多的东西,都是由群众在实际中提出来的","我的功劳是把这些新事物概括起来,加以提倡","农村改革中的好多东西,都是基层创造出来,我们把它拿来加工提高作为全国的指导"。①

人民版教材有关农村经济体制改革叙述的旁边,有一道学习思考题:"中国的改革为什么会首先在农村兴起?"教师可以运用历史唯物主义的生产力标准和实践标准两个基本方法指导学生进行分析,即农村高度集中的经济体制阻碍了生产力发展,必须尽快改革;一些地方的农民为解决温饱问题自发开始了改革农村原有经济体制的尝试,并得到中共中央的肯定和推动。得出此题答案的过程就是一个基本方法运用的过程。以上例子从高中专题史教学实践上进一步说明,引导学生学会运用历史唯物主义的基本观点和方法是非常重要的。

三、上好专题史课

上课是教师在课堂环境下,依据自己的教学设计,实现教学目标,完成教学任务的过程。课堂教学是课程实施的主要途径。新课程呼唤新的课堂教学,高中专题史课堂教学也应具有新的风采和魅力。上好专题史课的关键在于教师不断提高课堂教学专业素养,尤其要注意以下的四个方面:

1. 正确认识新课堂教学的基本走向

与新课程相对应的新课堂教学具有四个基本走向,即由狭义教学走向广义教学(由教科书到课程资源),由独白式教学走向对话式教学,由依赖性教学走向独立性教学,由知识性课堂走向生命性课堂。② 高中专题史课堂教学也不例外。

前文已经指出,历史教科书是教学的重要资源,但不是唯一的资源,有利于一节课教学目标实现的各种因素都是这节课的教学资源。在专题史教学的课堂上,教师应努力达到"扬弃"教科书、"超越"教科书的境界,教科书只不过是一个善于弹离的跳板而已。

"对话式"教学的基本理念是民主性、互动性、开放性、生成性,对话式教学因此成为课程内容持续生成与转化、课程意义不断建构与提升的过程。教学对话主要包括:(1)人与文本的对话,包括教师与文本的对话,学生与文本的对话。这是一种意义阐释性对话,它是对文本的理解与阐释,是教学中师生对话的前提之一。(2)师生对话,包括学生与教师的对话,学生与学生的对话。这是一种实践性对话,是在人与文本对话和个体经验基础上进行的合作性、建设性意义生成过程。(3)自我对话,一种反思性对话,是个体对自身内在经验和外在世界的反思。

① 邓小平文选(第三卷).北京:人民出版社,1993.291~292
② 余文森.新课程教学的基本走向.福建师范大学学报(哲学社会科学版),2008,(6)

现代教学是建立在学生的独立性的基础上，独立性既是出发点又是归宿。从客观上讲，每个学生都有独立的意向和独立的能力。从主观上讲，学生的独立意识和独立能力还有赖于教师的培养和进一步提高。高中专题史教学倡导的"独立性"教学，要求教师充分尊重学生的独立性，积极鼓励学生独立学习，并创造各种机会让学生独立学习，从而让学生发挥自己的独立性，培养自主学习的能力。

高中专题史教学倡导的"生命性"教学实际上是一种以人为对象的教学。从学生学习的角度来说，"生命性"教学一方面要求学生用"生命"来学习：用经验来激活知识，用思维来建构知识，用情感来丰富知识，用想象来拓展知识，用智慧来批判知识，用心灵来感悟知识。另一方面通过这种具有个性化、情感化、智慧化的知识养育、滋润生命，让生命变得丰富、厚重。从教师教学的角度来说，"生命性"教学一方面要求教师本身就是一部活生生的教科书，一部非常生动、丰富、深刻的教科书，一个具有巨大教育力量的榜样。"生命性"教学要求教师成为真正的心理学家，应对学生的心理了如指掌，能够真正做到想学生所想，想学生所疑，想学生所难，想学生所错，想学生所忘，想学生所乐，用自己的思路引导学生的思路，用自己的知识丰富学生的知识，用自己的智慧启迪学生的智慧，用自己的情感激发学生的情感，用自己的意志调节学生的意志，用自己的个性影响学生的个性，用自己的心灵呼应学生的心灵，用自己的灵魂铸造学生的灵魂，用自己的人格塑造学生的人格，实现真正的"以人教人"。

2. 掌握和运用课堂教学的主要技能

对课堂教学的认识属认知活动范畴，它为教师提供怎样做的信息，发挥着定向功能，解决知与不知的矛盾；课堂教学的技能属实际活动范畴，将相关信息转化为相应动作，承担着执行功能，解决会与不会的矛盾。上好高中专题史课，教师应掌握和运用的主要技能，包括导入技能、板书技能、提问技能、史事过渡技能、概念阐释技能、教学语言技能、运用教具技能、总结技能。[①] 此外，还应掌握和运用观察技能、倾听技能、导读技能、管理技能、表扬技能、多媒体应用技能等。下面重点说明一下导读技能和讲授技能。

"导读技能"即如何引导学生自学和思考的技能。由"依赖性"教学走向"独立性"教学是新课堂教学基本走向之一，教师指导学生自学是课堂教学中的一种非常重要的教学活动。教师的引导能够保证让学生在有意义的思考路线上进行有意义的探索，从而避免学生盲目的瞎猜和无效的活动，这是提高专题史教学效果和效率的关键。当然，教师的引导不能太具体、太"露骨"，否则就无需学生的自主活动。指导学生阅读，一定要做到"四个明确"：明确时间（用几分钟），明确内容（学习教科书的第几页，补充材料某部分），明确方法（在自学时要运用什么方法），明确要求（在自学时

147

---

① 于友西. 中学历史教学法. 北京：高等教育出版社, 2009. 194～224

要思考哪些问题），只有做到了"四明确"，学生才能高效率的学习，并养成自学的良好习惯，提高自学能力。

"讲授技能"是教师必须修炼的基本技能。苏霍姆林斯基曾说过，教师的语言修养在很大程度上决定着学生在课堂上的脑力劳动的效率。新课改背景下，讲授的意义和价值仍然不容忽视。目前的课改有一种不好倾向，一提到新课改，老师就不敢讲，讲多了就被扣上"满堂灌"、"一言堂"的帽子。在这种误区的驱使下，"少讲多活动"成了"有效"实施专题史教学的"法宝"。其实，课标倡导老师采用多样化的教学手段和方法，实则包涵了老师讲授的方法和学生的探究活动。专题史教学离不开教师的讲授，尤其是有关历史细节的描述。有老师就专题史教学的讲授归纳为"三讲三不讲原则"。"三讲"即"讲重点、讲难点、讲疑点"，"三不讲"即"学生已会的不讲、学生自己可以学会的不讲、讲了学生也不会的不讲"，这是值得老师们借鉴的。教师作为"平等中的首席"，应通过语言的引领激发学生主动参与学习的求知热情，同时在有效讲授中可开展诸如材料研习、问题讨论、问题辩论等探究活动。只有"讲授与活动"并重的过程，才是真正实现师生互动的过程，这样的课堂才是有效的课堂。①

3. 领悟和升华课堂教学策略

教学策略是指在不同的教学条件下，为达到不同的教学结果所采用的手段和谋略。好的教师就像好的医生一样，有一整套对症下药的方略以及随机应变的能力（机智）。技能可以"手把手"地教，耳提面命地传授，策略则只能在实践中加以领悟和升华。

教学策略的主要内容在前文已有说明，② 这里先谈谈其中的教学机智问题。教学策略是教师对教学活动的自我调控能力，教学机智是教师在教学实践活动中的一种随机应变的能力。课堂教学是一个复杂的系统，它充满变化和问题。任凭教师有多丰富的经验，事先又如何周密的设计，在教学过程中总会碰到许多新的"非预期性"的教学问题，教师若是对这些问题束手无策或处理不当，课堂教学就会陷入困境或僵局。富有教学机智的教师面对偶然性问题和意外的情况，总能灵感闪现，奇思妙策在瞬间激活，机动灵活地实施临场应变。专题史教学特别注重教师的教学机智，因为高中历史新课程所期待的课堂应该是生命相遇、心灵相约的场所，是质疑问题、探究问题的地方。

再谈谈教学策略中的教学方法问题。教学策略包含对教学过程的元认知和对教学过程的自我监控和自我调整，教学方法因更为具体、更具有操作性，在某种程度上可看作是教学策略的具体化。专题史课堂教学的基本方法主要有讲授法（含讲述法、讲解法、讲读法、讲演法）、谈话法、演示法、图示法、讨论法等。这里着重谈谈讨论法。

---

① 陈辉. 路漫漫其修远兮，吾将上下而求索——走出课改误区，有效实施专题史教学. 教育部 2010 年普通高中课改实验省教师远程培训历史学科研修简报.
http：//xkg2010. teacher. com. cn/Briefing/BriefingComment. aspx？BriefingID＝99281
② 参见说好专题史课"说程序策略"

讨论法是在教师的指导下，由全班或小组学生围绕某一问题进行交流、切磋，从而相互学习的方法。这种方法既可以发挥教师的指导作用，也可以有效地体现学生的主体地位，是师生交流最为直接的一种方法。学生在群体思考过程中，相互启发、相互激励，可以有效地加深对所学知识的理解。但目前一些专题史课堂教学中，讨论法的运用效果并不理想。究其原因很多，其中两点很值得研究：一是教师对课堂上组织学生讨论的活动缺乏周密的谋划；二是教师缺乏参与学生讨论、启发讨论思路或深入的有效方法。

鉴于此，我们认为，教师对专题史课堂上组织学生讨论的活动应备课到位。具体包括：（1）在本课教学的哪个环节上组织讨论；（2）针对什么教学内容进行讨论；（3）讨论的主题是什么，跟进或附带的问题是什么；（4）在开展讨论时采取什么样的组织形式；（5）预设的讨论结果是什么，如果预设的结果与实际讨论的结果发生冲突或矛盾时，该如何处理；（6）教师是否参与讨论，如何参与讨论；（7）讨论所用的时间是多少等。只有教师对课堂上的讨论活动进行充分的筹划，才能有效地引导和激活学生的课堂讨论，课堂讨论才能取得满意的教学效果。另外，聂幼犁教授介绍的有关历史研究性学习中，教师参与学生讨论的比较常用而且较为有效的方法，如阶梯法、史实法、逻辑法、置疑法、类比法等，可供教师指导专题史课堂讨论时参考。①

4. 提升课堂教学的文化素养

教学技能、教学策略基本上都属于就教学论教学的狭义的教学素养，专题史课堂教学水平、教学境界的全面提升有赖于教师文化素养的提升。教师文化素养是指教师经过较长时间培育而逐渐形成的一种涵养，是教师的学识水平、知识视野、思维品质、创新意识、审美能力、气质品位、价值取向、人格修养等的总和。在目前一些专题史课堂教学中，我们可以看到教师可以流利地讲述教学内容，耐心详细地讲解课后的思考练习题，面带笑容地倾听学生的讨论，灵活熟练地操作多媒体，一切都好像完美无缺，但有一个巨大的遗憾，那就是教师本应有的文化素养的缺失。具体表现在：历史专业知识贫乏，以本为本，搬教参，对答案，教不活，化不开，缺乏见解力和创造性，教学没有深度和厚度，责任心似乎挺强，艺术性却很差，心灵缺乏阳光，难与学生交往沟通。教师文化素养的缺失将导致专题史课堂的形式化、浅层化、机械化和僵化。

教师的文化素养是难以"培训"和"灌输"的，只能靠日积月累的"浸润"和"孕育"，在学习、实践和反思中逐渐提高。其中，阅读（向书本学习）是提高文化素养的基础，苏霍姆林斯基在《给教师的建议》一书中，十分强调教师的读书学习，他指出，教师的教育素养主要取决于教师的读书，他提倡教师"要把读书当做第一精神需要，当作做饿者的食物"。就从事专题史教学的教师而言，应加强阅读下列书籍：

---

① 聂幼犁. 从"火烧曹宅对不对？"看中学历史学科研究性学习. 历史教学，2004，（9）

（1）高中历史课程标准和不同版本的高中历史教科书，如人民版、人教版、岳麓版、北师大版（即原大象版）等。

（2）高中历史新课程有关研究书籍和指导书籍。如朱汉国主编的《普通高中新课程教学研究与案例丛书：历史教学研究与案例》，以及《高中新课程必修课教与学：历史Ⅰ、历史Ⅱ、历史Ⅲ》（高等教育出版社，2007）等。

（3）重要史学著作和历史期刊。史学著作方面，如《中华文明史》（袁行霈主编，北京大学出版社，2006）、《世界史》（齐世荣、吴于廑主编，高等教育出版社，1992）、《中国通史》（白寿彝主编，上海人民出版社，2005）、《世界文明史》（马克垚主编，北京大学出版社，2004）、《全球通史》（［美］斯塔夫里阿诺斯，上海社会科学出版社，2002）等；历史期刊方面，如《历史教学》、《历史教学问题》、《中学历史教学》、《中学历史教学参考》、《历史研究》等。

（4）教育学、心理学、学科教学论方面的书籍。如《教与学的策略》（张大均主编，人民教育出版社，2003）、《合作学习与课堂教学》（伍新春、管琳著，人民教育出版社，2003）、《探究学习与课堂教学》（刘儒德主编，人民教育出版社，2006）、《接受学习与课堂教学》（刘衍玲、吴明霞主编，2007）等。

（5）最新哲学著作。如前文推荐的《当代中国根本理论问题——科学的马克思主义观研究》、新版《马克思主义哲学》等。

教师要阅读的内容还有很多，如阅读一些科普读物和科技史著作，避免在讲授科技成就时无话可说，或似懂非懂"照本宣科"；阅读一些名篇名著，以提高人文素养等。需要说明的是，教师工作忙碌，阅读应有选择性和针对性，应以全面提升专题史课堂教学水平、教学境界为主要目标。

综上所述，我们从课堂教学的认识（观念层面）、课堂教学的技能（操作层面）、课堂教学的策略（能力层面）、课堂教学的文化素养（人格层面）四个层面论述了教师如何不断提高课堂教学专业素养，这些都是上好专题史课不可或缺的条件。

四、反思专题史教学

教学反思是指教师以一定的教育教学原则为指导，理性审视自己的教学实践，或给予肯定、强化，或给予否定、修正，从而提高教学效益和自身素养的过程。勤于反思是教师成长的必由之路。美国著名学者波斯纳提出一个公式：教师成长＝经验＋反思。北京师范大学教授林崇德提出：教师成长＝教育过程＋反思。前苏联教育家赞可夫指出："没有个人的思考，没有对自己经验寻根究底的精神，提高教学水平是不可思议的。"华东师范大学教授叶澜指出："一个教师写一辈子教案难以成为名师，但如果写三年反思则有可能成为名师。""20 年的教学经验，也许只是一年工作的 20 次重复；除非……善于从经验反思中吸取教益，否则就不可能有什么改进，他可能永远只能停留在一个新手型教师的水准上。"中外教育家普遍认为，不愿和不善教学反思的教师不

高
中历史教师专业能力必修

可能成为优秀教师。这对从事专题史教学的教师的启示是：一定要加强教学反思，对自己的专题史教学实践进行持续不断的全过程反思。反思专题史教学，尤其应注意以下几个方面。

1. 具有问题意识，捕捉反思对象

有问题、有障碍才会有思考、有分析。教师在开展专题史教学反思活动时，要注意形成自身的问题意识，要善于在稍纵即逝的现象中捕捉问题，在貌似没有问题的地方发现问题。如果教师有明确的问题意识，就可能在教学的方方面面发现问题。比如，在教学目标方面，可以反思教学目标是否完成，如果没有完成的话，原因是什么，教学目标设置得是否合理；在教学内容方面，可以反思单元教学内容在模块体系中的位置是否合理，教学重点、难点的处理是否得当，知识的教学价值是否得到发掘，历史细节的补充是否需要，什么样的教学内容是学生感兴趣的；在教学方法方面，可以反思什么样的方法比较适合于本节课的内容，学生对于讨论法、小组合作学习法等是否适应；在教学程序方面，可以反思教学的导入、教学的推进、教学的结束等环节是否衔接得恰到好处，各环节花费时间是否合理；在师生互动方面，可以反思教师是否过多地占用了课堂教学时间，是否过度地使用了预设，是否过分地强调了课堂纪律，学生在课堂教学中是否积极参与，学生在课堂上是否敢于提出不同于教师、不同于同学的看法，学习困难的学生是否处于师生互动的边缘；在历史学科教学特色方面，可以反思是否做到叙事清楚，线索明晰，论从史出，史论结合，情理交融，明理启智等。

下面，举一个反思——"古巴导弹危机"在人民版历史必修 I《美苏争锋》一课中有哪些教学价值的例子。根据课标的阐述，以下两点是本课题学习目标的重要组成部分：（1）从多维的角度辩证地认识美苏之间的"冷战"对第二次世界大战后国际关系发展的影响；（2）从"冷战"政策和两极对峙格局的形成史实中认识到霸权主义的危害，明确国家实力，特别是经济实力将决定一个国家在国际关系中的地位。

我们在听了几节青年教师的同课异构《美苏争锋》课之后，发现"古巴导弹危机"在实现本专题学习目标中有重要的价值，具体表现在：

一是有利于认识霸权主义的危害。危机严峻时刻，美国调动了 180 艘舰船（包括 8 艘航母），68 个空军中队，战略轰炸机携带核弹升空，战略核潜艇出海，另有 5 个师的部队集结在佛罗里达，全球美军处于核战备状态。苏联坚决拒绝美国军舰的拦截，指责美国实行海上封锁是史无前例的海盗行为，是"朝着热核战争走去"，表示如果美国敢于发动战争，那么苏联将进行"最猛烈的回击"，"苏联有必需的一切"，宣布苏联和华沙条约组织国家的武装力量立即进入最高战备状态。双方剑拔弩张，第三次世界大战大有一触即发之势，人类面临一场热核战争的严重危险。

二是有利于认识美苏之间的"冷战"对二战后国际关系发展的重要影响。即在冷战的大环境下，美苏双方势均力敌，在近半个世纪里避免了新的世界大战的爆发。古巴导弹危机的最终结果，双方达成妥协：苏联将全部拆除部署在古巴的导弹，并在联合国进行核查之后运回本国；美国允诺拆除前不久刚刚在土耳其部署完毕的导弹基地，并保证不会发动对古巴的军事进攻。

三是有利于明确国家实力决定一个国家在国际关系中的地位。如美国凭借最强大的实力，迫使最初强硬的苏联很快屈服下来，不仅按美国的要求拆除了导弹，甚至还屈辱性地接受了美军登舰检查。古巴导弹危机最终结局表明，实力更强的美国在当时美苏争锋中居优势地位。

通过以上反思，使我们充分感知了专题史课堂教学中，发掘知识教学价值的重要性，从而为今后的教学提供了良好的借鉴。

2. 秉承历史课改理念，形成反思参照标准

高中历史课程新理念主要有：面向全体学生；全面发挥历史教育的功能；课程内容贴近学生生活、贴近时代、贴近社会；转变教师教学方式；倡导学生主动学习；建立综合评价体系。教师在教学反思时，应该对照这些新理念来审视自身的教学实践，思考自己的教学在多大程度上体现了新理念的要求，还需要在以后的教学中做些什么。这样的反思会使新理念逐步在专题史课堂上得到体现和落实。

下面是一个"反思教师转变教学方式、学生主动学习"的例子。前文所述的关于"古巴导弹危机"的认识，仅仅局限于本专题预设的学习目标，教师当然不能将上述认识硬灌给学生，而应凭借自己不断提升的教学素养（启发、机智、组织），激发学生主动性（独立性、自主性、创造性）。具体说来，可作如下设计：在生动、具体、有重点（有思维价值有启发意义部分）地介绍"古巴导弹危机"的史实后，要求学生讨论"古巴导弹危机的发生和结局给予我们哪些启示"。简单的设计，却带来了良好的效果。从我们所听的几节《美苏争锋》课堂教学效果看，学生对"古巴导弹危机"学习兴趣高，很多学生都有感而发，学生的发言基本上能够涉及或丰富以上关于"古巴导弹危机"的认识，甚至超越上述认识。

如有学生讲道：关键时刻，要敢亮剑。美国亮剑，苏联拆弹。苏联亮剑，美国也拆弹。学生讲得好啊！"古巴导弹危机"中，美国亮剑，苏联亮剑，的确在一定程度上维护了各自的国家利益。为了维护国家利益，一个国家敢于并善于亮剑确有必要。在苏德大战一触即发的 1939 年 5 月，日本关东军开始在中蒙边界的诺门坎地区向苏军进行小规模的军事挑衅。斯大林立即意识到巨大的、毁灭性的危险从天而降，如果不敢亮剑，今后苏联将面临着东西两个方向与强敌交手的困境。于是，他立即派出苏军的中流砥柱朱可夫元帅，集中数倍于敌、最精锐的机械化军团，以牛刀杀鸡的战术对日军进行毁灭性打击，迫使日本不敢窥视苏联，转而将战争目光投向太平洋，随后还与苏联签署了《苏日中立条约》。在本课提及的朝鲜战争前期，中国实际上不是交战国，但中国与美国处于战争边缘状态，美国的空中力量已经不断袭扰我东北境内。在多方权衡利弊的基础上，中国在当时国民经济极度困难，部队装备严重落后的情况下，仍然坚持主动出击，把美军挡在三八线以南。试想，如果中国不敢亮剑，消极应对这

高中历史教师专业能力必修
Gao Zhong Li Shi Jiao Shi Zhuan Ye Neng Li Bi Xiu

场威胁，也许躲避了战争，但此后我们将长期在东北边境、黄海与美、韩、日处于战争边缘状态，极不利于国家的发展。需要提醒学生的是，古巴导弹危机中，美国亮剑，苏联亮剑，争霸世界意图明显，霸权主义危害严重。1939年5月苏联亮剑，朝鲜战争时中国亮剑，是为了保卫和平，反对霸权主义。还可以提醒学生的是，国家实力决定一个国家在国际关系中的地位，国家实力应包括亮剑精神在内的民族精神。

再如，教师在上课时补充了下列材料，本想说明美苏双方势均力敌，都不敢轻易发动新的世界大战。但学生在谈感悟时更多谈及肯尼迪的智慧：在古巴导弹危机中，肯尼迪对苏联既有对立、斗争，又有妥协、退让，古巴导弹危机最终和平解决。尤其是在危机严峻时刻，肯尼迪禁止到海上很远的地方去拦截，以便让装有导弹的苏联船只有更多的时间停泊返航，并宣称赫鲁晓夫主席还有机会把世界从毁灭的深渊中拯救出来。这给双方妥协留下余地。

面对核战争的威胁，肯尼迪采取了谨慎和冷静的态度，他汲取了猪湾事件的教训，不理会军方顾问的意见，而是和他的总统班子发明了在历史上或国际法上均史无前例的做法：对岛国古巴实行局部海上封锁，对前往古巴的一切船只都要经过停船"检疫"，并美其名曰"隔离"。紧张局势持续了一个星期，肯尼迪亲自指挥检疫规队，禁止到海上很远的地方去拦截，以便让装有导弹的苏联船只有更多的时间停泊返航。他呼吁苏联领导人停止和消除这次秘密的、莽撞的和对世界和平进行挑衅的威胁，并宣称："赫鲁晓夫主席现在还有机会把世界从毁灭的深渊中拯救出来。"经过肯尼迪的努力，赫鲁晓夫终于拆除了导弹。

——《美国总统全传》第845—846页

学生的发言不时照亮整个课堂，"生命性"课堂就这样在学生智慧的闪烁中铸就。研究表明，在影响教育行为的诸多因素中，有一个因素是居于核心与灵魂地位的，那就是学生的主动性。它是一个学生的"脊梁骨"，没有它的支撑，学生是无法"站立"的。歌德说过："谁不能主宰自己，永远是个奴隶。"如果教师执著于"灌输"或者"填鸭"，实际上就是对学生的主动性的蔑视和控制。他们被动地"学"，被动地接受教师的影响，逐渐就会失去对学习的热情。真正的教育就是这样一种大智慧，具有激扬学生主动性的无穷魅力。

3. 掌握教学反思中的技巧

专题史教学中，教师应掌握三种教学反思中的技巧。[①] 首先，学会用"第一只眼"看自己。教师自己上课，不容易发现问题，不容易突破自身的条条框框和思维定势，上完课往往是自我感觉良好，发现不了真正的问题。把自己的课实录下来，或许大多数老师对自己的课堂会有"不识庐山真面目，只缘身在此山中"的感叹。其次，学会借"第二只眼"看自己。教师应注重从同行优秀教师中收集典型案例（书面的、现场

---

① 何成刚. 历史课堂教学技能训练. 上海：华东师范大学出版社，2008.226~227

的），对比反思自身存在的问题，学会借一双"慧眼"帮助自己走出困境。第三，学会从"第三只眼"看自己。教师可以从学生那里获得自省中无法获得的启迪，学生从自己的实际需要、兴趣、爱好出发，对教师的教学作出评价，使教师不仅能够清醒地认识到自己教学上的优点和不足，而且能够更深入地了解学生的真实感受和成长需要。

除以上三种教学反思的技巧外，我们认为还应学会借"第四只眼"看自己，即借鉴专家学者研究成果（与专题史教学主题有关的）反思自己的教学。如吕明灼在《新抗战史观》中指出：在纪念抗日战争 60 周年之际，大陆抗战史观正在悄然转变中：在强调全民族团结抗战的伟大民族精神与实事求是思想指导下，肯定国民党正面战场在整个抗战中的地位与作用，赞扬国民党抗战将士的爱国精神，承认国民党与共产党共同领导抗战，正面认识抗战时期的蒋介石。借鉴这种新抗战史观反思我们的抗日战争教学，教师会有新的收获。[①] 又如张树华在《中国道路的政治优势与思想价值》中，强调民主的民族性和主权性，强调民主的历史性和具体性，强调民主的成长性和阶段性，强调民主的差异性和关联性，强调国际关系民主化。[②] 借鉴这种民主价值观和民主发展观反思我们的历史必修 I 教学，教师也可以获得新的启迪。再如，中共中央党史研究室精心编著的《中国共产党历史》第二卷（1949—1978），以大量历史资料为依据，吸收近 30 年来党史学界重要研究成果，全面记载了 1949 年 10 月中华人民共和国成立至 1978 年 12 月党的十一届三中全会召开这段历史。[③] 借鉴这部党史著作的研究成果，反思专题史中中国现代部分有关教学内容，教师会有新的感悟和启示，如：必须坚持以马克思主义为指导，继承我国各民族优秀文化，吸收世界先进文明成果，弘扬以爱国主义为核心的民族精神和以改革创新为核心的时代精神，大力发展社会主义先进文化，建设社会主义核心价值体系等。[④] 需要强调的是，"学者们的成果只供借鉴，并不能够代替我们去思考，每位教师和学习历史的学生都应该有自己观察社会的视角，也应该有自己思考历史的心得。""历史学之所以能够成为历史学，完全有待我们从解释和评价的层面上给予它生命。但是，这些解释和评价必须是经过学生的头脑思考出来的，而不是鹦鹉学舌地背诵别人的结论，这也是有效历史教学和无效历史教学的重要分水岭。"[⑤]

五、听评专题史课

听课和评课是一种教师的日常专业学习活动，其目的"一是考察课堂教学的信度和效度；二是研讨课堂教学的经验与教训"。同时，它也是一种合作研究活动，旨在让

---

① 详见齐鲁学刊，2006，（3）
② 详见红旗文稿．2011，（1）
③ 该书于 2011 年 1 月由中共党史出版社出版发行
④ 欧阳淞．准确把握党的历史的主流和本质．人民日报，2011－1－13．（9）
⑤ 黄牧航．史学观念的转变与高考历史试题的命制．中学历史教学参考，2008，（3～4）

教师们经历一种合作、对话、探究的专业体验，一起探讨一些具体的关于课程和教学方面的问题，以促进教师的专业发展。大力开展听课、评课活动，通过批判、反思、对话，研究并改进专题史教学中存在的问题，对于每一位教师教育观念的更新，教学思想的完善、教学行为的改变、教学特色的形成、教学水平的提高都起着不可忽视的作用。

听课评课是一门科学。"善观察者可见常人所未见，不善观察者入宝山空手而回。"听课评课要听出特点，抓住实质，评出水平，发挥出听课评课的多项功能，并非是件易事。教师必须了解听评课的一些常识和理论，并将这些常识和理论与新课程背景下高中专题史教学特点相结合，才能努力使自己成为一个更加专业的听评课者，并从中受益。

（一）听课——在观察中把握课堂教学的真谛

1. 听课的目的

听课的目的是多种多样的，就教师专业成长的角度来看，听课的目的主要有以下几个方面：

（1）观摩别人的课堂教学经验。在听课的过程中，听课人最重要的任务，并不是去批判授课人的缺点是什么，而是去发现授课人的优点是什么。只有竭力去发现授课人的优点，虚心向授课人询问产生这种优点的原因，并将其移植到自己的教学活动中，才能优化与改造自己的课堂教学经验与情境，让自己的课堂教学优点更加突出。

（2）反观自己课堂教学的优势与不足。课堂教学是一项艺术性强、个性化突出、没有终点的工作，每一位教师都有着自己独特的课堂优势，也有需要不断弥补的不足。当我们仅埋头于自己的课堂时，有时既不敢肯定自己的优势，也不太愿意承认自己的不足，对自身课堂教学的评判是不够客观的。而当我们作为听课者走进他人的课堂时，授课人向我们呈现的是一个真实的教育情境，在这个情境中，授课人的优缺点都表露无遗，我们通过对他人真实课堂的观察，可以反观自己课堂教学中的优点与不足，从而增强对自己课堂教学评判的客观性，明确自己的努力方向。

（3）探寻课堂教学的基本规律。我们可以套用"一百个人眼中有一百个哈姆雷特"来说明课堂教学，那就是"一百个教师就有一百种课堂教学"。尽管课堂教学是教师教学个性化的集中体现，但并不意味着课堂教学就完全依赖于教师个体的个性而缺少课堂教学自身的共性。课堂教学的成功是有规律可循的，我们走进他人的课堂听课，就是为了在观察、交流、碰撞中探寻课堂教学的基本规律，找出课堂教学实践走向成功的共同原因，使我们的课堂教学更具有效性。

2. 听课的基本要求

（1）听课前要有一定的准备

首先，要形成正确的课堂观察理念。所谓课堂观察，就是指研究者或观察者"带着明确的目的，凭借自身感官（如眼、耳等）以及有关辅助工具（观察表、录音录像设备等）、直接或间接（主要是直接）从课堂情境中收集资料、评价得失的一种教育科学研究方法。"[1] 课堂观察理念来自于听课人的阅读与观察，更多的来自于对课堂教学的感悟与体验。当我们走进他人的课堂时，有着什么样的课堂观察理念，就会在他人课堂中观察到什么内容，也就是说，课堂观察理念决定着课堂观察的效果。随着课程改革的不断深入，新的思想、新的方法、新的问题、新的经验不断涌现，我们只有与时俱进，进一步学习和理解史学理论，了解史学研究和课程改革的新成果，掌握新的教育教学理念和方法，及时吸取课程改革实践中的经验和教训，才能提高自己听课的品位，准确地发现教师课堂教学的优缺点，增强听课的针对性和有效性。

课堂观察的理念主要包括：① "听别人的课"是为了"建设自己的课"。当我们以建设自己的课堂为出发点来参与和体验他人课堂时，就会更乐意于认可并借鉴他人的优势，理解他人课堂的不足，并在自己的课堂中加以回避。② "以学论教"。美国课程专家泰勒（R. W. Tyler）说："学生的学习取决于他自己做了什么，而不是教师做了什么。"一旦我们站在学生的立场上观察课堂，就会发现，决定课堂进程的，并不是教师的教学设计，而是学生的学习进程；判断课堂教学成功与否的标准，并不是教师本人能力如何与表现如何，而是教师教学对学生学习的引导与帮助有多大。这样一来，我们自然就会把学生的学习活动和状态作为课堂观察的焦点，以学的方式讨论教的方式，以学的状态讨论教的状态，以学的质量讨论教的水平和质量，通过学生的学来印证和考察教师的教。③ "怎么教"服务于"教什么"。要提高课堂观察的品质，不是在课堂观察中如何表现自己的"听评课能力"，而是应更有效地拓展自己课堂观察的视野，在观察授课人课堂教学活动与教学表现的同时，更要将授课人的教学活动与课堂教学情境和教学内容结合起来。不管教师在课堂上"怎么教"，那只是方法和手段而已，"教什么"始终是课堂教学的中心，如果"怎么教"凌驾于"教什么"之上，就会使课堂教学变得"华而不实"。

其次，要有明确的目的，制订可行的计划。作为听课教师来讲，除了明确听课的一般目的外，还应明确自己每次听课的具体目的，最好是在每个学年之初就制定一个明确的听课计划和安排。例如，本学年度计划听本校或外校哪位（或哪几位）教师的课；听课的主要内容是什么（哪个年级？哪个教学专题？哪一类课型？）；听这位（或这几位）教师的课所要达到的目的是什么（如何解读课程标准？如何处理重难点？如何整合教材资源？如何引导学生自主探究？）等。

第三，要了解课标、教材、学校和教师的基本情况。在新课程的背景下，不同版本的教材、不同的年级有不同的教学内容、教学方法及教学要求。就教师而言，听课者对高中历史课程标准的总体要求以及各学习模块的具体要求都应了然于心，并且对选用的课标教材的相关内容也应有所了解。这样，才能在听课过程中，听出授课教师

---

① 陈瑶. 课堂观察指导. 北京：教育科学出版社，2002. 1～2

是否遵循了新课标的要求，是否抓住了教学的重点、突破了教学的难点；学生是否掌握了所学内容，师生是否完成了教与学的任务等。

另外，不同的学校、不同的教师、不同的学生会有不同的教学传统、教学特色、教学风格、教学基础、教学方法、学习习惯和认识水平等，听课者应尽可能通过各种方式进行一些了解，以便增强听课的针对性及评价的客观性和公正性。

（2）听课中要认真观察和记录，做到"四到"

听课不仅是复杂的脑力劳动，而且要讲究方法和技能，努力做到"四到"，即"耳到"、"眼到"、"手到"、"心到"。

"耳到"——仔细聆听师生对话。听授课教师语言是否流扬、表达是否清楚；是否突出了重难点，详略是否得当；是否有知识性错误；教师对学生的启发是否得当；学生讨论和发言是否能围绕主题；教师授课是否有创新之处；是否体现新课程理念和方法。

"眼到"——一看教师主导作用发挥得如何，包括教师的精神状态、教态、板书、多媒体或教具的使用情况、教法的选择、对学生学习方法的点拨、对课堂生成问题的处理是否巧妙等；二看学生主体作用发挥得如何，包括学生的情绪、注意力、思维活跃程度、举手发言和思考问题的情况、全体学生积极性的调动及参与教学活动的时间、师生情感交融的氛围等。

"手到"——做好听课记录。听课记录主要包括两个方面：一是教学实录；二是教学点评。教学实录包括：①听课年月日、学科、班级、执教者、课题、第几课时等；②教学过程（包括教学环节、教学内容和板书提纲）；③教学时采用的方法；④各个教学环节的时间安排；⑤学生活动情况；⑥教学效果等。教学点评是听课者在课堂观察过程中触景生情碰撞出的"火花"，它是听课者对课堂中表现出的教学思想、教学设计、教学方法、师生互动情况、教学中的精彩创新与失误之处等的初步分析、评估和建议。好的听课记录应是实录与点评兼顾，详略结合，突出重点，文字精练。特别应注意的是，做好教学点评往往比实录更重要。当我们把观察到的课堂活动中对自己最有感触、最能够激发自己课堂思考的内容（即课堂灵感）记录下来后，才会让我们对课堂的思考更为深刻，也更具有实际意义。

"心到"——边听、边记、边思考。在课堂观察中听课者对课堂的体验至关重要。只有静下心来体验课堂，才可能以学生的心态来评析这堂课；才有足够的理性来分析与鉴别这堂课，并不时地把授课者的理解、感悟及教法与自己作比较，从他人的课堂教学中，来反观自己课堂教学中的优势与不足，从而提升自己对课堂教学的认识。

（3）听课后要思考、整理听课记录，积极参加评课交流活动

英国著名哲学家和经济学家约翰·斯图尔特·密尔曾说过："一个人能够对某个问题有所知的唯一办法，是听不同的人对这个问题所提出的不同意见，了解具有不同思维特点的人是如何使用不同的方法来探究这个问题的。"鉴于此，听课后，我们应及时

整理听课记录，进行理性的思考，归纳、总结出具有共性的东西，并积极参加评课活动，虚心听取并记录授课者的自述与自评，记录其他听课教师的评价，认真反思，以便于调整自己的思路，纠正自己可能存在的认识错误，并在听取别人的发言中学会借鉴经验，提高自己。①

（二）评课——在交流对话中促进教师的专业发展

1. 评课的目的

评课是为了促进教师的相互交流和学习，使理念在碰撞中得到升华；技能、技巧在探讨中得到改进；业务水平在学习中得到提高。传统意义上的评课是在综合分析课堂信息的基础上，指出教学的主要优点和不足，并对课堂教学的好坏下结论、作判断。而新课改背景下的评课是参与者共同体验课堂、收集课堂信息，并依据这些信息，围绕集中研讨的话题，提出问题、发表意见、展开对话，促进参与者深层次的理性思考。在一定程度上，它依据课堂，却又超越了课堂。这种评课有助于把教师培养成具有批判精神的思想者和行动者，有助于课堂教学的改进，有助于教师的专业发展。

2. 评课的标准

苏轼有诗云："横看成岭侧成峰，远近高低各不同。"看山如此，看课亦然。一堂课仿佛一面多棱镜，因听课者的不同、评价角度的不同，人们对同一堂课会有不同的理解和认识，仁者见仁，智者见智。什么样的课才算得上是一堂好课？上海市语文特级教师于漪认为："观念的转变影响改革的全局，观念转变了，就能居高临下，看得清楚，看得透彻，纠缠在一起的问题也比较容易剥离，一通百通。"可见，先进的教育思想是听好课、评好课的必要前提。在新课程改革背景下，发掘、评判一节课的课堂价值，一定要从新课程改革的理念和要求出发，将最大限度地促成学生的有效学习，促进全体学生全面发展作为课堂教学的核心价值追求。正如著名的历史教学专家赵恒烈先生所说："一堂好课的客观标准就是看学生真正得到了多少东西。"对历史课堂教学的评价不是仅仅关注教师本身的各种教学行为，而是通过对学生学习的深度关注来评价教师的教学行为，从学生学习与发展的角度去评价教师的教学成效。② 基于以上认识，我们在评价新课程背景下的高中专题史课是否是一堂有效的好课时，应该从以下几个方面来加以把握。

（1）教学目标：①能以课程标准为依据，根据具体教学内容和学生的实际情况制定教学目标，使教学目标具有针对性和层次性。②教学目标达成意识强，贯穿教学过程始终。

（2）教学内容：①能体现新史观，吸收史学前沿成果。②教学内容安排有序、重难点突出，呈现科学、合理的知识结构，符合学生的认知规律。③联系学生实际，能

---

① 参阅刘旭. 新课程理念下的课堂教学：听课/说课/上课. 成都. 四川教育出版社，2005.
② 参见周仕德. 让评课标准成为教师专业发展的蓝本. 原载中国教育报，2008-7-4.（6）

开发、利用已有课程资源，注意课内外及其他学科知识的贯通与渗透，关注历史问题的现实思考和现实问题的历史反思。④凸现情感态度与价值观教育。

（3）教学过程：①环境创设。能够利用历史学科丰富多彩的史料，创设生动的教学情景，激发学生学习、探究的兴趣，激活学生思维；教师尊重学生人格和个性差异，允许学生"有异议"或"犯错误"，善于营造出和谐、民主的课堂教学氛围。②教学环节。善于发挥学生的主体作用，关注学生参与的广度和效度；善于组织、指导学生自主学习和探究，教学秩序井然。③教学方法和手段。教学方法灵活多样，教学辅助手段先进，现代媒体技术使用恰当；注重学法指导，课堂设问精心巧妙、启发性强，并引导学生对问题进行深入的思考，培养学生的学习能力。④学生活动。学生学习的主动性较强，参与面广，积极合作，思维活跃，个性突出，敢于表达和质疑。

（4）教学特色：①学科特色。叙事清楚，线索明晰；论从史出，史论结合；情理交融、明理启智。②教师个性教学特色。教师学科素养深厚，理解历史问题深刻、独到；有学科教学的创新精神和为人师表的人格魅力。

（5）教学效果：①达成教学目标。通过师生双边活动，使学生完成了有效学习。不仅能使全体学生在有限的课堂教学时间内掌握最基本的历史知识与史学研究方法，建立科学的知识结构；还能在探究能力、合作精神、严谨的治学态度等方面有切实地提高，有效地落实教学的三维目标。②使学生认识和理解历史与现实的联系，"以史为鉴"。③课堂教学中能够从历史的视角给学生以美的享受。④教师和学生都感觉愉悦、舒畅。

"一堂好的历史课"的标准，就是我们评价专题史课堂教学优劣的指针，其中，最基本的指针应当是对学生深层发展的深切关注。我们应该把以上标准视作教师专业发展的蓝本，并将其作为指引自己进行专题史教学设计，以及课堂管理等活动的基本理论与操作框架。在此标准的指引之下，把听评课作为教师专业发展的重要途径，通过交流互动的听评课活动，审视自己在行为、理念上的不足，并以此作为进一步改进自身教学的起点和动力。

3. 评课的原则

评课是授课者与听课者之间互动、交流教学心得，共同研究、提炼教学规律，提高教学水平的活动。因此，评课者在评课时应遵循一些基本原则，如求真务实的原则、激励性原则、突出个性的原则、讲求艺术的原则等，以便在真诚和谐的氛围中达到评课的目的。

赵恒烈先生曾经说过，一个教师思想开阔，观点正确，知识渊博，教法灵活，就能把课教好。在博采众长、集思广益中加以创新，就能踏出自己应该怎样走的一条路子来。听评课活动正是我们"在博采众长、集思广益中加以创新"的最有效的途径。作为教师，在新课改背景下提高自身的听评课能力势在必行。

专题四　高中专题史教学实施

教学是师生相互交往、共同发展的互动过程。本专题通过翔实的案例，从分层自主学习、课堂问题生成、小组合作讨论、新材料研习、研究性学习、情境创设等方面探讨了当前高中新课程改革背景下，如何更新教学理念，推进教学手段、教学方法和教学形式的多样化，并在师生互动探究历史问题的过程中，如何充分发挥学生的主动性，掌握自主学习、合作学习、探究学习的方法，促使学生增强历史意识，提高历史思维能力，形成科学历史观和健全人格。

一、基于分层自主学习的教学实施

《普通高中历史课程标准（实验）》（以下统一简称"课标"）强调，教师要更新教学理念，转变教学方式，灵活运用多样化的教学手段和方法，为学生的自主学习创造必要的前提。① "分层自主学习"的理论基础一是以教师为主导、学生为主体的教学理论；二是以学生发展为中心的人本主义理论。

（一）自主学习必须分层的依据

1. 大班教学的现状

目前，中国教育受基础设施、教师资源等软硬件条件的制约，真正能够实施小班教学的学校只占极小的比例，绝大多数学校仍是大班化的教学。因此，自主学习要有效开展而不流于形式，就必须以班级学习小组为单位。

2. 学生基础的差异

大班化的班级中，学生原有的历史知识基础和学习能力等方面差异很大。教师只有对自主学习的目标合理地分层，学生才能实现在全面发展的基础上的个性化发展。

（二）分层自主学习坚持的原则

1. 分层要做到"有教无类"

这里所说的"有教无类"，指的是合理的分层。当前，课堂教学中个别教师的所谓"因材施教"，按成绩好坏对学生分层编组，对不同层次提出不同的学习要求，这看似合理，实则很不公平。形式的合理并不意味着实质的公平。因为：第一，尽管教师并非主观意愿把学生分成三六九等，但事实上给学生造成了这样的印象，这不利于学生健全人格的培养；第二，课堂是学生学习的主阵地，同时，学生绝大多数的时间

---

① 教育部.普通高中历史课程标准（实验）.北京：人民教育出版社，2003.2

是在课堂学习中度过的，如果对知识基础相对较差的学生提出"偏低"的学习要求，这部分学生就几乎没有时间弥补。因此，教师必须在充分了解本班全体学生的知识基础、学习能力、性格特点的基础上照以上几个方面按比例把学生分配到各学习小组，以实现学生之间知识的互补、性格的互补，真正实现学生"教"学生的目的。只要对学生合理分层，通过学生"教"学生，知识与能力暂时较差的学生是完全可能在"三维目标"上都得到一定程度的提升的。

2. 教师要起到主导作用

自主学习有利于激发学生的学习主动性和求知欲，培养学生独立思考并解决问题的良好学习习惯，培养学生的合作精神和人际交往能力。但是，自主学习不是教师对学生的"放任自流"，而是教师指导下的自学。当然，谁都懂得这个道理。不过，在教学实践中，自主学习要做到真正有效却很不容易。

首先，教师要精通历史教材，熟悉知识的来龙去脉，把握知识点与知识点之间的有机联系，能够把《课标》要求的知识、能力、价值观目标问题化并以此作为自主学习的目标。以人民版《历史必修·第一册》专题六"民主政治的摇篮——古代希腊"一课为例，本节的总结可通过学生自主学习完成，但教师要给学生明确的学习目标。我在教学中，给学生确立的自主学习目标如下：

总目标：概括古希腊城邦的特点及其古希腊文明产生了哪些积极影响？

目标分解：①从政治上、经济上、文化上概括古希腊城邦的特点。

②从文明史观的角度分析古希腊文明产生了哪些积极影响？

[参考答案] ①特点。政治上，小国寡民；独立自治；早期王权没有发展为君主专制；公民有广泛的政治权利，有较多机会参与城邦公共事务，有平等的参政权。经济上，农、工、商业都有面向市场的特点，商品经济发达，与古代东方国家的自然经济截然不同。文化上，创造出最具科学性与民主性的古典科学文化。

②积极影响。物质文明：发达的商品经济。政治文明：早熟的民主政治。精神文明：繁荣的思想文化。

因为自学的目标明确而具体，所教班级中不同层次的学生都基本上能自主得出类似参考答案中的结论。

其次，教师要准确把握历史学习的思维过程及其特点，能给予学生有效的自学方法的指导。例如，独立获取知识的方法、构建知识结构（体系）的方法、迁移所学知识的方法等。以历史必修 I 专题一"中国早期政治制度的特点"一课中关于"西周的宗法制"一目为例，由于教材在宗法制前冠之以"西周的"限定词，容易给学生"宗法制起源于西周"的"误解"。教师在讲授宗法制的目的、特点、影响前，首先设计了"概括宗法制形成的历程"这样一个自主学习的环节：

总目标：概括宗法制形成的历程

目标分解：①夏朝：_____；②商朝：_____；③西周：_____。

获取知识的方法：阅读教材中有关夏朝、商朝政治的内容，获取有关宗法制方面的有效信息。

[参考答案] ①夏朝：禹死启继，政治权力由"传贤"演化为"传子"，"家天下"的制度由此开始，王权在一姓中世袭，宗族关系从此成为基本的政治关系；②商朝：商代贵族以血缘关系为纽带，实行宗法制，各个宗族都是政治实体；③西周：宗法制是西周政治的典型特征。

（三）分层自主学习的实施程序

1. 教师提出学习目标

有效地分层自主学习必须要有明确的学习目标和要求，而学习的目标和要求必须由教师来提出。没有明确而具体的学习目标和要求，在课堂教学中的所谓"自主学习"必然流于形式。前文所举两例就很典型，下面再举一例。历史必修 I 专题一"走向'大一统'的秦汉政治"一课中"六王毕，四海一"这一子目教学中，重难点之一是"如何理解秦朝的建立推动了中华民族多元一体格局的形成？"不少课改一线教师在授课中对这句话一带而过，忽略了这是一个对学生进行"国家统一、民族团结"教育的极好的素材。我们在教学中是这样确立学习目标和要求的：

总目标：秦的统一是怎样推动中华民族多元一体格局初步形成的？

目标分解：①运用所学知识，指出"中华民族多元一体格局"的含义。

②阅读教材，指出"一体格局"是怎样形成的？"多元格局"又是怎样形成的？

[参考答案] ①含义：中华民族是以华夏族（汉族的前身）为主体的多民族组成的大家庭。

②秦灭东方六国，"六王毕"，实现了华夏族的统一。北击匈奴，收复河套；南征越族，统一岭南；统一"西南夷"，开辟"五尺道"，"四海一"扩大了统一的规模，加强了对周边少数民族地区的政治统治。统一后建立的中央集权制度对形成以华夏族为主体的中华民族起了重要作用。

2. 学生自主学习教材

学生根据老师提出的自学目标和要求，带着老教师提出的问题自学历史教材，了解新课的内容，整理相关知识，构建知识系统，寻找解决问题的路径和角度，自主得出问题的答案。

3. 师生多向讨论交流

完成自学过程后，学生相互交流"自己的答案"，比较相互之间答案的异同，并相互讨论答案出现异同的原因。期间，教师要巡视教室，参与各学习小组的讨论，给予学生及时的点拨、引导和帮助，了解学生在学习中普遍遇到的疑难问题。

4. 教师精讲重难点问题

生生之间、师生之间多向的讨论交流结束后，教师应就学生普遍存在的问题进行精讲。同时，完成本节课知识结构的系统建构，以便于学生全面掌握和理解本节课的新知识。当然，教师也可以首先用多媒体出示本节课的知识结构，再就其中的重难点问题特别是学生普遍存在的问题有选择地精讲。我们认为，在教学时间有限的情况下，后一种方式更有时效性。

5. 自主学习成果的巩固

教师可以通过呈现练习题让学生独立完成，或组织学生自我总结，以实现新学知识的及时巩固。例如，学习历史必修Ⅰ专题六"卓尔不群的雅典"一课后，可以出示下面一道高考试题：

（2009·天津卷，3）希腊历史学家希罗多德说，克利斯提尼"领着人民参与政治"。克利斯提尼改革中符合这一评述的是

①按财产多寡划分社会等级　　②用 10 个地域部落取代原来 4 个血缘部落

③设立五百人会议　　④向公民发放"观剧津贴"

A. ①②　　B. ②③　　C. ③④　　D. ①④

［解析］"按财产多寡划分社会等级"属于梭伦改革的内容；"向公民发放'观剧津贴'"属于伯利克里改革的内容；排除带①或④的选项，正确答案为 B。

学生通过做这道试题，基本上就实现了对雅典民主政治的发展历程（梭伦改革——克里斯提尼改革——伯利克里改革）的知识体系的构建，同时实现了对三次改革中易错易混知识的厘清，从而完成了对新知识的有效巩固。

二、基于课堂问题生成的教学实施

课标要求，"通过历史学习，使学生增强历史意识，汲取历史智慧，开阔视野，了解中国和世界的发展大势，增强历史洞察力和历史使命感"，[①] 培养学生"从不同视角发现、分析和解决问题的能力"。学生历史意识、历史智慧的增长，主阵地在课堂教学。其中，学生对历史现象、历史结论能否质疑生问，是衡量学生学习能力是否长进的重要标准。孔子曰："学而不思则罔"。因此，教师在课堂教学中，应创造有利于学生问题生成的教学环境。下面，就课堂问题的生成，谈谈看法。

（一）学生课堂问题"何处"生

一般说来，学生课堂问题的生成，往往是在接触到"历史现象"、"历史结论"时。换言之，教师应从历史现象、历史结论中给力学生课堂问题的生成。

1. 历史现象

学生遇到"新"的历史现象容易生成问题。例如，历史必修Ⅱ《经济成长历程》"大萧条与罗斯福新政"一课中讲到："大量的谷物烂在地里，大批牲畜被活埋或是杀死，牛奶和咖啡被倒进河流或大海。"学生面对这一历史现象，心中就会生问："那么多人忍饥挨饿，农场主和资本家为什么不愿意去救济穷人呢？他们为什么要毁掉自己

① 教育部.普通高中历史课程标准（实验）.北京：人民教育出版社，2003.1

的产品呢？"再如，在历史必修Ⅱ"新航路开辟"一课中，针对当时欧洲出现的"寻金热"这一历史现象，学生就会问："欧洲在当时为什么会出现'黄金热'？"

2. 历史结论

学生遇到"新"的历史结论容易生成问题。例如，关于中央和地方的关系，历史必修Ⅰ有三处带有"结论性"的评价：关于元朝行省的设置，人民版教材的评论是："便利了中央对地方的管理，对于加强中央集权，特别是调整好中央和地方的关系具有重要的意义"；关于明清以来中央集权的加强，该教材的评论是："地方的自主性和能动性则越来越受到压抑"；关于美国从"邦联"到"联邦"，该教材的评论是："这既避免了中央集权的弊端，又可以发挥地方的积极性和创造性，恰到好处地协调了中央和地方的关系"。当学生接触到这些历史结论，就可能生问："为什么元朝的行省制、美国的联邦制能较好地协调中央和地方的关系？""为什么明清时期地方的自主性和能动性越来越受到压抑？"学生可能进而生问："当前，中国的政治体制改革应如何处理好中央和地方的关系？"这些问题，单纯地依托某一版本教材是无法准确地回答的。如何协调好中央和地方的关系，是古今中外各个政权地方行政制度建设的重点内容，也是政治文明史专题教学的重点，而且在今天还很有现实意义。但是，我们发现，在专题史教学实施中，不少教师对学生在这个问题上的"生问"似乎"视而不见"。

又如，历史必修Ⅰ专题八"马克思主义的诞生"一课中，关于第二国际国际修正主义思潮，人民版教材引用了德国人伯恩施坦的看法，他提出"马克思主义不能解决当代的重大问题，它已经'过时'，应予以'修正'。"老实讲，学生对"伯恩施坦的看法"是有疑问的，但不少教师似乎认为学生的这个"疑问"简直"不值得"回应，很可惜地失去了对学生进行马克思主义基本原理教育的"绝佳"机会。

（二）教师引导学生"生"问题

1. 教师有意标示板书目录的关键词

例如，在学习历史必修Ⅰ专题七"民主政治的扩展"一课"法国史"部分时，可以设计一个总目录："法兰西走向共和的艰难之路"；"德国史"部分，可以板书教材的目录"脆弱的德国民主"。教师在板书（或课件制作）时，有意识地把"艰难"和"脆弱"两个关键词用醒目的颜色标示。这样，学生就会有疑问生成：

①老师的标题为什么要用"法兰西走向共和的艰难之路"？其涵义是什么？

②课文的标题为什么要用"脆弱的德国民主"？其涵义是什么？

[参考答案] ①"法兰西走向共和的艰难之路"这句话的涵义有两层：第一，法国走向共和的道路历尽艰难曲折；第二，法国最终还是走上了共和之路。②"脆弱的德国民主"这句话的涵义也有两层：第一，德国开始了政治民主化的进程；第二，德国没有实现完全的民主化，民主政治十分脆弱。

2. 教师引用史学研究新成果

例如，学习"九一八"事变，初高中历史教学都总会在蒋介石的对日"不抵抗"

中历史教师专业能力必修
高
Gao Zhong Li Shi Jiao Shi Zhuan Ye Neng Li Bi Xiu

问题上纠结。教师一开始就可以引用史学研究新成果，告诉学生：据一些学者的最新研究，在"九一八"事变中，蒋介石并没有下达"不抵抗"的命令。从而引起学生质疑生问："有证据能证明蒋介石没有下达'不抵抗'的命令吗？""既然蒋介石没有下命令'不抵抗'，为什么丢失了东北呢？"

［史料］"九一八"事变的当事人张学良在他晚年的口述回忆录中，多次否认蒋介石曾给他下过对日"绝对不抵抗"的密令。另外，在解密的由张学良夫人于凤至保管的张学良在这一时期的公私电文中亦无发现类似密电。

［问题］①根据上述材料，我们可以断定蒋介石没有下过"不抵抗"命令吗？如果不能，还需要哪些史料进行佐证？②蒋介石有没有下过对日"不抵抗"的命令，对我们评价他在东北问题的政策是否至关重要？为什么？

［参考答案］①（略）②蒋介石究竟有没有下过对日"不抵抗"的命令，还有待发掘史料、进一步研究；但是，这对我们评价他在东北问题上的政策并不重要，因为：即使蒋介石没有下过对日"不抵抗"的命令，但东北三省的迅速沦亡确是铁的事实；而东北三省的沦亡正是蒋介石实行的"不抵抗"政策的结果。

3. 教师创设与教材结论相矛盾的情境

例如，关于历史必修Ⅱ专题六"罗斯福新政"的效果评价，不同版本教材都给予了很高的评价，但对其局限性只是笼统地泛泛而谈，当然不会给学生"深刻"的印象。为了强化学生辩证地评价历史人物和历史事件的能力，教师可以引用史料创设新情境。

［材料］"新政"作为挽救1929～1933年资本主义经济大危机的救急药方，其直接效果并不十分显著，但却留下了深远的影响。例如，以工代赈并未从根本上解决失业这一严重问题。到1939年第二次世界大战爆发时，美国失业人口仍达900万之巨。直到第二次世界大战期间，新政的效果才显露出来。

——摘编自吴于廑、齐世荣主编《世界史·现代史编》

［问题］材料中说新政的"直接效果并不十分显著"的理由是什么？新政留下的"深远影响"主要指的是什么？

［参考答案］理由：失业问题没有得到很好地解决，说明新政对经济的恢复所起的作用是有限的；直到第二次世界大战爆发后，依靠军需刺激，新政的效果才显露出来。"深远影响"主要指：开创了国家全面干预经济的新模式（或：经济体制从自由放任的市场经济演变为政府宏观调控的市场经济）。

总之，课堂问题的生成，除了学生自主"发现"问题外，更要靠教师的善于引导。

三、基于小组合作讨论的教学实施

新课程改革的重要理念之一就是要求学生，学会同他人，尤其是具有不同见解的人合作学习与交流，培养团结合作的精神。在学生的各种学习方式中，都需要有学习伙伴。在研究性学习中，只有依靠学习伙伴的集体智慧和分工协作，才可能完成"研究"任务，取得预期的成果。即使是学生的自主学习中，也少不了小组合作讨论这个必要的环节。因此，在新课程改革背景下，合作既是学习的手段，也是学习的目的。那么，基于小组合作讨论的教学应该如何有效地实施呢？因为课堂是学生学习的主要场所，所以下面重点就课堂小组合作谈几点看法。

（一）建立课堂合作小组的原则

1. 空间就近性原则。"讨论"要在合作小组内有效展开，只能是在近邻学生之间进行。所以，建立课堂合作小组，最好是学生前后左右学生分成一组。课改中我们参观的一些课改"样板校"，教师或按纵列分组、或几个小组环列教室一圈，由于同组的一些组员相隔的空间太远，根本就无法讨论；加之，全班几个小组同时在讨论，声音嘈杂，距离较远的小组成员根本就听不清同组成员的发言，导致这些组员只好"单干"，甚至加入了其他小组的"讨论"。因此，这种分组讨论的方式有待改进。

2. 小组小型化原则。基于空间就近性原则，一个小组的成员人数，由坐在前后左右的 6~8 名学生就够了。因为在常规教学的环境下，不可能让学生每节课在每个问题上都"毫无止境""无休无止"地讨论下去。如果小组成员太多，必然导致一些组员没有"张嘴"说话的机会。

3. 组员个性化原则。这里的"个性化"，指的是学生的知识基础、性格特点、表达能力等。所谓组员个性化原则，就是要把具有不同知识基础、性格特点、表达能力的学生分散到各组去。这就要求教师必须充分了解每个学生的实际情况。高中生处在"半"成人阶段，心智尚未完全成熟，不同特点的学生编成一组，不仅有利于学生知识的互补，而且利于学生性格的互补，从而"有助于学生个性的健康发展"。

4. 小组稳定性原则。合作小组一经建立，就应保持相对的稳定性。一是因为不同特点的学生分成一组，大家要合作、"共事"，就需要一定时间的"磨合"期；二是因为频繁地更换组员，造成新老组员之间缺乏"了解"。鉴于目前许多课改学校班级的座位实行的是轮换制，所以，班主任在轮换座位时应以合作小组为单位进行，这样，就可确保合作小组的稳定性。当然，毕竟学生是"鲜活"的个人，学生在不同学习阶段其知识基础、性格特点、表达能力等方面都会发生或大或小的变化，因此，教师也要针对这些变化，并根据学生的意愿，对合作小组成员作合理的调整。

（二）教师在小组合作讨论中的角色定位

教师在小组合作讨论中应充当协助者、引导者、指导者的角色。具体说来：

首先，教师应提供或协助学生"发现"有讨论兴趣的问题。小组合作讨论的核心是"活动——参与"，而问题就是"活动——参与"的载体。如果没有让学生感兴趣的"话题"，学生是合作不起来的、讨论不起来的。

例如，在学习历史必修 I《马克思主义的诞生》一课时，当讲马克思主义诞生的历史意义（实际上是评价马克思、恩格斯的历史贡献）一目时，考虑到有关内容远离学生生活且太过抽象，教师可在这个环节组织一次讨论活动。问题如下：

[材料] 1999年，先是英国剑桥大学的教授们发起，就谁是人类纪元第二个千年的"千年第一思想家"这一命题进行了校内的征询、推选。投票结果是马克思位居第一，而被习惯公认的爱因斯坦却屈居第二，牛顿和达尔文分列第三、第四名……随后，英国BBC广播公司又以同一命题，在全球互联网上公开征询一个月。汇集全球投票的结果，仍然是马克思第一，爱因斯坦第二。

[讨论] 马克思的人气指数为何如此之高？

[参考答案] 马克思的理论贡献、马克思的崇高理想和高尚品德。

这个讨论活动的材料情境很可能让学生"感到意外"，一是因为这是西方国家的名牌大学和主流媒体搞的"民意测验"；二是因为很多学生已经"习惯"地认为爱因斯坦"理所当然"地是"千年第一"。因为"感到意外"，所以学生产生了"刨根究底"的探究兴趣，相互之间就会发生"争执"、讨论。

其次，教师应引导学生围绕"有价值"的问题合作讨论。开展课堂小组活动的目的是为了改变教师"一言堂"、"填鸭式"、"满堂灌"的陈旧教学方式，是为学生进行"知识建构"创造一种具有"情境性"和"协作性"的互动环境，从而推动学生在知识建构的过程中获得发展。无论采取哪种学习方式，都必须以突破课程目标为基准，即有利于教学中心任务的实现。因此，课堂小组合作讨论的问题也不能仅仅关照到"趣味性"，更不能为了追求"趣味性"而引入与教学内容毫无关联的话题，否则，就是哗众取宠，就是对学生极不负责的失职行为。因此，引入讨论的问题必须是"有价值"的。所谓价值，是指应有利于突破教学的重难点内容，有利于学生知识、能力、价值观目标的达成，有利于学生调动和运用已有知识和经验来解决新问题。仍以历史必修Ⅰ《马克思主义的诞生》一课的举例说明：

学生要对"马克思的人气指数为何如此之高？"这个问题讨论出个满意的结果，就必须运用刚从前面所学的"马克思主义诞生的背景"、"马克思主义创立的过程"的知识。因为是学生已有的知识，而且是刚学过的知识，学生的讨论"有米下锅"，故小组成员之间是完全能够合作起来、讨论起来的，因而这个讨论是"有价值"的。因为"马克思主义诞生的背景"、"马克思主义创立的过程"也是本课的主干知识，通过合作小组的讨论，有利于学生巩固"旧"知识、解决新问题（分析马克思主义诞生的历史意义），因而这个讨论是"有价值"的。

另外，"有价值"的问题，还应该有利于提高学生的历史思维能力和历史思维品质，如敢于质疑、批判的精神。

[案例] 传统观点认为，德意志帝国没有实现全面议会民主制是其走上帝国主义扩张道路的主要原因。你同意吗？

[材料] 鉴于英、法、美等民主国家也走上了帝国主义道路的事实，我们很难保证，德意志帝国实现了全面议会民主制就不会走上对外扩张的帝国主义道路。如果德

国资产阶级通过全面议会民主制掌握了政权，他们也一样会推行对外扩张政策。正如德国著名历史学家尼培代指出，德意志帝国时期的帝国主义不仅仅是统治阶级的帝国主义，而且也是广大民众（"小人物"）的帝国主义。普通民众也狂热地支持对外扩张，当一战爆发的时候，他们兴高采烈地走上了战场。这不是仅仅用统治阶级的欺骗政策所能够完全解释的。

——摘编自景德祥《重新审视德意志帝国的现代化》

[论据] 实现了政治民主化的英、法、美等国也走上了帝国主义道路；民族主义才是德国走上帝国主义道路的主要原因，因为对外扩张是当时德意志民族的共同要求，不仅仅是容克贵族与资产阶级的要求。

上面这个案例，可以说是对中学历史学界几十年来已经形成"定论"的一个历史结论的"彻底颠覆"。此言绝非夸大其词。因为课改实验区学校仍有不少教师还在"灌输"这个"定论"。可见，在平常的教学中培养学生不迷信书本、不迷信权威的质疑和批判精神是多么重要。而基于小组合作讨论教学的有效实施，则更有利于大面积地提升学生的历史思维能力和历史思维品质。

第三，教师深入小组合作讨论要"指导有方"。在小组合作讨论教学的实施中，教师应充分发挥组织、协调、指导作用。

（1）教师要让每个学生"动"起来。在当前的专题史教学实践中，"启而不发"、"问而不答"的学生是客观存在的，不承认这一点，就不是实事求是。但教师的使命就是要"勉力行道"，对自己的学生"一个都不能少"。一些学生在小组合作讨论中不愿发言，或因为基础知识的欠缺导致"无话可说"，或因为害怕说错丢面子，教师应深入到这类学生中或予以鼓励、或提供与讨论问题有关的背景知识。久而久之，这一类学生的状况是可以被改变的。

（2）教师要协助学生发现解决问题的"切口"。当学生在讨论中"卡壳"，找不到解决问题的"切口（角度）"时，教师应深入到合作小组中，提醒学生转换思维的路径和视角。例如，前文所开展的"马克思的人气指数为何如此之高"的讨论，教师可以给学生提供的思考视角之一是反问学生："西方启蒙思想们设计的'理性王国'是什么？（政治民主、权利平等、个人自由）他们的理想在马克思生活的时代变为现实了吗？"引导学生认识到：在马克思主义诞生前，工人阶级政治上处于无权地位、经济上陷入绝对贫困，"理性王国"没有变为现实，现实的资本主义社会同样是一个不公平、不公正的社会，包括空想社会主义者在内的有识之士希望建立一个公平公正的美好社会，但他们没有找到正确的路径，马克思、恩格斯把空想社会主义发展为科学社会主义，从而为工人阶级的解放提供了科学理论指导。因此，一个为建立更加公平公正的美好新社会指明了道路的思想家被评为"千年第一"也就正常不过了。

（3）教师要让讨论的成果"展示"出来。小组合作讨论不能半途而废、无果而终，这就要求教师发挥"评价"功能这个"指挥棒"。当合作讨论告一段落，教师应

高
中历史教师专业能力必修
Gao Zhong Li Shi Jiao Shi Zhuan Ye Neng Li Bi Xiu

让各小组首先开展互评，最后由教师进行总评，并把学生的成果记入学生的"个人成长档案"，从而充分发挥评价功能的激励性和强制性作用。

总之，基于小组合作讨论的教学实施，既能促进学生取长补短，又能学会交流合作，还能培养学生学会表达、倾听与说服别人的方式方法，并且有利于健全学生尊重、宽容他人的人格态度。因此，以"活动——参与"为核心的小组合作讨论教学模式理应成为新课改中应大力推广的一种课堂教学模式。

四、基于新材料研习的教学实施

时下有一种说法："无史料不成课"、"无史料不成题"。那些引为示范的优质课、令人叫好的高考题，它们之所以引为"示范"、令人"叫好"，都是因为创设了很好的史料情境，克服了"教师中心"、"书本中心"的传统理念，重视引导学生不仅要运用间接经验（书本知识）、更要运用直接经验去体验历史，分析和解决问题。因此，随着新材料被广泛引入课堂教学和高考试题，如何有效地推进史料教学，已成为广大教师亟待解决的问题。

基于新材料研习的教学实施，我们提出以下建议：

1. 教会学生识别历史学的基本要素

历史学的基本要素是：史料、史料解释、历史叙述和历史评价。新材料研习的教学实施，要教会学生识别历史学包含的基本要素。

例如，（2007·北京卷，37）史料研习、理论指导、社会调查和问题讨论是学习历史的重要方法。试运用这些方法分析近代以来中外社会政治经济的演变。完成下列问题。

（1）史料研习

美国华盛顿纪念塔有一块来自中国的石碑。碑文取自《瀛环志略》："华盛顿，异人也。起事勇于胜、广，割据雄于曹、刘，既已提三尺剑，开疆万里，乃不僭位号，不传子孙，而创为推举①之法，②几于天下为公，骎骎乎三代之遗意。其治国崇让善俗，不尚武功，亦迥与诸国异……米利③④坚合众国以为国，幅员万里，不设王侯之号，不循世袭之规，公器付之公论，创⑤古今未有之局，一何奇也！"

材料中画线的5部分，有两部分直接描述了美国政治制度，请写出序号：
————、————。

结合1787年宪法谈谈美国政治制度是怎样"创古今未有之局"的？（8分）

（2）理论指导

（3）社会调查

（4）问题讨论［第（2）（3）（4）问材料及问题略］

通过这道经典高考试题的训练和讲评，我们认为，首先，学生对历史学习（其实也是历史研究）的基本方法会有一个直观的感性认识；其次，通过第（1）问第一小问，可以帮助学生学会区别什么是"历史叙述"、什么是"历史评价"。

2. 教会学生识别直接史料和间接史料

傅斯年先生认为，凡是未经中间人手修改或省略或转写的，是直接的史料；凡是已经中间人手修改或省略或转写的，是间接的史料。新材料研习的教学实施，能使学生识别直接史料和间接史料。

例如，从研究宋朝历史的角度看，可叫学生识别下列史料中属于直接史料的是：

A. 黄宗羲撰写的《宋儒学案》　　　B. 保存下来的宋朝档案

C. 司马光编撰的《资治通鉴》　　　D. 邓广铭编著的《宋史》

［解读］首先排除选项 C，因为司马光编撰的《资治通鉴》涉及的时间范围上起战国、下至五代，不涉及宋朝历史；黄宗羲是明末清初学者，邓广铭是现代史学家，他们作为宋朝之后的学者，在撰写关于宋朝历史的专著的过程中，引用的史料有许多已经中间人手修改或省略或转写，他们的著作一定是在整理前人著述基础上编写的，所以应是间接史料；而保存下来的宋朝档案则未经中间人手修改或省略或转写，所以是直接史料。另外，直接史料和间接史料有时是相对而言的。例如，从研究邓广铭先生的史学思想的角度看，邓广铭编著的《宋史》则可称为直接史料（或一手史料）。

3. 史料研习的教学应辩证看待史料的价值

新材料研习的史料包括：一手资料与二手资料、文字史料与图像史料等，具有不同的价值。新材料研习的教学实施，要让学生学会辩证地看待这些史料的价值。

（1）一手资料与二手资料。从历史学科本身的特点看，一般来说，一手资料（原始资料）比二手资料更有价值。但教师在史料教学研习中，容易产生以下认识误区：第一，误认为引用一手资料总比引用二手资料好；第二，误认为一手资料作为原始资料肯定比二手资料更准确、更真实。其实并不尽然。例如，在专题史教学中，涉及古代史的一手资料的文字艰深难懂，没有经过专门训练的学生是很难驾驭，所以，引用二手资料，教学效果可能更好。同时，原始资料也有可能"作假"，而二手资料经过了后人的整理、甄别，反倒可能更接近"历史的真实"。

历史研究和历史学习的目的之一就是"求真、求实"，还原历史的本来面目。所以，新材料研习的教学实施过程中，一个重要任务就是引导学生鉴别史料的真伪。王国维先生提出的"二重证据法"，即把文字材料与地下获得的材料结合起来进行研究，就是鉴别史料真伪的有效方法。如果没有地下材料，通过用一手材料与二手材料互相印证的方法，也可能接近"历史的真实"。

例如，（2008·上海单科卷，13）最近，中共一大会址纪念馆为增补共产国际代表尼科尔斯基的照片费尽周折。假设寻找时发现了下列原始材料，能佐证他出席中共一大的是

A. 1921 年 10 月开往上海的船票

B. 1919 年签发的苏联护照

高中历史教师专业能力必修

Gao Zhong Li Shi Jiao Shi Zhuan Ye Neng Li Bi Xiu

C. 1921 年 7 月初和马林在上海的合影

D. 1925 年向共产国际汇报五卅运动情况的俄文原稿

这个案例考查了学生识别原始材料的方法和能力。历史都发生在特定的时空，必须把历史人物、历史事件、历史现象置于特定的时空中加以考察。首先，考生调动所学知识可知，中共"一大"于 1921 年 7 月 23 日在上海召开。然后推断尼克尔斯基出席中共"一大"的佐证，应是他在"一大"期间或"一大"前夕的相关活动，"1921年 10 月开往上海的船票"在中共"一大"结束后，不能佐证他出席了一大；1919 年，苏联尚未建立，他不可能持"苏联护照"；"1925 年向共产国际汇报五卅运动情况的俄文原稿"则与中共"一大"没有直接联系；"1921 年 7 月初和马林在上海的合影"，时间在中共"一大"召开前夕，地点与中共"一大"召开地吻合，人物（马林）出席了"一大"，由此可以断定选项 C 最可能作为佐证尼克尔斯基出席了中共一大的原始材料。

（2）文字史料与图像史料。在新史料研习的教学实施中，教师要引导学生学会用图像史料补充和证实文字史料。这是因为，第一，图像资料中"隐藏"了许多文字史料中所没有的历史信息；第二，通过以图证史，可以增强文字史料在论证问题时的"说服力"。例如，国共十年对峙时期，中共在农村根据地开展土地革命。为了增强教学的直观性、可信性，可以利用当时遗留下来的有关文物图片：

某中学 12 位学生在暑假进行社会调查时，在湘赣交界处的一个小山村发现一座十分破旧的无人居住的老屋，墙上有几个斑驳模糊暗红大字，第一、二个笔画残缺，第六个字已辨认不清，依稀是："扌十豪，分田口"。正当大伙为这些文字的含意与书写年代而争论不休时，又一个同学发现墙缝中夹着一张旧纸片（见右图）。观察辨析后他们得出的一致结论应是（ ）

A. 太平天国发给农民的田凭

B. 土地革命的实物见证

C. 北伐军留下的宣传标语

D. 抗日战争留下的历史遗迹

通过利用上述图片涵盖的其他历史信息，如"耕田证书"落款的时间、颁发的机构等，从而使教材中"打土豪，分田地"的表述更直观、更具体，让学生留下的印象更深刻。

4. 新史料研习的教学要渗透史学研究的方法

课标明确要求学生："对历史唯物主义的基本理论和方法有所了解……学会运用科学的理论和方法认识历史和现实问题"，"努力做到论从史出、史论结合"。① 尽管中学

---

① 教育部. 普通高中历史课程标准（实验）. 北京：人民教育出版社，2003 4

历史教学并不是为了把学生都培养成历史工作者，但事实上，无论是教学还是应试，学生都必须借助史学研究的方法才能解决问题。因此，新材料研习的教学实施，要着力渗透史学研究的方法。

例如，（2009·广东卷）阅读材料，结合所学知识回答问题。

[材料一] 王安石变法的经济措施，主要是通过限制大地主阶级的利益和通过政府利用商人专营某些商业行业，来获取财政收入，这对商品经济的发展有一定的推动作用……变法较多地反映中小地主和中小商人的要求，尤其是南方地主和商人的要求……总的来说，变法是代表地主阶级革新派的一种主张，其主流应该肯定。

——据《王安石变法与商品经济》

[材料二] 王安石不应算作是中小地主的政治代表，使用大、中、小地主代表以及革新派、守旧派等概念，都不能确切地反映当时的客观史实，应该分为官户、乡村上户和坊郭上户（北宋文献中的概念）三个阶层。从出身看，变法派与反变法派分子同属官户……客观上，王安石变法增加了农民负担，没有从根本上解决"三冗"问题，但从流通领域进行了利益分配，将权力收归中央，阻碍了商品经济的发展，应予基本否定。

——据《王安石变法简论》

[问题] （节选）：（2）材料一、二研究王安石变法，采用的相同方法是什么？结论有何不同？（4分）

[参考答案]：（2）方法：阶级分析、一分为二。（2分）结论：材料一，基本肯定；材料二，基本否定。（2分）

这个案例提供的材料、设置的问题，并没有在王安石究竟代表什么阶级上"纠结"，而是要求考生用事实（材料）"说话"，单纯靠"死记硬背"的学生是无法解决问题的。尽管两则材料中都有"阶级"的字眼、文意中都"有肯定、有否定"的意思，但如果学生在平时的史料研习中没有"听说"过"阶级分析""一分为二"等研究方法，恐怕是"只可意会不可言传"、"茶壶里煮汤圆——倒不出来"，难以形成书面的语言进行准确表达。

5. 新史料研习的教学要适当引入史学研究范式

什么叫范式？范式，是指学术研究的范型和模式。史学研究范式是历史观与方法论的统一。不同的时代不同的学派有不同的研究范式。① 目前，高中历史教学运用较广的史学范式主要有：阶级斗争范式（革命史观）、文明史范式（文明史观）、现代化范式、整体史范式（全球史观或整体史观）、社会史范式等。由于史学研究范式被越来越多地引入高考历史试题的命制，所以，在新史料研习的教学实施中，适当引入史学范式已经是非常必要的。

例如，（2007·全国卷Ⅱ）美国历史学家斯塔夫里亚诺斯总结说："要确切认识西

---

① 冯一下．现代化范式与高考历史复习教学的新思路．中学历史教学参考，2002，（1~2）

方的历史或非西方的历史，没有一个包括这两者的全球性观点是不行的；只有运用全球性观点，才能了解各民族在各个时代中相互影响的程度，以及这种相互影响对决定人类历史所起的重大作用。"作者在这里强调

    A. 从西方的角度认识非西方的历史

    B. 从非西方的角度认识西方的历史

    C. 用比较的方法认识西方和非西方的历史

    D. 用整体性的观点认识西方和非西方的历史

这个案例（答案 D）中，要求考生用"全球性观点"去研习史料。我们认为，仅仅从"西方的角度"或者仅仅从"非西方的角度"来认识人类历史都可能是片面的，而从"各民族在各个时代中相互影响"的角度即用整体性的观点才可能正确认识人类历史的演进。

又如，（2007·广东卷，29）阅读下列材料：

[材料一] 长期以来，很多学者将中国近代史的基本线索概括为"两个过程"，即帝国主义和封建主义相结合，把中国变为半殖民地和殖民地的过程，同时也是中国人民反抗帝国主义和封建主义的过程，主张以这一基本线索作为指导中国近代史研究的重要准则。

[材料二] 近二三十年来，有些学者注重从现代化角度研究中国近代史，认为中国的现代化就是从传统农业社会向现代工业社会的转变，涉及政治、经济、文化等方面。1840 年以来中国错综复杂的历史，可以用"从传统到现代"这一思路作解释。

请结合所学知识回答：

（1）按照材料一的研究角度来研究中国近代史，可能会对 1840～1911 年间的哪些重要事件评价较高？（3 分）

（2）按照材料二的角度，评价辛亥革命。（5 分）

（3）综合材料一和材料二的观点，分析中华人民共和国建立的影响。（6 分）

[参考答案]（略）

[分析] 第（1）问，通过对材料一的研习可知，其研究中国近代史的角度是革命史观（阶级斗争范式），所以可能会对 1840～1911 年间发生的反帝反封建的革命（改革）事件评价较高，如太平天国运动、义和团运动、戊戌变法、辛亥革命等。第（2）问，通过对材料二的研习可知，其研究中国近代史的角度是现代化范式，学生必须调动所学知识来评价辛亥革命对中国政治现代化、经济现代化、文化现代化、社会生活现代化等方面产生的具体影响。第（3）问，则要综合运用革命史范式和现代化范式来分析中华人民共和国建立的影响。学生要准确完整地解答这道高考试题，其前提条件就是要对常见的史学研究范式的内涵有所了解，否则，很可能"丈二和尚摸不着头脑"，要么"无从下手"，要么回答问题"漫无边际"。总之，这些年来考查史学范式的经典高考试题很多。因此，教师在平时的教学活动中，当教学内容讲到某个专题时，如果在这个专题部分有

经典的高考试题，就应优先把这些高考试题引入教学环节，强化学生的史料研习能力（因为高考试题引用的材料相对于学生甚至多数教师而言，一般都是"新"的）。

6. 新史料研习的教学要强化学生获取信息的能力

研习史料，学生应尽量地去寻找材料中与要解决的问题有关的关键信息点。首先，教师要让学生知道，信息点在哪里呢？信息点在：问题的指向、材料的正文和材料的出处。其次，教师要让学生明白，就历史学科自身特点而言，哪些关键词是有效的信息词呢？重要的时间、地点、人物、事件、政党、政治派别、阶级属性、思想观点、历史文献等。然后，再结合时代背景，准确联系相关知识，建立起材料中的信息点与教材中的对应知识点之间的有效联系。这一步，就像大家平时上网查找资料一样，你必须首先输入关键词，才能查到你要的资料。同样，我们把大脑当做电脑，只有学生把材料中的关键词输入大脑，才能找到教材中对应的知识点。根据多年的教学经验，那些"知识不能搬家（即欠缺知识迁移能力）"的学生，无论是在平时教学中还是高考中，他们之所以"知识不能搬家"，一是因为不会识别新史料中的关键信息词；二是因为不能在材料信息点和教材对应知识点之间建立联系。

例如，（2006·广东卷，26）阅读下列材料中学历史教学园地

材料一　天子之豆二十有六，诸公十有六，诸侯十有二，上大夫八，下大夫六。（豆：古代盛食器具）

——摘自《礼记》

材料二　凡进食之礼……食居人之左，羹居人之右。（食：干饭类食品；羹：有浓汁的食品）

——摘自《礼记》

以饮食之礼，亲宗族兄弟……以飨燕之礼，亲四方之宾客。（燕通宴）

——摘自《周礼》

材料三　羹之有菜者用梜，其无菜者不用梜。（梜；筷子）

——摘自《礼记》

材料四　考古发现的战国以前的餐叉中学历史教学园

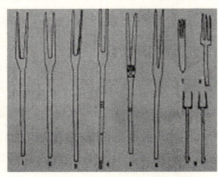

——据王仁湘《饮食与中国文化》

上述材料反映了周人饮食生活的状况。请由表及里，由此及彼地概述周人饮食生活的信息。（不得直译和摘抄原文）（13 分）

2006 年是广东在旧大纲版教材背景下的最后一届高考，当年的考生在高中阶段没有学习过"宗法制"，于是有人质疑试题"超纲"。但仔细分析，其实并不"超纲"，因为，第一，初中新课改的启动早于高中，学生在初中新课标历史教材中就学过宗法制；第二，旧大纲人教版高中《中国古代史》中，学生学习过与宗法制互为表里的分封制（考题要求学生迁移分封制的相关知识）；第三，旧大纲人教版高中《中国古代史》中，学生学过的孔子的思想中有"维护周礼"（主张贵贱有序）的内容（考题要求学生迁移孔子思想的相关知识）。总之，完全脱离教材内容或者学生已有知识与经验的新史料教学是不恰当的；同样，完全脱离教材内容或者学生已有知识与经验的高考历史试题更是不可能的，不论高考试题的材料多新，但肯定在不同版本的教材中能找得到它的"影子"，但关键是要掌握获取有效信息的方法。

五、基于研究性学习的教学实施

什么是研究性学习？陈辉教授指出，研究性学习是一种新的学习理念，是学习方式的变革；历史研究性学习，是指教师在教学活动中创设一种类似史学研究的情景，引导学生以类似史学研究的方式，在历史学科领域或现实生活情境中，去主动发现问题，确定问题，并运用相关知识探讨、解决问题，发展创新思维能力，形成正确历史意识的一种学习活动。① 按照能力层次的要求，历史研究性学习可分为探究性学习和研究性学习。前者是指在历史学习过程中，学生在教师和教材的引导下，以教师提出的问题和学生发现（或师生共同发现）的问题为中心，运用史学研究的某些原则和方法，得出与教材相同或相近的结论。后者是指学生对从与现实生活联系密切的社会历史现象中发现的问题进行研究。历史探究性学习主要在课堂内进行；历史研究性学习除了在课堂内进行，还可以在课堂外进行，学生的研究过程与社会实践相结合。历史探究性学习主要在新课知识的教学过程中进行；历史研究性学习则主要在一个或者几个专题学习结束后就某一个具有综合性、实践性的问题进行研究。如历史必修 Ⅰ 在第一单元（专题）"中国古代的中央集权制度"和第二单元（专题）"古希腊和古罗马的政治制度"之后设有"综合探究：思考古代政治制度的异同"；在第六单元（专题）"中国社会主义的建设道路"之后设"综合探究：围绕'海选'产生的调查与评论"。历史探究性学习，要求学生得出的结论是与教材相同或相近的结论，侧重培养学生的分析、综合、论证和逻辑推断能力；历史研究性学习，要求学生得出的结论是教材中没有的"新"结论，除了要培养学生的分析、综合、论证和逻辑推断能力外，更侧重培养学生的比较、迁移知识、求异思维和逻辑演绎等能力。

---

① 陈辉. 历史研究性学习论. 北京：现代教育出版社，2009.10

从高中专题史教学的实际需要看，探究性学习应贯穿于教学的整个过程中，而研究性学习这种带有综合实践性的学习活动在一个学期内有 2~3 次就足够了。需要说明的是，研究性学习不应局限于那种"轰轰烈烈"的大型综合实践活动，教师同样可以把研究性学习引入新课教学中，成为教学的"常态"，即在教学的某一个环节精心设计一个"微型"的研究性活动，学生同样可以获得新知识、新认识、新结论、新观点。

（一）基于探究性学习的教学实施

我们认为，专题教学的探究性学习一般经历"提出问题——假设验证——形成概念——知识迁移——能力提高"等环节。其具体操作程序是：

第一步：教师展示包含历史概念或历史结论的相关材料，创设问题情境。在这一环节，教师应在备课环节完成。在备课中，教师针对本专题中的重点或难点内容及学生特点，首先预设问题，然后根据预设问题去选择史料。例如，历史必修 I 专题七"美国 1787 年宪法"一课可补充以下材料：

[材料] 漫画《断蛇》（作者：富兰克林）

[提问] 这幅漫画是富兰克林在美国独立战争爆发前的作品，它在当时的寓意是什么？

学生看到这幅漫画，感到有趣，心里自然会产生探究的兴趣。这个问题，教师引导学生通过调动所学知识和相互讨论，不难得出答案：独立战争爆发前，北美 13 个州的反英斗争各自为战，作者的目的是呼吁北美殖民地人民要联合起来统一斗争。然后转入下面的第二步教学。

第二步：教师对新课中历史问题的答案进行假设，引导学生读书、观察进行检验。在此，仍以前文案例加以说明：

[提问] 老师认为，这幅漫画同样可以用来形容独立初期的美国，即美国已经独立了，但国家还是分离的。思考：这是为什么？

教师首先安排学生阅读教材第一目"年轻美国的窘境"，然后引导学生再次观察实物（本案例中的漫画《断蛇》），并引导学生讨论交流，对假设的结论（独立初期的美国是分裂的）进行验证。

[参考答案]

①经济困境：A. 欧洲商品大量涌进美国市场，而邦联政府无权制定统一关税

B. 各州的关税壁垒和滥发纸币，国内商品流通极其不畅

C. 外债沉重，邦联政府没有统一的财政权

②政治困境：A. 国际：欧洲大国威胁

B. 国内：社会矛盾尖锐

可见，独立初期的美国，州权强大，邦联政府软弱无力，13 个州俨然是主权独立的 13 个独立国家。

第三步：教师引导学生把感性认识上升到理性认识，形成历史概念或历史结论。在此，仍以前文案例加以说明：

[提问] 年轻的美国对内不能稳定局势、发展经济，对外无力保护国家利益、维护国家主权和安全，其根源在哪里呢？

[参考答案] 年轻的美国面临着政治体制的危机，即邦联制的政治体制无法适应美国社会现实的需要。因此，制定一部完备的宪法，强化中央政府的权力，已经成为美国进一步发展的迫切要求。

学生通过归纳概括年轻美国在内政外交方面窘境的具体表现，首先得到了"当时的美国州权强大，中央政府软弱无力"的感性认识；在教师引导下，经过综合分析，把感性认识上升到理性认识，从而形成历史概念（"邦联制"这一政治体制）和历史结论（邦联制无法适应美国社会现实的需要，必须强化中央政府的权力）。

第四步：教师指导学生联系新旧知识，实现知识的迁移运用。学生有了"我想学"历史的学习态度，但是，学生的学习兴趣能否延续，关键还在于经过一段时期的学习，学生"我能学"历史的学习能力和"我会学"历史的学习方法是否得到提高。也就是说，学生能否运用学到的已有知识去认识未知的历史知识、用学到的方法去解决类似的其他历史问题，实现知识的迁移，达到"学以致用"的学习效果。在此，仍以前文案例加以说明。

当学生学完该专题"从'邦联'到'联邦'"这一内容后，学生是否真的理解了联邦制的特点呢？教师可以设问：同学们，你们能否根据刚学到的美国 1787 年宪法的具体内容来说明联邦制的特点呢？

联邦制的特点（教师归纳）	1787 年宪法的具体内容（学生填写）
特点 1：联邦制原则	内容 1：
特点 2：分权制衡原则	内热 2：
特点 3：民主原则	内容 3：

学生通过自主完成这张表格，不仅有利于落实基础知识，也有利于培养学生"论从史出，史由证来"的历史证据意识和历史论证能力。所以，表面上看，它落实的是

"知识"目标，而实际上侧重落实的却是"能力"和"过程与方法"目标。

[说明] 探究性学习（研究性学习）毕竟不同于史学家的史学研究，其评价重点并不在于学生得出的结论是否准确或新颖，其评价重在过程，强调亲身的经历和体验，强调知识的调动和运用，强调得出历史结论的方法和途径。当然，并不是说，探究的结果就不重要，比如，纸笔测验的评价性考试，考生必须"白纸黑字"，得出正确结论方可得分。但是，作为一种教学理念，却必须贯彻下去。因为，当这种探究活动变为一种学习习惯的时候，学生就一定能够举一反三，灵活地迁移所学知识解决新问题，学生的历史思维能力和创新能力自然会得到提高。从功利的角度讲，具备了上述能力的绝大多数学生，在新课程高考中，肯定也比只会单纯"灌输"知识结论的教师教出的学生考得好。

（二）基于研究性学习的教学实施

专题史教学的研究性学习较之探究性学习，尽管对学生的能力要求更高，但从实施的具体步骤（操作程序）看，两者也大同小异。所以，在此对其实施步骤不再赘述。下面，主要谈一谈专题史教学的研究性学习实施模式。

新课程实施以来，专家学者提倡和课改一线教师开创的研究性学习的实施模式主要有：课程式、课题式、问题式、体验式、综合式等①。但我们认为，"问题"、"体验"是一切研究性学习的目标、过程，因为研究性学习都是学生带着"问题"去研究，都必须通过亲身的"体验"（包括角色体验）去解决问题，故我们不赞成把"问题式"、"体验式"作为一种模式。因此，下面重点谈一谈课程式、课题式、综合式。

1. 课程式研究性学习的实施

课程式研究性学习模式，顾名思义，是指研究性学习被纳入课程计划，即在课程总课时中留下一定课时专门用于研究性学习。由于被纳入了课程计划，它就带有一定的强制性、约束性。表现在：学校组织的专家讲座，原则上全体学生就必须参加；教师申办开设、学生自主申请选学的校本课程一经确定，原则上就不能随意更改。课程式研究性学习模式的具体形式很多，下面介绍三种。

（1）集会讲座。邀请校内外中学历史方面的教学专家或者高校的教授学者，介绍历史学习、史学研究基本的方式方法，介绍一些著名历史学家、历史教育家治学的经历、成果对历史学发展及其对人类社会的重大影响。也可以邀请社区的历史见证人、阅历丰富的长者来"口述""活历史"。

（2）学生汇报、交流、互评研究心得。在新学期开学之初，由教师引导和安排，布置学习任务。可以根据学生的兴趣和爱好，就学生喜欢、崇敬的某一位著名政治家、科学家、史学家、军事家、哲学家、文学家、艺术家进行研究，从中编辑出他们从事自身学科研究的小故事。最后在课程规划规定的时间，全班进行交流互评。

---

① 陈辉. 历史研究性学习论. 北京: 现代教育出版社, 2009. 58

（3）教师开设校本课程。目前，中学开设的校本课程，常见的是地方史，如《可爱的四川》、《成都历史》等。地方史充分利用了乡土历史资料和社区课程资源，它有利于弥补国家课程在反映地方历史文化方面的局限和不足，是最富有地方特色和学校特色的课程，也是最接近学生生活和兴趣的课程。另外，鉴于各课改实验区只要求学生从6门历史选修课程中选学2～3门，教师完全可以将余下的3～4门历史选修课程，经过节选或拓展处理后用作历史校本课程。高中历史教师平时忙于教学，在有限的时间内，加上资料有限，要完全"另起炉灶"编写校本教材并不现实，所以充分利用好课标历史选修教材是很有必要。

2. 课题式研究性学习的实施

课题式研究性学习，是指学生在教师的指导下，以历史学科领域内的某些针对性强、范围小、与学习、社会、生活紧密联系的特定问题作为专题，让学生积极利用已有的知识和经验进行研究。[①] 完成一项课题研究需要一定周期，所以，课题式研究性学习主要在历史课堂教学时间外开展。其实施步骤为：

第一步："发现"问题。问题的"发现"是确定课题的前提。爱因斯坦曾说："提出一个问题往往比解决一个问题更重要，因为提出新的问题、新的可能性，从新的角度去看待旧的问题，都需要有创造性和想象力"。学生研究的问题可以是在学习专题史教材过程"发现"的；也可以是在学习历史学科和其他学科的交叉内容时"发现"的；还可以是在生活经验中从社会"发现"的。

第二步：确定课题。选择和确定研究课题，是研究性学习的重要能力之一，也是实施课题式研究的基础。课题选择是否具备可行性、可操作性、有用性、创新性，直接关系到研究的成败，如果课题选择不好，很可能事半功倍，甚至劳而无功。因此，针对学生的课题选择，教师在尊重学生自主性的前提下，应对学生辅之以认真的指导。

第三步：制定研究方案。在教师指导下，课题组成员（学生）应制定一份详细的研究方案，包括选题缘由、研究目标、研究内容、研究进度、研究方法、分工协作、课题完成时间、预期的阶段性成果和最终成果等。这样，才能保证课题研究按步骤、有计划地推进。

第四步：查找资料。课题确定后，学生开始查找与课题有关的资料。资料来源包括文献资料、实物资料、互联网资料、社会调查资料等。在收集资料的过程中，教师应教给学生查找和处理资料的基本方法，要教会学生区分第一手原始资料和第二手、第三手资料，要鼓励学生尽可能地收集与课题有关的第一手原始资料。

第五步：形成结论。当资料收集基本到位后（学生可以边研究边充实新的资料），首先，课题组内进行资料交流；其次，教师要鼓励学生个人或者课题组内的各小组"独立"研究，不要让整个课题组内"匆忙"交流，否则，不利于学生独立性、创造

---

① 陈辉. 历史研究性学习论. 北京：现代教育出版社，2009.60

性能力的培养；最后，当学生个人或者课题组内的各小组经过"独立"研究形成自己的结论后，再在整个课题组内交流、碰撞、争论，通过取长补短，形成最终的结论。

第六步：撰写结题报告。作为课题式研究的最后一道程序，结题报告的撰写，要充分发挥学习伙伴的集体智慧，群策群力，力争论文报告的撰写做到规范、完整。

3. 综合式研究性学习的实施

综合式研究性学习，是指运用两门或两门以上学科的知识对相关问题进行研究，它强调学科间知识的渗透和综合运用。20 世纪以来，在学术界，学术综合化和整体化趋势的不断加强，体现出各学科之间互相渗透的新特点。因此，进行跨学科综合研究，理应成为研究性学习的基本形式之一。例如，早在 1999 年，即新中国成立 50 周年时，成都市教科所历史组就由教研员李洁老师统一组织全市高一学生开展了"家乡 50 年"的研究性学习。这一研究性学习活动，学生可以就 50 年来成都市在经济（工业、农业、服务业、交通）、文化、教育、社会（民风民俗、宗教、衣食住行）、环境（如府南河、沙河的整治）等等领域拟定研究主题，学生用"历史的眼光"，综合运用相关学科的知识，了解了 50 年来自己家乡的"天府巨变"。

总之，历史研究性学习，不仅将改变学生的学习方式，也将深刻地影响教师的专题史教学方式的转变。

六、基于情境创设的教学实施

教学的对象（学生）是一群鲜活的个人，从这个意义上讲，古往今来的一切教学活动都是在特定的情境中进行的。但是，在过去的历史教学中，所谓的教学情境要么是教师"填鸭式"灌输，学生被动接受、死记硬背，教学过程活脱脱似"工业产品生产流水线"，教师的"辛勤"、"辛苦"却不利于学生的全面发展和个性化发展；要么是教师"兴之所来"，把历史课讲成"故事会"，甚至讲的与历史教学内容本身毫无关联，这都造成课堂教学效益的低下甚至无效。可见，有效的情境创设是决定有效课堂的基本因素。有效的教学情境，是指"以直观方式再现书本知识所表征的实际事物或实际事物的相关背景，以解决学生认识过程中的形象与抽象、实际与理论、感性与理性以及旧知与新知的关系和矛盾。"①

专题史教学中，创设历史情境的必要性在于：（1）贯彻新课程理念的要求。新课程理念强调，教学是一个教材、教师、学生、环境互动的知识建构过程，即教学不再是"教师一讲到底、学生被动接受"的单向性、直线性的过程，而是"教师怎样教，学生怎样学"的多向性、非线性的过程。教师预设一个"多向性、非线性"的教学过程，实际上就是为学生营造一个能激发兴趣、激活思维、调用知识、学以致用的学习环境。要创造这样的学习环境，就离不开引用新材料、创设新情境、提出新问题。

———————————

① 朱汉国. 普通高中历史课程分析与实施策略. 北京：北京师范大学出版社，2010. 197～198

（2）历史学科自身特点的要求。历史是人类过去的经历，不能"重演"，除了少数历史遗物、历史遗迹可直接接触外（事实上也只有极少数学生有机会直接接触），绝大多数的历史事物需要依靠间接手段，才能在人们的脑海中再现其形象。所以，相对于其他学科教学的直观性原则，它更强调运用各种教学手段对过去的历史场景进行模拟还原和形象再现。正如陈寅恪先生所说，对于一个历史现象，要尽可能地采取设身处地的态度和基于同情之理解。这就要求"师生共同回到'历史现场'，尽量地接近历史真相。"① 如此学生才能在"过程与方法"中获取更有价值的历史知识、提高自己的历史思维能力、实现情感态度与价值观的感悟与升华。

例如，历史必修（Ⅱ）"中国近现代社会生活的变迁"专题中关于"洋货"的问题，由于清王朝实行的"闭关政策"和鸦片战争后洋货的倾销，造成很多人认为鸦片战争前洋货对中国人生活的影响"微不足道"的印象。我们在专题教学中出示了下面一段材料：

［材料］鸦片战争前夜，中外贸易已波及中国较大的社会生活面。一个叫陈含章的人在《论洋害》一文中，对外国入华商品的总量作了大概估计，"若大呢、羽毛、哔叽、铜锡、棉花、苏木、药材等类，每岁约值千万金"。在采自农业的田赋成为国家财政主要收入的年代里，这个数目是很大的。另一个叫管同的文人作《禁用洋货议》一文，慨叹："数十年来，天下靡靡然争言洋货，虽至贫者亦竭蹶而从时尚"。

——摘编自陈旭麓《近代中国社会的新陈代谢》

［问题］根据上述材料，概括"洋货"对当时中国社会生活的影响。

［参考答案］洋货在中国人的生活消费中已占有较大比重；崇尚洋货的消费观念逐渐形成；一些士大夫对洋货的涌入感到忧虑，提出禁用洋货的主张。

通过创设鸦片战争前中国人生活方式与消费观念的"历史现场"，使学生认识到，鸦片战争后洋货在中国的倾销绝非因为一场战争那么简单，除了"外力"的作用，也与中国明清以来商品经济发展和思想观念变化密切相关。否则，无法解释清楚为什么当时那么多人"乐意"购买洋货。

教师在创设历史情境中应注意以下问题：

（1）因地制宜地使用媒体再现情境。实现专题史教学中的"情境复现"，需要借助一定的"媒体"（物质载体）。利用多媒体、网络组织教学，开发和制作历史课件，开展历史学科的计算机辅助教学，自然会增强历史教学的生动性、形象性、直观性。具备上述条件的课改学校，教师应充分利用这些有利的"硬件"进行情境创设。但是，不具备上述条件的学校，教师不能借口"硬件"不够而无所作为，应该从实际出发，因地制宜，开发资源。例如，充分利用传统的教学挂图、幻灯、投影、录音、录像、影片、模型等，同样可以创设出形象直观的教学情境。

---

① 何成刚等．智慧课堂：史料教学中的方法与策略．北京：北京师范大学出版社，2010.3

（2）选择短小精悍的史料。要上好一节专题史课，必须处理好以下几个关键节点：第一，引入新课；第二，转承过渡（知识与知识的关联性）；第三，主干知识体系中重、难点问题（核心知识）的有效突破；第四，新课结课。一般来说，课堂教学主要是在这四个节点引入史料、创设情境。但不是说，教学中的每个环节都要创设情境，课堂教学中不宜引入过多过长的史料。目前一些使用多媒体教学的公开课和历史期刊登载的个别"示范课"充斥着大段大段的材料、冗长过多的视频，实在难以苟同（大型的探究课除外）。这是因为，第一，在有限的时间内，要阅读完那么多的材料、观看完那么长的视频，还要完成对其历史信息的解读并回答相关问题，真的能够做到吗？第二，情境创设的本来目的是克服"教师硬性灌输、学生被动接受"的弊病，让师生在一定的"过程与方法"中去达成教学目标，实现新课知识体系的构建。所以说，如果在情境的解读环节用时过多，不仅容易造成学生注意力的分散和兴趣的转移，而且造成教师几乎没有时间来对真正的重难点问题进行精讲精评。因此，这类课所谓的"以学生为主体，以教师为主导"只是徒有其表而已。请看下面节选的一个教学案例：

[案例]（节选）问题二：阅读材料，了解皇帝称号的来历，并小组讨论回答。

材料一　公元前221年秦王嬴政统一六国后，下的第一道诏令是"议帝号"：

秦初并天下，令丞相、御史曰："寡人以眇眇之身，兴兵诛暴乱，赖宗庙之灵，六王咸伏其辜，天下大定。今名号不更，无以称成功，传后世。其议帝号。"丞相绾、御史大夫劫、廷尉斯等皆曰："昔者五帝地方千里，其外侯服、夷服，诸侯或朝或否，天子不能制。今陛下兴义兵，诛残贼，平定天下，海内为郡县，法令由一统，自上古以来未尝有，五帝所不及。臣等谨与博士议曰：'古有天皇，有地皇，有泰皇，泰皇最贵'。臣等昧死上尊号，王为'泰皇'。命为'制'，令为'诏'，天子自称为'朕'。"王曰："去'泰'著'皇'，采上古'帝'位号，号曰'皇帝'，他如议。"制曰："可"。追尊庄襄王为太上皇。制曰："朕闻太古有号毋谥，中古有号，死而以行为谥。如此，则子议父，臣议君也，甚无谓，朕弗取焉。自今已来，除谥法。朕为始皇帝。后世以计数，二世、三世至于万世，传之无穷。"

材料二　"天下之事无大小，皆决于上"，"丞相诸大臣皆受成事，倚办于上"。

材料三　秦代以前，玺并非最高统治者所专有。春秋战国时，卿大夫及地方官吏的印章均可称玺。到秦朝，"天子独以印称玺，又独以玉，群臣莫敢用"。据载，秦朝的传国玉玺其文为"受命于天，既寿永昌"。

——摘编自《史记·秦始皇本纪》

[问题]①材料1、3的"皇帝"称号及"制""诏""朕""玺"等规定中，你可以得出什么结论？

②根据材料来看，皇帝是怎样来继承的？

③三则材料包含了哪些历史信息，说明了什么？

④综合材料和所学知识，简要指出秦朝皇帝制度的基本特征。

[评价] 这位教师的设问，存在严重的逻辑问题。第（3）问太过宽泛，并且包含了第（1）、（2）、（3）问的内容；第（1）问和第（4）问要求学生回答的也是相似的内容；重复的设问可能把学生弄得东转西晕。其实，既然要求讨论的是"皇帝称号的来历"，材料一已经足够，材料二、材料三纯属多余；并且从"皇帝"称号及"制""诏""朕""玺"等规定中也能概括出皇帝制度的基本特征；如果考虑到学生实际的能力有所欠缺，再加上材料二也就够了，材料三出不出示并不影响教学目标的实现。同时，材料一中与皇帝称号、皇帝制度没有直接关联的部分句子还可以删去，以减少学生阅读的时间。

（3）尽量运用教材中的史料。历史教学情境的创设，对教师开发课程资源的素质提出了极高的要求。教师开发课程资源能力的大小，一是取决于教师的教学教育理念；二是取决于教师的历史观念意识；三是取决于教师的历史专业知识。其中，目前许多教师基本还停留在大学本科时期，这是不能适应新课程改革需要的。如果说教师的"教学教育理念"和"历史观念意识"与人的悟性有关，有一个长期的积淀过程，那么教师的专业知识的增长只是取决于教师勤奋与否。教师必须阅读大量的历史专著、历史专业论文，学会搜索网络资源，掌握大量生活中的史料（如历史期刊、电影电视、民俗传说、地方古迹名胜等），在教学情境创设中才不会陷入"无米之炊"的尴尬。但是，我们并不是说情境素材都要来自教材之外。其实，教科书中有大量的引文、历史地图、人物插图、文物图片等，鉴于教科书的重要地位，这些史料与教学内容的重点、难点往往密切相关。新课改实施后，许多老师一味求新，忽视对教材中史料的发掘利用。特别是一些公开课，创设情境的史料如果不是全部来自教材外，就似乎称不上优质课，这是认识上的严重误区。

例如，历史必修Ⅰ"近代西方民主政治的确立与发展"专题中所涉及的"脆弱的德国民主"一课对德国民主制度的评价，课文内就分别引用了马克思和恩格斯的经典评价，完全可以用来创设情境，设问探究。

[案例探究] 德意志帝国没有"民主"吗？

材料一　马克思说，德意志是"一个以议会形式粉饰门面，混杂着封建残余，已经受到资产阶级影响，按官僚制度组织起来，并以警察来保卫的、军事专制制度的国家"。

材料二　恩格斯认为："……在资产阶级借以组织其统治的国家机构中，也有许多东西是工人阶级可能利用来对这些机构本身作斗争的……资产阶级和政府害怕工人政党的合法活动更甚于害怕它的不合法活动，害怕选举成就更甚于害怕起义成就。"

——材料一、二引自人民版历史必修Ⅰ

材料三　德意志帝国设有一个普遍的、直接选举产生的国会。这一点许多国家到21世纪初还未实现。这个国会不是一个"假国会"。虽然总理与政府都由皇帝任命，但是他们如果没有得到国会多数的支持，几乎就无法执政。俾斯麦推行过迫害社会民主党的《反社会主义法》，但同时，社会民主党的领袖仍然可以在国会慷慨激昂地声讨与反击俾斯麦的进攻（这在极权国家是无法想象的）。三年一次，1888年以后五年一次的大选，大大推动了民众的政治化。另外，德意志帝国还存在着新闻自由。正是在这种自由的气氛中，不称职的威廉二世受到了一次又一次的抨击与讥笑。1908年，国会又通过了《帝国结社法》。

——材料三摘编自景德祥《重新审视德意志帝国的现代化》

[问题设计] ①据材料一、二，指出马克思、恩格斯关于德国政治的评论是否矛盾？为什么？

②据材料三，概括德意志帝国政治现代化取得的成就（不得照抄原文）。

[参考答案] ①并不矛盾。因为他们观察历史的角度不同：马克思从宏观层面观察历史，认为德意志帝国是一个带有浓厚封建性、军事性的资产阶级的专制国家；恩格斯从微观层面（政党政治的合法化、公开的选举制度）观察历史，认为德意志帝国还是有一定的民主性。

②成就：经普遍、直接选举产生的国会对帝国政府有一定的制衡作用；反对党（派）有活动自由并对执政者能起到一定牵制作用；民众的政治化（政治参与）程度较高；德意志帝国有新闻、结社、言论等自由。

（4）情境创设要围绕目标精心设计。专题史教学情境的创设，不是兴之所至，随心所欲，它是一门艺术，也是一门科学。情境引入一定要围绕教学目标精心设计，必须"心有所属"，围绕教学内容及重点、难点、疑点有目的地设计，切不可为使学生产生兴趣而离题万里，更不能故弄玄虚、乱扯一通。有关案例详见本书专题六"课时教学目标的具体落实"，这里不再赘述。

（5）适度拓展教材的内容。课标规定，通过高中历史课程的学习，进一步"拓展学生的历史视野"，"学会用马克思主义科学的历史观分析问题、解决问题"，"学习从历史的角度去了解和思考人与人、人与社会、人与自然的关系"。新课程强调，教科书是最重要的课程资源，但并不是唯一的资源。如果单纯地"教教材"，没有对教材的适度拓展，"进一步'拓展学生的历史视野'"的课程目标将难以实现。例如，历史必修Ⅱ专题五关于第一次工业革命的影响，教材主要从生产力的发展、阶级关系的变化、城市化进程的加快、东西方关系的逆转等角度，但是没有从社会生活、人与自然关系的角度分析。所以，引入社会生活、人与自然关系方面的史料创设新的教学情境，有利于培养学生"从不同视角发现、分析和解决问题的能力"。

[教材拓展] 工业革命对生活、环境的影响

材料一 据《欧洲家庭史》记载，在19世纪的西欧，"父母——子女组合，看起来已是主要的家庭群组。但是当各自走出家外谋生后，所有孩子就离开父母的家。"同时，"曾是普遍现象的生产性家庭单位现今成为例外了"，"没有生产职能的家庭便成

为一种众多的现象。"

材料二 19世纪上半期，欧洲工人阶级经历的苦难触目惊心。厂房狭小简陋，烟尘与其他漂浮物几乎使人窒息。工伤事故频频发生。据伦敦一家经济杂志统计，在19世纪三四十年代，英国每年有1400名矿工丧生。工人的工资极其微薄，多数家庭仅能勉强维持生活……工人中间流行着各种职业病和传染病，如矽肺、瘰疬、佝偻病、伤寒和霍乱。在资本主义大工业的草创时期，资产阶级无情地打破一切道德和生理的界限，用低工资、罚款和解雇来迫使工人从事奴隶般的劳动。各国政府将工人视为"危险阶级"，迫使工人驯服地遵守雇佣劳动纪律。例如，1834年英国议会通过"济贫法"，在全国遍设"劳动院"。无业贫民被送进"劳动院"。那里生活条件恶劣，被人们称作"穷人的巴士底狱"。

材料三 右图是1858年英国著名的幽默杂志《笨拙周刊》刊登的反映泰晤士河的一幅漫画，题为"沉默的强盗"。画面为象征死亡的骷髅在泰晤士河上游荡。

[问题设计] ①材料一反映了哪些社会现象？出现这类社会现象的原因是什么？

②据材料二，概括19世纪上半期欧洲工人阶级经历的触目惊心的苦难，结合所学知识分析其原因。

③材料三中，漫画的立意是什么？

[参考答案] ①社会现象：雇佣劳动制促进人口流动；家庭职能的变化；年轻人独立意识增强。原因：工业革命。

②苦难：工人的劳动条件极其恶劣，突出表现在厂房狭小简陋，安全隐患严重；工人的工资十分微薄；工人的工作时间过长；工人的生活条件恶劣，突出表现在住房残破、生活环境脏、乱、差；工人的健康状况受到摧残。

原因：第一次工业革命引起了社会结构的重大变革；资本家无视道德和生理界限，用低工资、罚款、解雇来迫使工人劳动；各国政府颁布法令（如英国《济贫法》）迫使工人遵守雇佣劳动纪律。

③立意：环境污染已经威胁到人们生存，希望引起对环境问题的重视。

总之，基于情境创设的教学实施应贯穿于教学始终，通过创设历史情境，再现特定时空下的历史人物、历史事件和历史现象，使学生"触景生情"，充分体验、感受历史的氛围，促进学生的全面发展。

专题五 高中专题史教学评价

在确定历史教学目标，开展教学工作之后，最重要的是要看实施的达成度怎样，这就需要进行评价。评价的功能和方式众多，更重要的功能是改进，也就是根据评价结果对原来工作提出改进建议。这种评价实质上是一种诊断性评价，是为了帮助学生改善学习，帮助教师改进教学工作的评价。在基础教育课程改革的节点上，教学评价改革之重要、之难，早已是学界达成的共识。所以，教学评价改革又常常被称为"瓶颈"。这样的称谓恰好说明，唯有突破教学评价改革，历史课程改革才能不断向纵深推进。基于这样的理念，本专题在探讨课标倡导的历史学习评价方式的基础上，重点探究了高中专题史模块教学中如何在过程性评价中实施情感态度与价值观目标评价，以及有效运用学生成长档案袋，并就如何处理好课标与考纲的关系、模块学业评价与高考评价的关系提出了意见和建议。

一、课标倡导的历史学习评价方式

学习评价是历史教学评价的重要组成部分，对课程的实施起着重要的导向和质量监控作用。高中专题史的学习评价方式要有利于新课程的实施。

（一）建立多元化的学习评价体系

《普通高中历史课程标准（实验）》倡导建立多元化的学习评价体系。就我国现行的基础教育评价体制和考试制度来看，不利于学生学习方式的转变和学生的全面发展。如今的考试和评价制度主要起着一种甄别和选拔的功能，忽视了学生个体的差异，也未能体现新课程标准倡导的"以学生为本"的理念，不利于学生的全面终身发展；评价是在旧有的考试方式和考试题型下学生学业成绩的反映，评价指标单一，忽视了对学生学习过程的关注和考查；评价方法唯一，过于强调纸笔测验，强调量化成绩，对其他考查方式和评价方法不够重视；学生基本处于被动地位，自尊心和自信心得不到很好的保护，主观能动性得不到很好的发挥。这就严重制约了新课改和素质教育的推进，影响了学生身心健康的发展。

新课程背景下，高中专题史教学要求转变评价观念，树立"全面、多元、发展"的评价理念，即建立有利于促进全体学生全面发展、激励教师积极进取、以评价学生综合素质为目标的、多元化的、综合性的学习评价体系，以切实转变学生的学习方式，全面实现历史教学评价的功能。^①《普通高中历史课程标准（实验）》在"评价建议"中明确指出："学习评价必须以《普通高中历史课程标准（实验）》为依据，遵循既注重结果，也注重过程的基本原则，灵活运用各种科学有效的评价手段，对学生的知识与能力、过程与方法、情感态度与价值观做出定量和定性相结合的评价。在学习评价实施过程中，应调动学校、教师、学生、家长以及社会各界的积极性，共同参与对有效学习评价方法的探索。"^② 在对学生的学习评价中，要改变评价过分强调"甄别与选拔"的功能，倡导"立足过程，促进发展"的评价，初步建立促进学生全面发展的评价体系。^③ 这就充分肯定了学生的学习评价在高中专题史教学评价中所起的至关重要的作用。有怎样的学习评价方式，就有怎样的学习方式。《普通高中历史课程标准（实验）》倡导的多元化的学习评价体系主要包括以下几个方面：

一是学习评价功能多元化。高中专题史教学的学习评价强调由侧重甄别和选拔转向侧重激励和发展，重视学习评价的导向功能、诊断功能、激励功能和促进功能，促进学生学习能力和创新意识的提高。

二是学习评价过程化。高中专题史教学的学习评价应从过分关注对结果的评价逐步转向对过程的评价，必须灵活运用各种科学有效的评价手段，对学生进行全面综合考核，做出定量与定性相结合的评价。

三是学习评价主体多元化。高中专题史教学的学习评价应改变以"师评"为唯一主体的传统评价方式，实现学习评价主体的多元化。在有效评价方法的探索过程中，重视学生自评与互评的作用，重视学生、教师、家长相互评价的作用。所谓有效评价，是指在高中专题史教学中，要及时对学生学习进行客观有效的评价，不断激励学生的学习，及时获取反馈信息，更好地改进教学。在进行有效学习评价时，要以学生为中心，突出学生的参与度，注意学生的个性差异，让学生了解评价的方式与过程，并引导学生参与评价过程，尝试自我评价，充分发挥学生的主体作用。

四是学习评价目标多元化。高中专题史教学的学习评价不再局限于考察学生的历史知识、历史技能，还包括考查学生"情感态度与价值观"的变化、历史学习的"过程与方法"，避免将历史知识的掌握程度作为唯一的评价内容。

五是学习评价方式多样化。高中专题史教学强调改变以考试（笔试）作为评价的单一评价方式，实现学习档案、历史习作、历史制作、历史调查与考试（口试）相结合的多样化评价。^④ 评价方式应具有科学性、灵活性、有效性和实践性。课标强调，学习评价要成为促进学生的全面发展和健康快乐成长的"催化剂"。要针对不同知识层面的学生、不同需求的学生采用不同的评价方式，引导学生进行反思或自我评价，

① 教育部. 普通高中历史课程标准（实验）. 北京：人民教育出版社，2003.2
② 教育部. 普通高中历史课程标准（实验）. 北京：人民教育出版社，2003.31
③ 钟启泉，崔允漷，张华. 基础教育课程改革纲要（试行）解读. 上海：华东师范大学出版社，2001.5，9～10
④ 教育部. 普通高中历史课程标准（实验）. 北京：人民教育出版社，2003.31～32

最终实现"促进学生的全面发展"这一评价结果和目标。

（二）课标倡导的学习评价方式

《普通高中历史课程标准（实验）》倡导高中专题史教学应建立学习档案、历史习作、历史制作、历史调查与考试（口试）等相结合的多样化评价方法。

关于学习档案评价，课标指出，高中阶段每个学生都应建立完整的学习档案。通过建立历史学习档案，对学生的历史学习进行全面客观的评价。历史学习档案一般由教师、学生及家长共同建设。其内容主要包括：考试成绩、历史习作、调查报告、历史制作、历史学习过程中的各种表现、师生和家长的评语等。建立历史学习档案，有利于对学生的历史学习进行长期、稳定的综合考察和较为全面的评价。

关于历史习作评价，课标指出，撰写历史习作是体现探究性学习成果的内容之一，也是历史学习评价的方式。通过撰写历史习作，重点考查学生的历史思维能力、语言文字表达能力、收集和处理信息能力等。当前，历史习作主要以撰写历史小论文和历史调查报告、历史考察报告等方式呈现。其中，历史小论文只是学生的习作，也有别于一般的学生作文，其选题宜小不宜大，取材必须精而实，要选择最能说明问题、最真实可信的材料作为论据，对历史人物、历史事件或论证的某些历史问题进行客观公正的分析和评价。

关于历史制作评价，课标指出，历史制作既是一种学习方式，也是一种学习评价方式。通过制作历史模型、编绘历史图表和制作历史课件等活动，可以考查学生的动手与动脑的综合能力。

关于历史调查评价，课标指出，历史调查既是一种学习方式，也是一种学习评价方式。通过丰富多样的历史调查活动，可以考查学生综合运用历史知识分析和解决问题的实践能力。

关于历史考试评价，课标指出，历史考试是学习的一种评价方式，主要形式包括笔试和口试，运用这些考试形式时，要注意其科学性、有效性和多样性的统一。新课标特别指出，不能过分强调书面考试（笔试）的作用，过多关注对结果的评价。笔试（纸笔测验）只是考试的一种形式，历史考试除笔试外，还包括口试、开卷与闭卷等多种形式。笔试内容应紧密联联系教学过程，加强与社会实际、学生生活经验的联系。要改变笔试是考试的唯一手段，应根据考试的目的、性质、对象等，选择灵活多样的考试方式，如试卷、辩论、课题研究、作品制作、情境测验等，考查学生的历史思维能力、创新能力以及综合运用历史知识解决问题的能力。要改变"一次考试定终身"，考试过分注重分数、简单地以考试结果对学生进行分类的做法，尝试给予学生多次的考试机会，并对考试结果做出分析、说明，形成"激励性"的改进意见或建议，并及时将考试信息反馈给学生，以便改进学生的学习，促进学生的发展，减轻学生的压力。

课标倡导的上述学习评价方式体现了"育人为本"的理念，符合教育公平的原则。高中专题史教学要面向绝大多数学生，"分数"不再是评价学生学业成绩的唯一标准，不只有终结性评价这一种方式。评价要立足于学生的个性差异，要从"甄别选择"走向"全面发展和全体发展"。每个学生都有自己独特的优势和长处，人人都有闪光点。因此，教师应注意运用多种评价方式来评价学生，充分挖掘学生的闪光点，激发学生的上进心，从而实现全体学生的全面发展。

高中专题史教学要着力引导学生自我评价。过去我们常用的考试分数评价的不足之处在于：学生总有进入最差档的，如有的学生尽管考了 90 分，但可能仍是最后一名。而对优秀学生的界定和名额比例的失衡，总有一部分优秀学生进不了名额有限的第一等。按这种评价方式，容易使学生的学习目标转移，使学生更关心竞争对手，而忽视自身的不足。若采用学生个人"学习进程比较法"对学生进行自我评价，就能消除上述不足。"学习进程比较法"是学生本次成绩与上次成绩的比值，是学生个体成绩浮动的反映，"学习进程比较法"淡化了名次效应。这种方法能使学生明确自己的进步，提高学习的信心。学生容易从自身找原因，从而调整自我、完善自我、超越自我，而不去怨天尤人。尊重学生个体，积极采用和推行学生自评，使评价成为学生认识自我、发展自我、管理自我、激励自我的一种手段。使学生学会依据一定的标准进行自我评定，这是培养学生的自信心和终身学习的巨大动力，也是改革应试教育封闭评价方法的有效措施。

高中专题史教学应关注教学的长期效果评价。对教学效果的评价是非常复杂的。有的方面，教学的效果能够即刻显现；有的方面，经过一定的练习，也会很快发生行为上的变化；但有些方面，教学效果的发生需要很长的时间，特别是对学生的"情感态度与价值观"等方面的评价，其效果往往需要一个较长时间的过程，短时间是很难预测的。因此，高中专题史教学评价需要关注其长期效果的评价。

二、在模块学业评价中有效运用学生成长档案袋

在国家基础教育课程改革新颁布的学科课程标准中，在"评价建议"部分提倡创建和使用成长档案袋。

所谓成长档案袋，又称档案袋评价、卷宗评价、案卷评价、历程档案评价、文件夹评价、成长记录袋等。档案袋评价是从西方兴起的一种评价方法。从词义分析，档案袋有"代表作选辑"的含义。最初使用这种形式的是艺术家和摄影家，他们把最优秀的画作、照片集中建立档案袋，以展示其典型作品。后来，人们把这种做法应用到教育领域，档案袋也就是汇集学生作品的样本。主要是指将学生学习的情况、把有代表性的作品有目的地汇集起来，以展示学生在较长时期内在课程的一处或多个领域中做出的全部努力、进步、学业成就。"成长档案袋"可以说是记录了学生在某一时期一系列的成长"故事"，是评价学生进步过程、反省能力及其最终发展水平的理想方式。

依据不同的档案内容，学生成长档案袋评价可以有不同的类型：如展示型档案、文件型档案、评估型档案和过程型档案。档案袋可以是分科的，如历史学习档案袋等；

也可以是综合的，主要用于学生综合素质评价，如四川省普通高中学生实施新课程的综合素质评价就采用了学生成长档案袋评价，规定："学生成长记录是对普通高中学生进行综合素质评价的主要依据。学校要引导学生以事实为基础做好成长记录，如实反映学生在基础性发展目标上的各方面表现，其中应重点包含学习情况的记录，如选修课的修习及所获学分的情况、学业水平考试成绩，参加研究性学习、社区服务、社会实践以及学校社团活动等基本信息。"[①] 教师可根据所教学科和年级特点、教学目标以及培养学生能力的角度，选择和使用不同的成长档案袋。

不管学生成长档案袋如何分类，有两点是可以肯定的，第一，档案袋所装的都是基于一定目的、精心设计的学生作品；第二，档案袋的作品有别于传统的测验或考试，它们是基于一定的真实情境或类似真实情境下学生的学习表现、实际反应，包括知识的理解、思考的策略、历程与知识的运用等。

目前，课改一线教师在高中历史模块学业评价中实施成长档案袋评价还为数不多。究其原因，一是多数教师认为，自己在常规教学中所教的班级太多，课时太重，在这种情况下实施成长档案袋评价，无疑增加了自己的工作量；二是一些教师认为，实施成长档案袋评价的主观性太强，尤其是在当前还缺乏有关诚信制度约束的情况下，这种评价方式容易走过场，很难达到客观、真实、公平、公正地反映学生历史学习情况；三是部分教师将成长档案袋评价等同于传统意义上的学生档案，认为成长档案袋评价无非就是德育领域中记录学生评价结果的相关资料，如个人履历、奖惩情况等。以上原因，导致课改一线教师对成长档案袋评价这种评价方式的实施缺乏足够的动力和激情。

在这种情况下，如何更有效地将学生成长档案袋评价运用于高中历史模块学业评价中呢？

我们认为，高中历史模块学业评价中的学生成长档案袋是根据教学目标，有意识地将各种有关学生表现的作品及其他证据收集起来，通过合理的分析与解释，反映学生在历史学习中的优势与不足，反映学生在达到目标过程中付出的努力与进步，并通过学生的反思与改进激励学生取得更高的成就。成长档案袋作为一种对学生的历史学习进行长期、稳定的有效评价方式，侧重于过程性评价，关注学生学习与发展的过程，以学生为出发点，客观、全面、真实地记录学生的成长历程，反映学生的进步与成就的现状。成长档案袋也是一种形成性评价，并作为传统教育测验的一种替换形式，故具有较好的发展前景。

与传统的评价方式相比较，在高中历史模块学业评价中运用学生成长档案袋评价应注意以下几点：

---

① 四川省教育厅．四川省普通高中学生综合素质评价方案（试行）．2010．http：//www. scedu. net/structure/index. htm

（1）成长档案袋的基本成分是学生的作品。成长档案袋收集的是学生在某一学科领域的一系列作品，用以展现学生的成就、进步与不足，描述学生学习的过程与方法，反映学生学习的态度、兴趣与情感。这是它与传统评价方式的最大不同，也是它的一个特色。① 就高中历史模块学业评价中的学生成长档案袋而言，它不只是一个无所不装的容器，把学生的分数单、试卷、奖状等堆积在一起；更重要的是通过成长档案袋能看到学生在模块学习中的进步与发展的方向。因此，学生在模块学习中的作品是成长档案袋的重要信息来源，是构成学生成长档案袋的主体。

（2）有目标地收集成长档案袋的作品。成长档案袋不是简单的文件夹，其中的作品不是随意的堆积，而应依据教学目标或学生的发展目标来确定，由学生自己有目的地放进一些足以能够反映某一模块学习过程中生成的各种作品、基于情境活动的实物材料，如模块学习内容中就某一问题的历史小论文、历史专题报告、历史学习心得体会、历史小制作、历史考试成结、师生与家长的评语等等，用来描述历史学习的过程与结果。一个理想的成长档案袋，能够为学生保留学习和发展的重要信息，能够为学生描绘出一个动态的、完整的、立体的发展图画，它将给学生整个模块学习经历留下深深的痕迹，能够让每一位学生在成长档案袋中享受快乐、享受成功。为了达到和促进学生发展的目的，在高中历史模块学业评价中创建学生成长档案袋时，必须以学期或学年的教学目标，以及学生的历史学习现状为基础。教师要特别鼓励学生收集和保存日常历史学习中具有典型意义和个性特色的重要实证性材料，真实、准确地反映学生的成长历程。

高中历史模块学业评价中创建学生成长档案袋，最重要的就是要往里面放些什么，而放什么与学生成长档案袋的建立目的有直接关系。若是为了展示历史学习的成就或特长，学生档案袋所放的内容主要是学生最满意、最重要、最好的作品，如历史作业样本、参加历史考察或调查活动的照片、阅读历史课外书籍的目录、整理和收集的历史学习资料、撰写的历史学习小论文或心得体会等等。"展示型"档案袋收集的作品内容应充分体现学生的特长与个性差异，让学生有充分发挥自己创造力和想象力的空间，教师决不能固定内容。若是为了反映学生在某一学段内历史学习上的成长进步的过程，发现其在学习上的优势与不足，那么，学生档案袋的作品就不仅包括最优的作品，还要把过程性的东西，如历史小论文的初稿、修改稿、定稿等，也装进去，而传统意义上的学生档案一般不装学生的原始作品。"过程型"档案袋的作品既可以是一系列的历史作业，也可以是教师或同伴的观察记录，旨在反映学生在模块学习中的发展变化情况，在各种成长档案袋中具有典型意义。此外，若是创建成长档案袋的目的是为了评估学生历史学习的发展水平，那么，对于这种"评估型"成长档案袋所收集的内容

191

---

① 国家基础教育课程改革"促进教师发展与学生成长的评价研究"项目组. 成长记录袋的基本原理与应用. 西安：陕西师范大学出版社，2002.3

要设立标准，如学生"零诊"、"一诊"、"二诊"、"三诊"考试的达标要求等，也就是说，放入"评估型"成长档案袋的内容是统一要求的，以便于在不同学生之间进行比较。

（3）多主体参与学生档案袋评价。在高中历史模块学业评价中，学生成长档案袋评价的参与者既有学生与教师，还有同伴与家长等。多主体参与评价，成为高中历史模块学业评价中有效运用档案袋评价的一个重要特点。其目的在于让不同的参与者在学生档案袋的创建和实施过程中发挥各自的作用，调动一切可利用资源帮助学生成长。

成长档案袋评价要突出学生的评价主体地位，留给学生自我评价与反思的空间。成长档案袋为学生提供了一个评价自己的作品，反思自己的学习过程的机会，一方面，学生是学习档案的主人，可以自己决定放入成长档案袋的内容，比较真实地反映学生历史学习的过程及其成效，使他们能够学会自己判断自己的进步；另一方面，又可以帮助学生了解自己的学习方式，评价自己的学习过程，发现自己的优势与不足。由于成长档案袋评价主要考查学生运用所学知识所取得的成就，学生就成为选择成长档案袋内容的一个主要决策者，从而他们也就拥有了判断自己学习质量和成绩的机会，这就极大地激发了每一个学生的学习积极性和主动性，又让学生产生浓厚的学习兴趣，使他们从中体会到学习历史的收获和快乐，让学生学会学习，为终身发展打下基础。

学生成长档案袋的评价离不开教师对学生的引领和帮助。创建和实施成长档案袋时，必须充分考虑到教师的指导与反馈，它将是成长档案袋评价的一个关键环节。在创建和实施之前，教师要研究课程目标，并将相应的课程目标转化为成长档案袋评价的目标要素。评价目标可以由教师集体确定，也可以由师生、家长共同参与制定。目标确定之后，教师应将它们以适当形式（如书面材料）告知学生等有关人员，或给学生提供历史学习档案范例。[①] 在日常历史教学的过程中，教师不仅对成长档案袋作一般性的等级评定，同时还要根据模块教学要求，学习目标与学生作品水平，对成长档案袋里的内容进行合理的分析、解释或反馈，指出其作品中的长处与不足，同时提出改进的意见和建议。在成长档案袋实施过程中，为了保持学生的兴趣与积极性，教师还必须定期举行展示与交流。尽管学生成长档案袋的作品主要由学生自己收集和整理，但教师要加以引导，并提出一些反思性问题，鼓励学生进行自我反思或自我评价自己的作品。为此，教师可设计一份调查问卷，其主要包括："你检查了自己的哪些作品？你的作品在这一时期内发生了什么变化？你学到了哪些以前不知道的知识？是什么时候学的知识？"等等。

学生成长档案袋的评价需要家长的参与和支持。学生应不定期地将成长档案袋带回家中，让自己的父母参与评价，了解自己历史学习情况与成长过程，并及时与教师沟通，与子女沟通，发现其学习上的进步与不足。

学生成长档案袋的评价也需要同伴的参与。同伴作为评价者，通过对他人作品的

---

① 朱汉国，王斯德. 普通高中历史课程标准（实验）解读. 南京：江苏教育出版社，2003. 248

评价，不仅能够从他人的作品中吸收好的东西，还可以不断地提高自身鉴赏能力。而且，与教师或家长相比，生生之间不仅有更多的时间交流，而且这种平等的交流能积极促进同伴关系的发展，以及交往能力的形成。

学生成长档案袋在高中历史模块学业评价中的运用，一方面能够培养学生收集和处理历史信息资料的能力；另一方面给教师提供了对学生历史学习过程评价的信息。为了使成长档案袋评价更全面、科学，发挥促进学生发展的作用（即评价的实效），既要保证成长档案袋评价过程中所获取信息的真实性与可靠性（即评价的信度），又要保证评价结论的准确性和有效性（即评价的效度）。① 要实现成长档案袋评价这样的评价目标，这将是一个长期、漫长的课改探索过程，需要教师的共同努力。

三、在历史模块教学中实施过程性评价

（一）准确理解过程性评价

作为新课程评价理念倡导的过程性评价，在高中专题史模块课程教学实施中得到大力提倡，过程性评价的方法和工具日渐成熟。然而，对过程性评价内涵的理解和实践方式，目前仍存在许多含混不清的说法或偏激极端的做法，主要表现在以下几个方面：

（1）将过程性评价与终结性评价对立起来。有学者过分夸大过程性评价的功能，认为只要采用了过程性评价的方法，评价方面的一切问题包括应试教育的问题就都迎刃而解了；认为过去的评价有问题，在于终结性评价存在弊端，从这个意义上说，可用过程性评价取代终结性评价，如取消成绩测验等。

（2）将学习效果的评价，如成长记录或学习档案评价等，排斥在过程性评价之外，甚至将过程性评价与某种特定的评价方法，如学习日记、评价量表等混为一体，造成过程性评价在实践中出现混乱。

过程性评价是一种在历史课程实施的过程中对学生的学习进行评价的方式。过程性评价倡导目标与过程并重的价值取向，对历史学习的过程、效果以及与历史学习密切相关的非智力因素进行全面的评价，以促进学生的全面发展。

高中专题史教学评价中的过程性评价具有如下特点：

（1）评价的过程与结果并重。过程性评价的"过程"是相对于"结果"而言的，具有导向性。过程性评价不是只关注过程而不关注结果的评价，更不是单纯地观察学生的表现。相反，过程性评价更关注教学过程中学生智能发展的过程性结果，如解决现实问题的能力等。及时地对学生的学习质量水平做出判断，肯定成绩，找出问题，是过程性评价的一个重要功能。②

（2）评价的全面性与实效性。过程性评价强调对学生的学习动机、学习过程和学

---

① 齐健. 走进高中历史教学现场. 北京：首都师范大学出版社，2008.270

② 过程性评价的功能还包括：促进学生对学习过程进行积极的反思，从而更好地把握学习的方式方法；促进和帮助学生理解和掌握评价的方法，作为终身学习相呼应的一个方面，实现终身的可持续发展，等等

习效果等方面的评价，但并不是作为终结性评价的对立面出现的，它同样重视对学习结果的评价。过程性评价主张评价过程与教学过程的相互统一、交叉和融合，评价主体与客体的互动和整合，便于教师及时了解学生的情况，调整教学计划和教学策略；学生也可根据评价反馈，及时地调整和改进学习方法。

（3）评价的灵活性与多样性。过程性评价注重量化评价与质性评价方法相结合，丰富评价与考试的方法，如成长档案、学习日记、情景体验、行为观察和开放性考试等，追求科学性、实效性和可操作性。

（4）评价的层次性与发展性。过程性评价关注被评价者之间的差异性和发展的不同需求，促进其在原有水平上的提高和发展。过程性评价不排除评价的量性分析，但更强调评价的质性分析，其评价标准分层化，能根据学生的不同层面，对学生的知识面、能力层次、道德品格以及情感态度作深入的评价。过程性评价是一个循环推进的持续性过程，呈现"评价——自评——互评——结果分析——应对措施"等主要环节，以此形成良性循环的机制，促进评价对象主体的真正发展，并贯穿学生在校学习的全过程。

（二）过程性评价的实施建议

在高中专题史教学中，如何有效实施过程性评价？在这方面，一些课改实验区进行了有益的探索，并取得了可喜的成绩。

1. 全面掌握过程性评价的内容

过程性评价的内容侧重于"过程与方法"、"情感态度与价值观"的评价。其评价内容主要包括：课堂学习状况、学习态度与方法、课外探究状况、单元测试情况、历史作业及其他学业成果展示等。

"过程与方法"评价，应关注学生学习的全过程，使学生在评价自己的学习行为时能清楚地看到自己在学习过程中取得的进步与存在的问题，并通过不断反思来促进学习进步。

"情感态度与价值观"评价，可通过采用问卷调查法、交谈法、观察法对学生的情感、人格、人生观、世界观和价值取向的变化进行评价。

"学习态度"评价，可通过建立学生成长档案袋，记录学生出勤、课堂表现、作业完成及课外学习情况，作为评价的主要依据。

"成果展示"评价，可通过举行历史研究性学习成果交流会，对学生撰写的历史小论文及研究报告、制作的历史模型或历史教具（课件）、绘制的历史图表等进行评价。

2. 过程性评价结果宜采用等级制

过程性评价结果宜采用以等级、评语和资料呈现相结合的方式。就等级评定制而言，可分为A、B、C、D四档，分别代表优、良、及格、不及格。等级评定制模糊了分数概念，使学生间的成绩差别（绩差）保持在适当的程度，降低了以分数给学生排队的负面影响。以下是过程性评价中评价学生学习活动的等级评定标准。

学生学习活动等级评定表①

	A	B	C	D
本次学习活动参与积极性	认为本次学习活动很有意义，非常有兴趣	有一定意义，有兴趣	意义一般，无所谓	没有意义和兴趣
本次学习活动中的贡献	对本次学习活动投入非常大，承担了最主要的任务	能够投入，承担了主要的任务	投入不多，承担了次要任务	没有投入和极少任务
对本次学习活动的成果评价	通过此次学习活动收获非常大，成果表现突出，有自己独立的思考	收获较大，成果能体现独立思考	收获一般，成果体现独立思考较少	没有什么收获，基本抄袭，没有任何整理
和其他同学的合作	分工明确，协作沟通非常好	有明确分工，能较好协作沟通	分工不太明确，协作沟通一般	没有分工，小组中只有一位同学做

3. 注重评价主体的多元化

一般来说，过程性评价由学生自我评价、小组评价和教师评价组成。

学生自我评价侧重于学习反思或学习过程中精彩表现概述。学生自评要求以文字形式从学习态度与方法、课堂学习情况、课后练习情况、课外阅读情况，以及其他历史活动情况等方面进行反思，主要陈述自己在本阶段的学习情况。学生自评时，要求内容充实，条理清晰，实事求是，能深入反思自己的学习状况。学生在自述的同时，可适当展示自己的学习成果，如课堂笔记本、课外练习本、课外阅读笔记或书籍、发表的文章、考试的试卷、作业练习册、课后的阅读与思考、解析与探究，以及学生练习的完成情况、获奖证书等。过程性评价应在教师指导下，以学生为主体进行评价。

小组评价侧重于学生在小组学习中为小组所作的贡献。包括定量评价和定性评价两种评价方式，前者涉及自我评价的表现、课堂学习情况、课后练习情况、学习过程与方法、情感态度与价值观感等评价项目；后者主要涉及小组给同学的建议，包括优点和不足。

教师评价要关注学生在学习过程中的参与态度和表现出来的才能，注意记录和观察学生的闪光点；应及时总结学生学习过程中的基本情况，如出勤情况、课堂表现、研究性学习、作业完成情况等，并及时做出"寄语式"反馈。

4. 合理制定过程性评价标准

实施过程性评价需制作《历史模块学习过程性评价表》进行评价，该表可作为学

① 广东省教育厅制定. 广东省普通高中历史模块教学与考核要求. 广州：广东教育出版社，2006. 10

生成长记录的一个部分，也可以作为综合素质评定的资料，其制作的关键在于制定"评价标准"。现将小组评价的评价标准罗列如下：

小组评价标准表①

班级：_____ 姓名：_____ 时间：_____ 模块：_____

小组成员：_____ 小组长：_____

评价方式	评价项目	评价标准	评价成绩	
			自评分	小组评分
定量评价	1. 自我评价的表现（20分）	自述客观、诚恳，能深入地反思自己的学习情况，条理清晰、内容充实，展示材料丰富		
	2. 课堂学习情况（20分）	课堂笔记详略得当，条理清晰，便于复习，上课讨论积极，能认真完成课堂练习		
	3. 课后练习情况（20分）	历史练习册、单元检测题以及课后的"阅读与思考"、"解析与探究"能很好地完成，布置的历史作业按质按量完成		
	4. 学习过程与方法（20分）	学习积极主动，努力寻找与自己适应的学习方法，灵活地运用所学的内容，乐于与人协作，有探究精神		
	5. 情感、态度与价值观（20分）	能正确认识到历史学科的价值，对学习历史有强烈、持续的热情，形成了对国家、民族的历史使命感和责任感，具有积极进取的人生态度，具有坚强的意志和团结合作的精神		
	6. 其他加分	上课积极举手发言1－2分		
		积极参加历史活动，如：参加有关历史知识的演讲、辩论赛、表演历史小品等可加1－3分，制作历史模型加3分		
		在校级、区级、市级、省级、国家级报刊发表历史文章者分别加3、5、8、10、15分		
		评分小计		
		最终评分和等级认定		
定性评价	给该同学的建议（包括优点和不足）			
组长签名		任课老师确认		

---

① 广东省教育厅制定．广东省普通高中历史模块教学与考核要求．广州：广东教育出版社，2006.7

在实施过程性评价时，评价目标求力求准确精练，评价内容以模块测试无法体现的内容为主；评价主体要兼顾教师、学生与同学；应积极探索促进学生全面发展，彰显学生个性和特色的评价方法。应合理安排评价的次数，可一学期进行一次，或根据实际情况予以确定。实施过程性评价应着力克服以下错误倾向：忽视过程性评价的作用，不进行过程性评价；以阶段性考试（形成性评价）代替过程性评价；过程性评价流于形式；过程性评价方法过于繁琐。

四、在模块教学中实施情感态度与价值观目标评价

历史学科的特点，决定了它在学生"情感态度与价值观"养成方面具有突出的重要地位。目前，高中专题史模块教学中实施"情感态度与价值观"目标评价仍存在极大的障碍。其原因在于受传统的"应试教育"模式的影响。一方面，高中专题史教学目前仍存在片面追求学生对知识的掌握倾向，并将其作为评价的唯一尺度，导致对"情感态度与价值观"目标的评价方法的研究不多。另一方面，课改一线部分教师在教学中片面强调对学科能力目标落实的评价，这种矫枉过正产生的"副作用"式的评价理念，则相对削弱对"情感态度与价值观"目标的评价。加之，部分教师对"情感态度与价值观"目标评价带有"隐性"的特点认识不清，把握不够，在具体操作上存在畏难情绪。有学者尖锐地指出，当前，即使在历史教学中涉及"情感态度与价值观"目标的评价，也是标准答案式的"情感"和"判断"。[①]"情感态度与价值观"目标是高中专题史教学评价中的难点之一，解决好"评什么"以及"怎样评价"这两个问题，是突破这一难点的关键所在。

（一）"情感态度与价值观"目标评什么

我们认为，《普通高中历史课程标准（实验）》确定的"情感态度与价值观"目标，是确定"评什么"的出发点与归宿。课标在培养学生如何正确对待自己的"情感态度与价值观"方面，非常明确地提出了要求，主要包括："了解中国国情，热爱和继承中华民族的优秀文化传统，弘扬和培育民族精神，激发对祖国历史与文化的自豪感，逐步形成对国家、民族的历史使命感和社会责任感，培养爱国主义情感"（道德感）。"确立积极进取的人生态度，塑造健全的人格；树立崇尚科学的精神，坚定求真、求实和创新的科学态度"（理智感）。"培养健康的审美情趣，努力追求真善美的人生境界"（美感）。"加深对历史上以人为本、善待生命、关注人类命运的人文主义精神的理解"（价值观）。"培养坚强的意志和团结合作的精神，增强经受挫折、适应生存环境的能力（品德意志）"，[②] 实际上也是帮助学生树立科学的价值观。以上可见，"情感"不仅指学习兴趣、学习责任、学习动机，更是指内心体验和心灵世界的丰富。

---

① 姬秉新，李稚勇，赵亚夫. 理解与实践高中历史新课程——与高中历史教师的对话. 北京：高等教育出版社，2005. 144

② 教育部. 普通高中历史课程标准（实验）. 北京：高等教育出版社，2003. 5

"态度"不仅指学习态度、学习责任，更是指乐观的生活态度、求实的科学态度、宽容的人生态度。"价值观"不仅强调个人的价值，更强调个人价值和社会价值的统一；不仅强调科学的价值，更强调科学的价值和人文价值的统一；不仅强调人类的价值，更强调人类价值和自然价值的统一，从而使学生内心确立起对真、善、美的价值追求以及人与自然和谐和可持续发展的理念。①

因此，在设计高中专题史模块教学评价方案的时，"情感"目标评价的落脚点在于考查学生能否心态平和、严谨细致、实事求是地回答问题。"态度"目标评价的落脚点在于衡量学生是否有毅力、有韧性、有追求真理的科学态度，有良好的思维品质。"价值观"目标评价的落脚点在于鉴别学生对科学价值和基本人生观的认识理解程度。② 其中，"价值观"具有复杂性、多样性等特点，它可分为普适性价值观和特定性价值观，前者如追求真、善、美，是古往今来人们不变的追求；后者是指个体依据一定的价值尺度，对特定客观事物的评价和看法。当前，教师应重视历史学科特定性价值观评价，一方面要在评价中，尽量从历史事实出发，在历史记录与历史解释中厘清不同的价值判断，分析产生价值观冲突的原因，从中分辨出不同时期的主流价值观；另一方面，要在评价中认真培育符合时代与社会发展需要的核心价值观。③

（二）"情感态度与价值观"目标怎么评

"情感态度与价值观"属于精神的范畴，是学生主观的认识和理念，其特点是"内隐"的，具有高度的抽象性、稳定性、无限性和开放性。所以，对"情感态度与价值观"目标评价的关键是将学生的"情感态度与价值观"由"内隐"着力转变为"外显"进行评价，这就离不开实践。从这个意义上说，"情感态度与价值观"目标评价在高中专题史模块教学评价中可以实施过程性评价。

过程性评价的关键是如何结合相关历史学习内容和学习任务将其具体化。课标中的"评价建议"对实施过程性评价有重要参考价值。具体说来，有以下几种评价方法：

1. 观察评价法

教师在师生互动的教学过程中都会有意无意地观察学生的各种表现。教师通过对学生课堂行为的观察并记录学生在活动中的行为、情绪情感、操作等各种表现，以此对学生进行综合评价。在多样化的活动中，学生的"情感态度与价值观"都会通过他们的各种行为体现出来，是一种最为真实和具体的体现。凭借观察评价法，教师可以获得每个学生的动态发展信息。但要想获得客观的、丰富的有关学生"情感态度与价值观"目标发展状况的评价信息，教师就要带着比较明确的评价目的，甚至要有具体的观察计划和观察指标，同时，将这些观察结果加以简要而持续的记录。这对于教师

① 钟启泉，崔允漷，张华. 基础教育课程改革纲要（试行）解读. 上海：华东师范大学出版社，2001. 276
② 袁兆桐. 新课程有效教学疑难问题操作性解读·高中历史. 北京：教育科学出版社，2008. 122
③ 胡军哲. 在过程与方法中进行历史价值观教育. 历史教学（上半月刊），2010，（19）

有目的地、有针对性地实施专题史教学，因材施教，都是非常有价值的。

2. 访谈评价法

师生之间的沟通和访谈是评价学生"情感态度与价值观"目标的有效方法。教师可以从与学生进行的个别访谈、分组座谈、公开讨论等各种形式的谈话中了解他们的态度、兴趣或价值观等。这种方法让教师可以观察到学生的姿势、表情、声调，还可以通过追问要求学生澄清或具体说明对某些问题的看法，或提出建议，所以能更准确、深入地评价学生的"情感态度与价值观"。但要通过访谈有效了解学生的真实情感状态，教师要得到学生的信任，要保持积极倾听的态度，具有亲和力，要在访谈评价前准备大量清晰、简要的开放性问题，应在访谈评价时促使学生大胆、充分说出他自己的想法，为学生今后的发展指明方向。

3. 问卷评价法

问卷编制是成功实施"情感态度与价值观"目标评价的关键。教师要明确自己所要评价的具体变量是什么，以及这一变量的内部结构和外在表现是怎样的，然后在此基础上编写出一系列封闭式和开放式问题，合成一套"情感态度与价值观"目标评价问卷。教师精心命制问卷，组织学生回答问卷，获得学生"情感态度与价值观"方面急需解决的问题和已取得的成功，以及今后发展的信息。编制问卷时，应注重问卷本身的教育性，发挥问卷的教育功能，力求使学生在答卷过程中，领悟到试题的深刻内涵及鲜明的教育价值，帮助学生逐步形成良好的心理和情感、态度，引领学生感悟人生的意义，逐步形成正确的世界观、人生观、价值观。

在问卷评价的具体形式上，可使用选择题、判断题、分析题这样的老题型，也可大胆地推陈出新，融入图片、文献、诗词、对联、漫画、地图、表格等材料因素，推出新的题型、新的创意，如材料解析等，使形式和内容完美统一，让学生耳目一新，增强问卷的亲和力，让问卷本身呈现"情感态度与价值观"。具体表现为：①问卷题干语言亲切友好，温馨励志，体现对学生的尊重与关爱，摒弃命令和苛求。②问卷语言生动活泼，审美性、文学性强，富有亲和力，情境材料行文流畅，表达问题的思路简捷、条理性强，环环紧扣，具有逻辑美感。③问卷中的历史图表简洁、清晰、美观，具有艺术的感染力。④问卷选材贴近学生的生活，富有时代气息，突出丰富的人文内涵，对学生高尚的人文精神的培育起到潜移默化的熏陶作用。⑤问卷内容凸现生活化、个性化，尤其是区域地方特色明显，有利于学生人文素养的提升。⑥重视问卷"情境"的设计，以"境"载情、引情、激情、育情，感染学生，激发学生兴趣。

如果条件允许的话，教师最好在正式实施评价之前，对问卷评价进行测试，以发现其中潜在的问题并进行必要的改进。

4. 成长档案袋评价法

如前所述，用成长档案袋方式收集学生成长过程中的各种资料，包括教师、同学和自我的历次评价，历史学习的作业、考卷等。学生通过成长档案看到自己进步的轨迹，发现自己的不足，并通过成长记录加强自我反省和自我评价能力。这种评价方法注重过程，是一种发展性的评价，是评价学生"情感态度与价值观"目标的一种有效的方法。

5. SOLO 分类评价

在高中专题史教学中，采用 SOLO 分类评价法作为教师评价与学生自评"情感态度与价值观"目标的依据。例如，学习高中历史必修（Ⅲ）思想文化史专题时，结合"情感态度与价值观"目标的 SOLO 分类评价法的五个层次如下：①前结构：只简单地判断思想学说的好或不好；②单点结构：只从某一个角度理解思想学说；③多点结构：联系同一时代或比较不同派别的主要思想观点；④关联结构：结合时代背景分析思想学说的社会价值；⑤抽象拓展：从社会发展的角度认识概括思想学说的现实价值。

采用 SOLO 分类评价法评价，可以比较清晰地显示学生在"情感态度与价值观"目标方面的不同层次，有利于教师与学生共同获取对目标达成情况的体察与反思，更好地把握目标的着眼点，从而推动目标的优化，全面提高专题史教学效益。

6. 利克特量表评价法

利克特量表是测量"态度"目标最常用的方法之一，目前也广泛应用于情意领域其他因素的评价。这种量表通常提供若干个有关陈述，要求学生根据自己的真实情况和感受，表示其同意的程度。比如，学生先阅读这样一个陈述，"在全部同学面前发言对于我来说很轻松"，然后从备选的五个答案（非常同意、同意、没意见、不同意、非常不同意）中选择一个。相对来说，利克特量表的编制、实施和解释都比较复杂一些，教师要根据评价对象的年龄，适当调整陈述的措辞方式（如是否使用反向的陈述）、陈述的数量以及回答选项的个数等。从他人已经开发出来的利克特量表中选择一个或多个，用于自己所教学生的"情感态度与价值观"目标评价。

当然，可以用于"情感态度与价值观"目标评价的方法还有不少。例如，"强迫选择法"，即要求学生从分别代表两种不同特质（如学科）的叙述中选出喜欢的一个，以评价学生的兴趣。再如"等级排序法"，即通过让学生按选择顺序排列代表不同价值系统的陈述，以评价学生的价值观。

值得注意的是，"情感态度与价值观"目标评价的方法是一把"双刃剑"，任何一种方法都有优势和局限，如果使用不当就可能带来消极的后果。教师在"情感态度与价值观"目标评价实践中，不要"为了方法而方法"，要善于根据实际情况，谨慎选用合适的评价方法及其组合，使"情感态度与价值观"目标评价真正发挥积极的作用。

（三）"情感态度与价值观"目标评价应注意的问题

1. 多主体评价"情感态度与价值观"目标

在过程中实施"情感态度价值观"目标评价时，教师应充分发挥评价主体的多源、多向的价值，包括教师评价、学生自评、同伴评价、家长评价等，尤其要重视自我评价的价值。

（1）教师评价。教师在收集各种信息的基础上，把学生"情感态度价值观"的闪光点发掘出来，充分展现在全体同学面前，让他们倍感喜悦，以此来激励他们向更高更好的方向发展。对学生的不足之处，教师要充满师情，透出爱心，用亲切的语气指出他们应努力的方向和预期达到的目标。

（2）自我反思评价。被评价人结合"情感态度价值观"目标实际进行自我反思评价。学生自我评价的过程，也是自我反思的过程。自我评价是由动机引发出来的自我教育的活动，是一种自觉行为。通过成功的自我评价，正确认识自己和明确努力方向，获得亲身体验，就会不断增强这种评价的动机，从而不断促进发展。自我评价时，教师要让学生谈谈自己的"情感态度价值观"方面的主要优缺点以及努力的方向，引导他们正确认识自己，这是培养学生自我监督、自我调节、自我提高、自我完善的有效途径。

（3）同伴评价。由于同伴对被评价人的了解远远胜于教师的成人化的目光，所以同伴的评价也最容易让学生接受。要引导学生对同伴的"情感态度与价值观"目标进行评价，面对面地相互交流，引导学生找出同伴的优点，目的是在同学之间形成良好的心理环境，营造团结合作、互相勉励、共同提高的氛围。

（4）家长评价。家长评价是教学评价的重要延伸与补充，是实现评价全面性的必不可少的组成部分。学生在与父母相处的时间里，家长通过观察孩子的言行，对孩子的情感、态度、价值观进行评价。这是家长的责任和义务，也能使孩子扬长避短，更健康地成长。评价结果可以通过家访、电话、小资料等方式反馈给教师。用小资料反馈的具体做法是：期初，与家长联系好，取得家长的配合；学完一个专题后，教师印发简单的资料，请家长回答并签名。教师可以据此了解学生的"情感态度价值观"表现是否家校如一，以便更好地因材施教。

多主体评价学生的"情感态度与价值观"目标时，可以四个主体同时评价，也可以根据实际需要，择其一二，及时、灵活地对其进行评价。

2. "情感态度与价值观"目标评价必须淡化利害关系

课改实验区部分教师之所以在"情感态度与价值观"目标评价中青睐通过笔试测验量化的分数考评，主要是因为他们试图通过分数给学生评定等级和排队。应当说，"情感态度与价值观"目标是不适宜量化评分的，再要排队就更不可取了，因为这无形中增加了"情感态度与价值观"评价的难度。一旦"情感态度与价值观"评价的结果与学生的名誉、分数、奖惩和升学等实际利益联系起来，学生就很可能防御性地在评价者面前掩饰自己的行为，在自我评价过程中不表达真实的意见和想法，从而使教师无法客观地评价学生的"情感态度与价值观"，而且可能迫使学生变得日益虚伪。因此，教师在实施"情感态度与价值观"评价的时候，必须淡化利害关系。

3. "情感态度与价值观"目标评价的主阵地在课堂

历史课堂是实施"情感态度与价值观"目标评价的主阵地。一方面，要充分考虑到"情感态度与价值观"判断的因素，有意识地引导学生对正义与公理的追求，增强对美的感悟，形成民族的归属感、自豪感和民族自强的意识，尤其是要学会尊重和欣赏其他民族的文化，树立一种"世界公民"的"情感与价值观"。另一方面，要考虑到学生的学习态度等因素。侧重于学生在历史课堂上的表现评价，即可从学习状态、参与状态、思维状态、情绪状态出发，针对学生在历史课堂上的表现，如倾听是否全神贯注、是否积极投入思考或踊跃发言、回答或见解是否有自己的思考或创意、能否自我控制与调节学习情绪、能否总结当堂学习所得，或提出新的问题等方面实施"情感态度与价值观"目标评价。

综上所述，时代的发展赋予高中专题史教学以新的内涵和使命，它不仅要立足于对人类历史的追忆，更要站在时代的前沿，有利于学生的终身发展，而我们的评价方式则可以成为指明这一方向的灯塔。"情感态度与价值观"目标属于一个人思想品德、价值观、人生观、世界观的范畴，其形成是缓慢的，相对滞后的，并且形成后是稳定的。对于这种目标的评价更要注意采用自然化、长期化、多元化的评价方法，只有如此才不会扭曲学生的"情感态度与价值观"发展的历程。作为一个评价教师，要有长远的眼光，要取得家庭与社会方面的积极配合，促进学生"情感态度与价值观"目标的逐步达成。

五、高考评价中"课标"与"考纲"关系的处理

课程改革需要高考来推动，也对处理好课标与考纲的关系提出了更高要求。如前所述，《普通高中历史课程标准（实验）》即"课标"，是国家教育行政部门颁布的指导中学历史教学的法律性文件，它是国家意志的体现，具有相对稳定性和一定的法律约束力。在国家课程体制下，"课标"是指导历史教科书编写、历史教师授课、学生学习历史、专家命制历史高考题的依据，是保证国家规定的历史教学目标实现的规范性文件。正如历史课程标准所规定的那样："应严格按照《标准》的要求，结合学校和学生的实际情况，全面落实历史课程目标，尤其要发挥历史课程独特的教育功能，加强对学生人文精神的熏陶，促进学生科学历史观和健全人格的形成。"[①] 考纲，即考试大纲，是高考命题的依据。随着教育部新课程高考改革方案、新"课标"背景下各学科高考"考试大纲"的出台，以及各课改实验区针对"考试大纲"所作的"考试说明"的面世，我们不难看出，高考"考试大纲"在考试目标、考试内容、能力要求等方面都是依据"课标"而制定。如广东省2010年文科综合"考试大纲"的"说明"指出，高考命题以"教育部考试中心《2010年普通高等学校招生全国统一考试文科综

① 教育部．普通高中历史课程标准（实验）．北京：人民教育出版社，2003．30

合科考试大纲（课程标准实验版）》和本说明为依据"，命题"反映了各学科课程标准的整体要求"①，考查考生初步的科学与人文素养以及创新意识，注重能力和素质考查，促进素质教育的实施。这就说明，"考试大纲"是在"课标"的基础上制定的，教师在高中专题史教学和评价中，应处理好"课标"与"考纲"的关系，即根据课程标准和考试大纲的要求，全面梳理作为高中生应该认识、理解和掌握的基础知识，在此基础上，以能力为导向，创设新材料、新情境，强化问题意识的训练，引领学生全方位、多角度地分析、思考和解决专题中的有关问题。

由于以往的高考只有"大纲"和"考纲"，受其影响，课改一线的部分教师在处理"课标"与"考纲"的关系上出现偏差，突出表现在高中专题史教学评价中，部分教师只有"考纲"意识，而对"课标"缺乏足够的认识和理解。因此，教师在高中专题史教学评价中，要着力具备"课标"意识，除要研究"考纲"外，更要钻研"课标"，深刻领会"课标"的精神和理念，以新"课标"和"考纲"为依据，具体细化课时教学目标，实施专题史教学。

首先，"课标"倡导的新理念对高中专题史教学评价产生了重要影响。例如"课标"主张广义的历史课程资源观，认为历史教科书是重要的课程资源。但是，"课标"又强调，历史教科书也仅仅是众多教学资源中的一种。在此理念影响下，高中专题史高考评价开始跳出历史教科书的束缚，将丰富的教学资源转化为命题资源，文物、报纸、诗词小说、文献资料、史学著述等，均被作为材料加以引用。如 2007 年山东文科综合卷在 72 分的 10 多道历史试题中就引用了 10 幅各类图片，包括明朝三种男式帽子、抗日根据地历史地图、人民币图案、罗斯福新政时期的历史图片等，文字材料和图片材料有机结合，使整套山东卷历史试题洋溢着历史气息。② 新材料的运用凸显了"课标"倡导的课改精神和理念，有利于推进中学素质教育的深化。

其次，文化史模块已成为高中专题史教学评价中必考内容。"课标"中的"内容标准"把文化史提高到与政治史、经济史同等重要的地位，文化史成为 3 个必修课模块之一。在历史选修模块课程中，文化史占了相当大的比例，6 个选修模块中，"探索历史的奥秘"和"世界文化遗产荟萃" 2 个模块完全属于"文化史"内容，"近代社会的民主思想与实践"与"中外历史人物评说"模块中"文化史"内容也占相当比例。就数量而言，仅次于政治史，远多于经济史，其地位是大大提高，较大地改变了传统"大纲"中"文化史"内容相对薄弱的状况。在学习目标上，"课标"对文化史这一专题教学提出了更具体、更富有时代性的要求，明确指出："了解中外思想文化发展进程中的重大事件、重要现象及相关人物，进一步从思想文化层面了解人类社会发展的基本特征，是高中历史学习的基本内容之一"。③ "课标"创造性地安排"文化

① 2010 年普通高等学校招生全国统一考试文科综合科考试大纲的说明（历史部分）. 广东卷
② 陈辉. 高中历史新课程的理论与实践. 北京：高等教育出版社，2008. 292
③ 教育部. 普通高中历史课程标准解读（实验）. 北京：人民教育出版社，2003. 13

史"的教学内容，显示出不同于以往"大纲"的鲜明特点。这些特点反映在高中专题史教学评价中，即"文化史"在高考试题中所占比例上大幅度上升。

第三，"考纲"中对能力的考查体现了"课标"的"三维目标"。考纲对能力的考查，要求高中专题史教学着重四种能力的考核评价，即：（1）获取和解读信息，包括理解试题提供的图文材料和考试要求；整理材料，最大限度地获取有效信息；对有效信息进行完整、准确、合理的解读。（2）调动和运用知识，包括辨别历史事物和历史解释；理解历史事实，分析历史结论；说明和证明历史现象和历史观点。（3）描述和阐释事物，包括客观叙述历史事物；准确描述和解释历史事物的特征；认识历史事物的本质和规律，并做出正确阐释。（4）论证和探讨问题，包括运用判断、比较、归纳的方法论证历史问题；使用批判、借鉴、引用的方式评论历史观点；独立地对历史问题和历史观点提出不同看法。① "考纲"规定的这四种能力的考查，实际上是"课标"中三维目标的具体落实。

"考纲"对"知识与能力"目标的考查，给教师的启示是：高中专题史教学应注重知识的基础性，主要表现为：按专题整合"课标"历史教材资源，即将政治、经济、文化三大板块适当整合，在整合中落实重要的知识点或线。"课标"以"专题"的方式呈现知识体系，在某一类重大历史事件或历史问题上体现出很强的纵向联系的特点，"课标"中的"专题"可以直接作为专题教学的框架，对教材的知识加以整合，把大量分散的、相对孤立的历史事实、历史概念纳入完整的学科体系之中，总结出历史事实和历史概念之间的普遍联系，揭示历史发展的基本线索和客观规律。教学中建构专题史知识体系的过程，即是对历史知识进行识记、分析、综合、概括，不断深化认识的过程。知识体系不等于知识内容，它不是知识的简单罗列，而是知识内在关系的稳定形式。因此，专题史教学不应拘泥于个别的、零碎的历史知识或历史事实的记忆，即使是十分重要的历史知识，也应放到历史整体的相互联系之中去掌握。抓住主干知识，以点带线，以线带面，形成点、线、面一体的主干知识结构。掌握历史发展的基本特征和规律，把握历史发展的基本线索，构建完整的历史主干知识网络，才能使学生掌握一个时期或阶段的整体内容，才能抓住历史的阶段性特征。

"考纲"对"过程与方法目标"的考查，给教师的启示是：高中专题史教学应抓好新材料的应用。通过史料中介再现、感知和认识逝去的历史，是历史认知的突出特点，脱离了史料和史实便没有历史科学。高中专题史教学依然如此，脱离了史料和史实的教学也就丧失了历史学科的特色。专题史教学中，材料来源非常丰富，教师应"从课标中找方向，从史料中取素材，从素材中寻意义"，② 充分选取新材料，创设新情境，加大新材料运用的比重，使学生在历史学习和研究中，领悟历史学习的过程与

① 2010年普通高等学校招生全国统一考试文科综合科考试大纲的说明（历史部分）．广东卷
② 黄飞球．平稳过渡，稳中有变．中学历史教学．2007，（7）

方法。教师所采用的材料形式，除了情境介绍、文献摘录、历史地图、统计资源外，还应将多种形式的原始材料运用到教学中，如艺术作品、名言名句、诗词楹联、民间传言、照片邮票、漫画插图等等。这些第一手资料，能使学生在学习中感受"史由证来、论从史出"的史学原则。

"考纲"对"情感态度与价值观"目标的考查，给教师的启示是：高中专题史教学应重视"情感态度与价值观"目标的考核评价。这一考查目标要求通过专题史学习，使学生热爱祖国和中华民族，以及由此升华的自豪感、责任感和人生理想；以人为本的人文主义精神和真善美的人生境界；积极进取的人生态度和健全人格；求真求实的科学精神和态度；宽广的国际视野、文明进步和开放意识。在这一考查目标中高考历史试题的设计上，同样应重视材料选择和情境设置，体现"贯通古今、关联中外"的思路，关注民生，贴近社会生活，了解中国与世界。诚如学者所言，如果想考查和培育学生的价值观，材料解析题是比较合适的题型，通过学生对史料的分析，"放大"其已有的价值观，进而启发、引导学生树立正确的价值观。[①]

在高考评价中处理好"课标"与"考纲"的关系，应把握以下几点：

（1）评价要有"课标"意识。"课标"较之于"考纲"处于上位的突出地位，因此，要充分理解"课标"的精神实质，这样才会高屋建瓴地进行反思性评价，避免就"考纲"和高考试题来感性评说。

（2）"考纲"较之于"课标"处于下位的地位。"考纲"对"课标"进行具体化，这样既便于高考评价的操作与实施，也便于高考评价更具有针对性。这是因为，"考纲"会因时因势出现一些针对性变化（包括删、增、变、重组），常常会把历史知识点从专题史变为通史的具体变化。

（3）适度注意"考纲"的反拨性。因为"课标"具有一定的稳定性，"考纲"会随着每年高考的需要，吸收高考的既有成果而注入一些新的内容。故在高考评价时，应考虑"考纲"自身的发展趋势，反思"考纲"选择了什么？变化了什么？发展了什么？这样关注高考评价，就可以洞悉历史高考的既有价值，也会知晓历史高考怎样体现"课标"精神，甚至是发展了"课标"的一些具体要求。

六、处理好历史模块学业评价与高考评价的关系

考试是评价学生学业成绩的一种方式，属终结性评价，具有甄别与选拔性功能。普通高中教育的培养目标决定了需通过升学考试，即高考来评价学生的学业成绩。这是十分必要的，一方面，作为选拔性的高考评价，能区分学生学业发展的优势与不足，反映学生的个性特点，使学生充分认识自我，明确自己的发展方向。另一方面，有利于大学选拔优秀人才，反映了学生和家长、教师的愿望，也反映了普通高中教育要为

---

① 何成刚，沈为慧. 试题设计如何考查和培育学生的价值观. 中学历史教学参考，2010，（1～2）

学生的升学服务这一无法回避的现实需求。

模块学业评价，是指学生在完成一个历史模块的学习之后，对模块学习的结果进行的评价。这种评价是以《基础教育课程改革纲要（实验稿）》为依据，以《普通高中历史课程标准（实验）》为参照，全面评价学生的素质。[①] 高中专题史教学实施模块学业评价，其主要的功能和目的在于确认学生的进步和达到的学业水平，诊断历史学习中存在的问题，促进学生的反思与发展。

一般来讲，历史模块学业评价包括过程性评价和终结性评价两种方式。过程性评价是一种在课程实施的过程中对学生进行评价的方式。终结性评价是模块结束时的以纸笔方式进行的水平测试。"知识与能力"的测试主要为纸笔形式的终结性测试，"过程与方法"、"情感态度与价值感"的考查则更多体现在过程性评价中。以广东省普通高中历史模块学业评价为例，过程性评价占整个学业成绩评定的40%，终结性评价占整个学业成绩评定的60%。其中，终结性评价的纸笔测试采用纸笔闭卷测试和开卷考试相结合的方式，前者占70%，后者占30%。闭卷测试部分要求适当增加开放性试题的比例，试题由客观题（单项选择题）和主观题（材料分析题和问答题）构成，两种题型比例为7：3，其中基础题、中等难度题、高难度题的比例为6：3：1。开卷考试的形式主要有撰写历史小论文、历史名著读后感、历史材料的收集与分析、历史文物模型的制作等。[②]

目前，课改实验区一些学校和教师在处理历史模块学业评价与高考评价的关系上出现了偏差，将两者等同起来，把模块学业评价定位在高考的水平上，即要求学生一开始就达到高考升学水平。这种定位的后果在于：容易造成学生只重视基础知识、基本技能的学习，而忽视了历史素养的提高，不利于三维目标的达成。

我们认为，处理好历史模块学业评价与高考评价的关系，应遵循以下原则：

（1）模块学业评价目标多元化。历史模块学业评价包含了高考评价的因素，如广东省普通高中历史模块学业评价中的纸笔测试部分，就包含有高考评价的因素。模块学业评价既是学生迈向高考，参加升学考试的一个平台，同时也是达不到高考水平的学生一个基本的历史素养的保证。

（2）模块学业评价内容多元化。与高考评价一样，历史模块学业评价内容应遵循多样化原则。其考核内容既包括过程性评价，又包括终结性评价。其中，终结性评价既包括模块终结考试成绩，即纸笔测试，一般采用闭卷考试的形式；也包括开放性考试成绩，即非纸笔测试，如家乡名胜古迹考察、历史名著读后感、演讲辩论、历史小论文等，根据开放式考试评价标准评定，学生在课外完成。

（3）模块学业评价注重过程性评价。我国近年来的高考评价为打破"唯高考分数

---

① 姬秉新，李稚勇，赵亚夫. 理解与实践高中历史新课程——与高中历史教师的对话. 北京：高等教育出版社，2005. 138

② 广东省教育厅制定. 广东省普通高中历史模块教学与考核要求. 广州：广东教育出版社，2006. 4，11

论"的羁绊与束缚，尝试采用诸如"自主招生"①、"中学校长实名推荐制"②、"高考成绩与本校专家面试相结合"③ 等评价方式，呈现出"高考分类考试、综合评价、多元录取"的特点。我们应该看到，从数十年高考"大一统"，到近十年"自主招生"的"小松动"，从 2010 年部分高校"独立联考"、"中学校长实名推荐制"，再到 2011 年"北约"、"华约"、"理工"等联盟④对全竞争格局的形成，高考评价正着力打破"一刀切"的格局，在多元联盟的竞争格局中，将逐渐建立"全国学业水平测试 + 高校独立自主招生"评价的新模式。⑤

以上高考评价改革体现出评价的终结性测试（笔试）和过程性评价（综合面试）的特点。模块学业评价也是由过程性评价成绩与终结性评价成绩两部分构成，既关注结果，又关注过程。过程性评价结果在模块学业评价中所占比例高达 40%。

（4）模块学业评价方式多样化。历史模块学业评价倡导学生自评、学生互评、小组评定、教师评定等多种方式对学生学习过程中的书面作业、社会调查、课堂讨论、演讲等，以及学生的学习能力、学习态度、参与程度等实施过程性评价。而目前的历史高考评价则重在对学生升学试卷的当场评定或网上评判。与模块学业评价方式相比，历史高考评价方式略显单一。即或有的课改实验区，如宁夏、广东、湖北等，将学生的综合素质评价纳入高考成绩范畴，也只是作为高考升学录取时的参考。由此看来，模块学业评价方式比高考评价更关注学生的全面发展，对教学起到促进、引导作用。

新课改中处理好模块学业评价与高考评价的关系，这是谁也回避不了的问题。有学者认为这是新课程改革的一个死结。这是人们（不仅仅是教师）普遍关注的一个焦点。我们认为，高考评价应该支持课改，为新课改保驾护航。模块学业评价与高考评

---

① 2003 年，教育部确定 22 所重点高校进行"自主招生"，旨在冲破单凭高考文化考试成绩录取新生的评价方式。到 2010 年，"自主招生"所涵盖的高校已扩大到 80 多所。

② "中学校长实名推荐制"始于北京大学的高考评价改革。2009 年，北京大学在全国 13 个省的 39 所具有中学校长实名推荐资格的学校试行"中学校长实名推荐制"。在面向社会公示的前提下，各中学校长可实名向北京大学推荐优秀学生，经中学校长实名推荐的学生，可成为高校自主招生直接候选人。2010 年，北京大学又将试行仅一年的"中学校长实名推荐制"推广至全国，各省（自治区、直辖市）的中学均可报名申请。凡获得推荐的高中生须"综合素质全面、学科成绩突出、志向远大、具备发展潜能、社会责任感强"。

③ 2010 年，由北京大学 11 名知名教授联名向校长写信，倡议 2011 年在北大率先实施"高考成绩与本校专家面试相结合"，即"高考 + 面试"的评价方式。这种评价是在以中学学习情况和高考成绩为主要参考依据的基础上，通过增加考生提交申请和多学科专家团队面试的环节，加强对学生求学意愿动机、平时表现、创新能力、综合素质等的考察，以此综合决定对学生的录取与否。

④ 2010 年，以北京大学、北京师范大学、北京航空航天大学、复旦大学、厦门大学、南开大学、香港大学、武汉大学、四川大学、山东大学、兰州大学、华中科技大学、中山大学 13 所知名高校共同组建"北约"联盟；以清华大学、上海交通大学、中国科学技术大学、西安交通大学、南京大学继 2009 年"五校联考"后，又与浙江大学、中国人民大学共 7 所知名高校共同组建"华约"联盟；以同济大学、天津大学、北京理工大学、大连理工大学、东南大学、哈尔滨工业大学、华南理工大学、西北工业大学、重庆大学 9 所知名高校共同组建"理工"联盟。三大联盟汇集了 29 所知名高校，分别开始 2011 年的"高校自主联考"（亦称"小高考"）改革。其中，"北约"联盟测试的 7 门科目中包含历史，计 100 分；"华约"联盟测试的科目中，"阅读与写作"和"数学"为全体考生必考科目，并从"自然科学"（物理、化学、生物综合）或"人文与社会"（政治、历史、地理综合）两个综合科目中选考一科。

⑤ 李宝元. 联考如何破解高考难题. 人民日报，2010 - 11 - 24. （23）

价具有不可替代性，它们之间是互为补充，相互促进的关系。从课程评价来看，模块学业评价是课程的内部评价，是自己评价自己；而课程改革本身需要接受社会的检验，除了内部评价，还需有外部的评价。高考评价可以算作外部评价的途径之一，至少可以从学科教育这一角度检验新课程改革在这方面的效果。课改是新生事物，有不成熟的地方，而高考是社会各界十分关注的人才选拔考试，关系到社会的和谐稳定，不能有一点闪失，两种评价模式各行其职，互为补充，互相促进。目前有些高中课改实验省制定了"模块学分认定＋综合素质测评＋学业水平考试＋高考"的评价模式，实质上是采取了两种评价模式的结合，看到了"两考分离"的需要，认识到了课程评价是实施新课程、监控教育质量的重要保障。我们期待着符合新课程模块学业评价理念的新高考评价模式的诞生。

专题六　高中专题史教学与教师专业能力的养成

高中专题史教学对教师的专业能力提出了严峻挑战。本专题强调，"研究即教学，教学即研究"。教师必须具备扎实的史学理论功底，关注史学理论对教学的价值。应通过有效阅读，多层面地积累史学专业知识，多角度地提取、开发与教学相关的课程资源。应从体现课程观、关注三维目标和命题新趋势角度，掌握新高考试题命制的专业技巧，使试题具有历史感。应具备学术意识，着力提升史学研究能力。应掌握研究性读书方法，通过师生互动、教师合作、积极反思、专业写作等途径提升校本研修能力。

一、具备扎实的史学理论功底

（一）关注史学理论对历史教学的价值

新的知识观认为，知识具有主观性、境遇性和价值性。教师要明白历史教学的价值，就需要思考：历史是什么？历史学是什么？历史教学为何？教师要关注教学行为所内隐的历史教学价值。其积极意义在于：

1. 激发学生的学习兴趣

有研究证明，学科价值与教师的信念最易于激发学生的学习兴趣，教师加深对历史的理解，就会深刻领会历史教学的价值，课堂教学才会更有张力。所以，教师应自觉研读史学理论，感悟学科的本源，以深度解释历史问题。史学家冯天瑜说："接触每一史学论题，都自觉地树立一种理论上的追求，在考察先辈对此论题已有的理论成就基础上，试图求得深入一层的诠解。"历史教学与治史殊途同归，教师深刻感悟与理解历史，可以促成自己学科教学思想的形成，增强学科教学魅力。

2. 有效适应新课程历史教学的变革

迪南·汤普生（Dinan Thompson）从变革中教师情感问题的讨论角度，将改变的类型分为表层改变和真确式改变，从表层改变到真确式改变经过三个环节：一是材料和活动的改变；二是教师行为的改变；三是价值、信念、情感和伦理在内的意识形态和教学思想的改变。① 所以教师要注意历史教学的本质意义，关注历史学科教学思想，在学科的根本上下工夫，正如《论语》中说："君子务本，本立而道生。"② 正如苏格兰特许教师标准的四因素模型③（见下图）认为，教师只有理解专业价值，才会做好

① 彭虹斌. 新课程改革的突破口：改变教师. 教育理论与实践. 2007，（1）
② 论语·述而
③ 马香莲. 苏格兰特许教师标准：一个教师专业发展的新框架. 外国教育研究，2010，（8）

个性化的理解，使课堂教学充满创新活力。因此，我们通过内隐着史学理论的历史理解，努力挖掘历史事件与历史人物背后的意义，教学才会给学生以巨大的精神震撼和愉悦体验，增加学习的快乐。

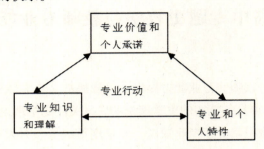

苏格兰特许教师标准的四因素模

3. 有利于学生灵活运用知识并形成学科能力

有研究结果表明，科学本质理解的深度、学科知识深度以及对科学本质和学科内容之间的关系的理解影响着教师对于科学本质的学习和教学。[①] 教师理解了历史教学本质，有利于学生形成学科的核心概念与历史知识的"召唤结构"，学生才会活学活用。以下提供的一则材料很能说明这个问题。

材料一　同经济革命一样，政治革命也是分为几个阶段发展起来的……17世纪的英国革命标志着其开端，随后的美国革命和法国革命标志着其进一步发展，接着它在19世纪影响了整个欧洲，最后它则在20世纪席卷了整个世界。

经济革命和政治革命的并行发展并不是偶然的，实际上这两次革命息息相关。而且在很大程度可以说是经济革命决定着政治革命，因为它产生了一个有新利益、有使其利益合理化的新意识形态的新阶级。

——斯塔夫里阿诺斯《全球通史》

（1）依据材料并结合所学知识分析17至19世纪初出现"经济革命和政治革命"的主要原因。

要理解17至19世纪初出现"经济革命和政治革命"的主要原因，需要回答出：资本主义的发展，资产阶级力量的壮大；科学的发展，人文主义与启蒙思想的影响。如果利用整体史观，就应考虑：新航路开辟后，世界联系的加强，各国文明的相互促进。由于教师有了对整体史观理论的有效运用，就会促进学生分析问题，生成创新答案的能力。

（二）怎样研修史学理论

1. 直接阅读史学理论书籍

教师阅读史学理论的方法有：第一，直接阅读史学理论书籍。包括阅读外国学者

---

① 高潇怡，胡巧. 教师的科学本质观：研究进展及策略. 外国教育研究，2010，（8）

的史学理论书籍，例如，马克·布洛赫著的《为历史学辩护》（中国人民大学出版社，2006），费尔南·布罗代尔著的《论历史》（北京大学出版社，2008），巴勒克拉夫著的《当代史学的主要趋势》（北京大学出版社，2006），斯宾格勒著的《西方的没落》（陕西师范大学出版社，2008），波普尔著的《历史决定论的贫困》（上海人民出版社，2009），柯林伍德著的《历史的观念》（商务印书馆，2007），克罗齐著的《历史学的理论和历史》（中国社会科学出版社，2005）、《作为思想和行动的历史》（中国社会科学出版社，2005），黑格尔著的《历史哲学》（上海书店出版社，2000），雅各布著的《历史人类学导论》（北京大学出版社，2008），唐纳德·R·凯利著的《多面的历史》（生活·读书·新知三联书店，2006），西达·斯考切波主编的《历史社会学的视野与方法》（上海人民出版社，2007），G. R. 埃尔顿著的《历史学的实践》（北京大学出版社，2008），唐纳德·休斯著的《什么是环境史》（北京大学出版社，2008），彼得·伯克著的《图像证史》（北京大学出版社，2008）、《法国史学革命》（北京大学出版社，2006），等等。通过对国外史学名著的阅读，可以更多地了解国外史学家的史学观点及理解历史的方法，开阔自我的视野。

此外，还应阅读中国学者（包括华人）的史学理论书籍。例如，梁启超著的《中国历史研究法》（华东师范大学出版社，1996），何兆武著的《历史与历史学》（湖北人民出版社，2007），葛剑雄等著的《历史学是什么》（北京大学出版社，2002），古伟瀛、王晴佳著的《后现代与历史学：中西比较》（山东大学出版社，2006），于沛著的《全球化和全球史》（社会科学文献出版社，2007），杜维运著的《史学方法论》（北京大学出版社，2006），李剑鸣著的《历史学家的修养和记忆》（上海三联书店，2007），李振宏著的《历史与思想》（中华书局，2006）等。

第二，阅读介绍史学理论的书籍。例如，瞿林东著的《中国史学史纲》（北京师范大学出版社，2010），张广智著的《西方史学史》（复旦大学出版社，2000），于沛主编的《20世纪的西方史学》（社会科学文献出版社，2007），周春生著的《文明史概论》（上海教育出版社，2006），李孝迁著的《西方史学在中国的传播》（华东师范大学出版社，2007），格奥尔格·伊格尔斯著的《二十世纪的历史学》（山东大学出版社，2006），约翰·托什著的《史学导论》（北京大学出版社，2007），等等。这样可以看到史学发展的趋势，便于自己整体把握史学认识的走向。

以上阅读，主要把握史学理论、史观与史学方法等内容，教师在了解史学理论中应特别关注历史教育的主流价值，合理取舍与有效利用一些史学理论，既要避免简单拿来，视这些史学理论为圭臬，又要避免简单排斥。教师要注意揣摩中学教学运用史学理论的合理性与价值性，做到清晰而自觉地运用这些理论理解教学中的历史问题，有利于自我依据教学目标与学生实际有效生成历史认识，着力培养学生的创新意识与创新能力。如前例关于启蒙思想在世界联系加强下的相互影响。

2. 在阅读史学著作中领悟史学理论之运用

教师要注意消化所读的史学理论，注意结合历史课程资源积极思考怎样深度理解这些历史问题，有效避免史学理论与认识历史问题的脱节与分割，否则教师所掌握的史学理论就成为"死知识"。例如，我们理解了布罗代尔长时段理论，在历史必修Ⅰ"近代中国维护国家主权的斗争"这一专题"列强入侵与民族危机"一课教学时，可添加材料加深对《南京条约》内容的认识，那就是鸦片战争后，清政府为什么同意了英国值百抽五之核定关税的要求？因为这个税率比清政府现有税率还高，现有关税平均只有值百抽二到值百抽四（尽管非正规的杂费很高）①。这样认识闭关锁国的危害性，学生更有深切的历史感。教师为何会选取这个史料来引导学生突破对主干知识的理解，内隐的就是长时段的理论，这样就引发教师开发课程资源，深化历史认识，这就是史学理论的魅力之所在。

二、有效阅读与史学专业知识的积累

具有渊博学识的教师，在课堂教学中，不仅能使学生获取自然、社会、思维领域的规律性知识，还可以给人以智的启迪、美的享受，教师的影响就能提高教学效果，而且也能满足学生的好奇心、求知欲和发展学生多方面兴趣与才能的需要。② 教师在进行专题史教学中，应具有课标意识与课程意识，有效选择课程资源，做到"用教材教"。所以，教师要有效阅读史学著作，积极开发课程资源。那应怎样有效阅读史学著作呢？

（一）注意选择性阅读史学著作

教师要依据教学实际有选择地阅读史学著作，特别是青年教师由于通史知识相对薄弱，一般应围绕专题史教学选择通史著作加以阅读，如中国古代史可以阅读朱绍侯主编的《中国古代史》（福建人民出版社，1987），袁行霈等主编的《中华文明史》（北京大学出版社，2006），张岂之著的《中国历史十五讲》（北京大学出版社，2003）；中国近现代史可以阅读陈旭麓著的《近代中国社会的新陈代谢》（上海社会科学院出版社，2006）、《近代中国八十年》（上海人民出版社，1983）、《中国近代史十五讲》（中华书局，2008），虞和平著的《中国现代化历程》（江苏人民出版社，2007），许纪霖等主编的《中国现代化史（1840—1949 年）》（学林出版社，2006），胡绳著的《从鸦片战争到五四运动》（人民出版社，2004），蒋廷黻著的《中国近代史》（上海世纪出版集团，2006），徐中约著的《中国近代史：1600—2000 中国的奋斗》（世界图书出版公司，2008），何沁主编的《中华人民共和国史》（高等教育出版社，2006），以及中国历史的通史著作，如费正清著的《中国：传统与变迁》（吉林出

① 徐中约. 中国近代史. 北京：世界图书出版公司，2008. 151 ~ 152
② 肖正德. 生态取向教师学习方式变革：时代境遇与实践路向. 全球教育展望，2010，(10)

版集团有限责任公司，2008），樊树志著的《国史概要》（复旦大学出版社，2007）等。世界史可以阅读吴于廑、齐世荣等主编的《世界史》（高等教育出版社，1992），刘宗绪主编的《世界近代史》（高等教育出版社，1999），王斯德主编的《世界近代史》（高等教育出版社，1998），王斯德、钱洪主编的《世界当代史》（高等教育出版社，1998），王春良、祝明主编的《世界现代史》（山东人民出版，1987）、黄安年著的《当代世界五十年，1945–1995》（四川人民出版社，1997），马克垚主编的《世界文明史》（北京大学出版社，2004），陈乐民著的《20 世纪的欧洲史》（生活·读书·新知三联书店，2007）、《欧洲文明十五讲》（北京大学出版社，2005），斯塔夫里阿诺斯著的《全球通史》（上海社会科学院出版社，2004），杰里·本特利和赫伯特·齐格勒著的《新全球史》（北京大学出版社，2006），皮特·N. 斯特恩斯等著的《全球文明史》（中华书局，2006），保罗·肯尼迪著的《大国的兴衰》（国际文化出版公司，2006）等。

教师还应选择阅读一些断代史和某一重大历史事件的著作。例如，田昌五等主编的《秦汉史》（人民出版社，2008），钱穆著的《秦汉史》（生活·读书·新知三联书店，2010），张研、牛贯杰著的《清史十五讲》（北京大学出版社，2006），茅海建著的《天朝的崩溃：鸦片战争再研究》（三联书店，2005），夏东元著的《洋务运动史》（华东师大出版社，2010）等。在这些著作中，可以窥视历史的细节以及体悟史学家认识历史的方法，获得诸多的真知灼见，提高自我研读历史的能力。

新课程采用专题史教学，教师还应阅读专题方面的史学著作。例如，吕思勉著的《中国制度史》（上海三联书店，2009），阎步克著的《察举制度变迁史稿》（中国人民大学出版社，2009），冯天瑜等主编的《中国文化史》（高等教育出版社，2006），冯天瑜著的《明清文化史札记》（上海人民出版社，2006），葛剑雄著的《中国移民史》（福建人民出版社，1997）、《统一与分裂——中国历史的启示》（中华书局，2008），江晓原主编的《科学史十五讲》（北京大学出版社，2006），王日根著的《中国科举考试与社会影响》（岳麓书社，2007），马克·布洛赫著的《法国农村史》（商务印书馆，2008）等。这样可以更加透彻地认识历史，增加对新课程专题史教学价值的认识，提高自我把握各个专题史教学内容的素养。

教师还应阅读一些国别史和区域史。例如，钱乘旦等著的《英国通史》（上海社会科学院出版社，2007），资中筠著的《20 世纪的美国史》（生活·读书·新知三联书店，2007），何顺果著的《美国史通论》（学林出版社，2004），吕一民著的《法国通史》（上海社会科学院出版社，2007），史蒂文·奥茨门特著的《德国史》（中国大百科全书出版社，2009）。这样可以了解一国之变迁，增加教师从宏观视野认识一国发展之脉络的认识能力。

教师要积累专业知识，尤其是提高自我利用课程资源的能力，还应阅读史料。例如，翦伯赞等主编的《中国通史参考资料》（中华书局，1992），齐世荣总主编的《当代世界史资料选辑》（首都师范大学出版社，1996）。这些史料较为典型，教师可以拓宽教学资源，直接选取这些史料运用于教学，进而设计出有价值的历史问题。

教师在积累专业知识时要注意广种薄收。例如，可以从网络中获得历史知识，尤其是从一些史学家的博客中获得许多可用的知识；还可以从非历史专业书籍中收集历史知识，如下面一则材料：华盛顿年轻时，一天，家里丢了一匹马，他获悉是一位邻居偷走了，便同一位警官到邻居农场去索讨，但邻居拒绝归还，还声称那是他自家的马，华盛顿灵机一动，走上前去，用双手蒙住马的两眼，对邻居说："如果这是你的马，那么请你告诉我们，马的哪只眼睛是瞎的？""右眼。"邻居答到。华盛顿放开蒙右眼的手，马的右眼并不瞎。"我说错了，马的左眼才是瞎的。"邻居急着争辩说。华盛顿放开蒙左眼的手，马的左眼也不瞎。"我说错了……"邻居还想狡猾地辩解。"是的，你错了。"警官说，"已证明马不是你的，你必须把马还给华盛顿先生。"教师补充这个资源，容易让学生为华盛顿的智慧所折服，震撼了学生的心灵，让学生享受到获得智慧的愉悦体验。所以，教师积累历史知识要有敏锐意识和厚积薄发的积累意识。

（二）形成有效的阅读方法

1. 教读结合，学以致用

青年教师史学功底相对薄弱，而对教学也不够熟悉，需要研修教学的各个方面，教学任务十分繁重，在积累史学知识时，可以教学什么内容就选择阅读相关内容，找到需要的史学知识，边教学，边阅读，边提高，化零为整地阅读史学著作，学以致用，教读相长。

2. 含英咀华，合理选取

教师选取资源常会出现两种情形：一是只关注内容，为考虑教学所用；二是不知选取什么内容为我教学。因此，教师要吸众家之长，利用课程标准，依据学生实际，选取恰当的内容。例如，讲授历史必修Ⅰ"列强入侵与民族危机"这一课时，可选择以下史料来设计问题。

材料一 1780年，英国的铁产量还比不上法国，1848年已超过世界上所有国家的总和。它的煤占世界产量的2/3，棉布占1/2以上。1801—1851年，英国国民总产值增长125.6%，1851—1901年又增长213.9%……英国迅速成为世界上最富有的国家，它一个国家的生产能力比世界上其他国家的总和还要多得多，它成为全世界的加工厂，它庞大的远洋船队把数不尽的工业品运往世界各地，再把原材料运回国，加工工业品，然后再运出去。

——钱乘旦、许洁明《英国通史》

问题：结合所学知识指出材料一中反映出英国怎样的实力。

材料二 1727年，牛顿去世。英国以隆重的国葬仪式将他安葬在威斯敏斯特大教堂，这里一向是王公贵族的墓地，牛顿成为第一个安息在此的科学家。出殡的那天，成千上万的普通市民涌向街头为他送行；抬棺椁的，是两位公爵、三位伯爵和一位大法官；在教堂合唱的哀歌中，王公贵族、政府大臣和文人学士们一起向这位科学巨人

高

中历史教师专业能力必修

Gao Zhong Li Shi Jiao Shi Zhuan Ye Neng Li Bi Xiu

告别。目睹了牛顿葬礼的伏尔泰为之深深感动，他感慨道：

"走进威斯敏斯特教堂，人们所瞻仰的不是君王们的陵寝，而是国家为感谢那些为国增光的最伟大人物建立的纪念碑。这便是英国人民对于才能的尊敬。"

问题：依据材料二，你对英国的发展还有什么认识？

材料三　航海大发现以后，欧洲人获得了美洲的白银并以此买通进入世界经济格局的道路，但如贡德·弗兰克所云："1500年以后的三个世纪里，他们一直是一个小角色，而且不得不适应——而不是制定！——亚洲的世界经济游戏规则……亚洲人在世界经济中仍然是成功的竞争者。"即便从科学、技术上看，以中国为代表的亚洲，与当时欧洲相比，也往往是"技高一筹"。在这一过程中，中国长期处于有利的出超地位，数以万计的美洲白银外国银元源源不断流入中国，以至许多历史学家"把中国描写成吸引全世界白银的唧筒"。

——张研、牛贯杰《清史十五讲》

问题：结合所学知识指出，材料四中的"经济格局"指什么？为什么当时以中国为代表的亚洲与欧洲相比会"技高一筹"？

材料四　1793年，马戛尔尼使团来华。使团成员约翰·巴罗后来记述说："不管是在舟山还是在溯白河而上去京城的三天里，没有看到任何人民丰衣足食、农村富饶繁荣的证明……触目所及无非是贫困落后的景象。"这些百姓"每次接到我们的残羹剩饭都要千恩万谢。对我们用过的茶叶，他们总是贪婪地争抢，然后煮水泡着喝。"马戛尔尼的结论是："（中国）没有前进，或者更确切地说反而倒退了；当我们每天都在艺术和科学领域前进时，他们实际上正在成为半野蛮人。"

——整编自《1720—1820年间的中西比较》

问题：从材料五中马戛尔尼使团成员的记述和马戛尔尼结论中可以获得哪些历史信息？

这样就比较充分认识鸦片战争爆发的原因，体现了文明史观与全球史观认识问题的视角，学生的认识也很丰满与充盈，提高了学生理解历史的能力。

三、多角度地提取和开发与专题史教学相关的课程资源

教师有了史学理论的引导，有了丰富的历史专业知识，依据课标与学情，教师在专题史教学中就应注重多角度地提取和开发相关的课程资源。

（一）"神入"历史，形成理解历史的心智模式

教师要对历史问题进入当时的历史情境，思考有些问题在今人看来是比较唐突的，但时人受历史的局限性会存在这样的问题。同时，教师要有分析历史的有效方法，如主客观分析历史的方法；从政治、经济、文化、外交、军事等角度分析历史问题的方法；顺向思维与逆向思维分析历史问题的方法。例如，在讲受历史必修Ⅱ"近代中国民族工业的兴起"一课时，教师可让学生分析为什么会出现洋务派？学生可能分析出：

内忧外患；洋务派在跟西方侵略者交涉和镇压人民起义过程中对西方技术的了解；慈禧太后的暂时支持；总理衙门的推动；受"师夷长技以制夷"思想的积极影响，等等。如果这样分析还不到位，可以引用倭仁的言论，抛出这样一个问题：倭仁是清朝的大官僚，经过鸦片战争，他拿不出稍微有效的对策，却为什么一味唱高调，说什么"立国之道，尚礼仪不尚权谋；根本之图，在人心而不在技艺"？我们可从哪些角度思考这个问题。学生经过思考与讨论，分析得出如下结论：

经济上，自给自足的自然经济对西方的进攻反应迟钝麻木，缺乏促使社会变革的新的经济与新的阶级力量。外交上，长期推行闭关锁国政策，形成天朝上国的盲目自大心理；国人缺乏对外国的了解兴趣，难以看到西方的先进性，缺乏足够的危机意识。思想上，担心"以夷变夏"，毁弃中国封建制度与传统道德；清朝统治者压制进步思想，经世致用的思想影响有限（同学们从新思想的萌发逆向思维得出）。

以上学生的分析还是较为宏观与笼统，教师再提供下面一段材料，让学生分析还有哪些深层次因素？

材料一　为什么道光年间的中国人不在鸦片战争以后就起始维新呢？我国文化有了这几千年的历史，根深蒂固，要国人承认有改革的必要，那是不容易的……文化的摇动，就是士大夫饭碗的摇动。我们一实行新政，科举出身的先生们就有失业的危险，难怪他们要反对……无论在那个时代，总有少数人看事较远较清，但他们怕清议的指摘，默而不言，林则徐就是个好例子。

——摘编自蒋廷黻《中国近代史大纲》

学生提取材料信息分析出的原因可能有：中国人守旧性太重；士大夫维护既有文化与利益；士大夫缺乏独立的、大无畏的精神。

接着教师再提供一段材料追问学生，国外汉学家是怎样认识顽固派的？

材料二　中国产生惰性的原因之一在于统治阶级的世界观或"自我心像"，统治阶级由于垄断了文字与高雅文化，上层阶级正是由许许多多的大家巨族构成，它们想尽办法来维护自身的地位和利益。中国的经济就像中国的统治阶级一样，面对西方的攻势反应不够灵敏。因为中国的经济规模较大而且能够自给自足。清政府对外界刺激亦未做出应有的回应，这首先是清代各级政府秩序森然，官员已养成循规蹈矩的心态。清政府的税收制度更进一步导致了政府的僵化失灵，原因是19世纪中期清朝官场沆瀣一气的贪污腐败耗尽了国帑民财。中国的国家与社会在政治经济、社会及意识形态方面均达到高度的稳定及自足，即使在衰败阶段外界的影响亦莫奈他何。统治过程中，对秩序的需求、士大夫地主阶级的既得利益以及保守的儒家意识形态均水乳交融在一起而相辅相成。

——摘编自费正清《中国：传统与变迁》

学生依据以上材料可以得出："大家巨族"的统治阶级维护既得利益；自给自足的经济；政府秩序森然，官员的循规蹈矩，对新的外界刺激难以作出应有的回应；政

高 中历史教师专业能力必修 Gao Zhong Li Shi Jiao Shi Zhuan Ye Neng Li Bi Xiu

府的腐败僵化导致惰性守旧；保守的儒家意识形态。

教师及时引导学生深入认识顽固派的思想根源：社会上顽固势力的强大，例如官方人士对创新开拓的敌意非常强烈等。这样利用丰富的历史资源让学生结合晚清政局的历史背景，从政治、经济、外交、思想以及社会心态等多角度、多层次地认识顽固派的荒谬性，产生"同情性理解"，促成学生深刻反思。从思维方式上，既注意正向思维和逆向思维的结合，也注意历史地思考问题，明白即使顽固派用心良苦，但不能顺应历史潮流，终究误国害民。教师开发的课程资源促进了学生的问题解决，所以，教师能有效"神入"历史，拥有分析问题的心智模式，就增加了开发课程资源的有效性与自觉性。

（二）关注主干知识，整合教科书各模块资源

教科书是最重要的课程资源，由于教学时间的有限性与学生认知的局限性，教师要考究课程资源的开发，最应该在主干知识处，在历史的"节点"处，在富有思维尤其是利于培养批判创新思维处开发课程资源。因此，教师要有统整课程与融合课程的意识，例如学习"洋务运动"相关内容时，就需要教师开发课程资源，让学生透彻分析，因为洋务运动的历史地位突出，教科书在历史必修Ⅱ和历史选修Ⅱ都涉及洋务运动的内容，对顽固派与洋务派的分析也富有思维性，所以要如前例那样，着力引导学生加以分析。

新课程专题式教学既要注意3个历史必修模块的内容，也要注意6个历史选修模块的内容，整合教科书相关资源，透视历史问题，让学生形成迁移分析问题的能力。教师如果照本宣科地教学，学生难以综合这些内容，就会视野狭窄，认识浅薄。教师引导学生透彻分析问题，学生就会举一反三，突出了教学的有效性。

（三）注重关照通史，培养学生的历史感

专题史教学对学生形成当时历史的整体风貌有一定的局限性，教师要有通史意识，在历史因素交织影响某一问题时，教师需要从通史的角度开发课程资源，给人以启迪。例如，学习历史必修Ⅲ"西方人文精神的起源及其发展"这一专题时，教师可以设问：法国为什么产生了思想博大精深而又影响深远的启蒙运动呢？如果照本宣科地理解，就十分干瘪与教条，教师在教学中可补充以下史料：

材料一　牛顿的宇宙论如此完善和令人信服……启蒙思想家希望他们能像牛顿发现万有引力定律一样，找到统治人类社会的自然法则。约翰·洛克致力于找到政治学的自然法则。亚当·斯密将他的注意力放在了经济领域，提出了市场的供求原则。孟德斯鸠试图创建一套政治科学，找到能在一个繁荣稳定的国家中孕育政治自由的原则。

启蒙运动杰出的思想家被统称为哲学家，这些哲学家并非传统意义上的哲学家，而是公共知识分子。他们更多地致力于启迪民众而不是与学者对话。一些思想家仍是传统的基督徒，而有些人渐渐成为无神论者。

——摘编自杰里·本特利等著《新全球史》

材料二

　　社会名流妇女通过举办沙龙——哲学家、科学家和知识分子聚集于此讨论当时的主要观点和学说。这幅画创作于 1814 年，描绘了约 1775 年杰弗琳夫人（中间偏右）的巴黎沙龙，她是法国哲学家的最重要的保护者。

　　教师引导学生分析启蒙运动的原因有：欧洲社会对杰出人才的尊崇；受到牛顿科学成就的巨大影响，人们希望利用理性来探索思想成就；启蒙思想家从多方面进行积极探索，注重启迪民众；社会名流的妇女参与启蒙思想的讨论，推动了启蒙思想的发展；一些思想家发展成为无神论者。存在的问题是：启蒙运动思想的传播者主要集中了一些思想家和知识分子，影响有限；一些思想家仍是传统的基督徒，思想不够彻底；启蒙思想的传播受到统治者的压制。这样教学就关注了法国历史发展的整体性，关注了历史发展的过程性。材料具体反映了启蒙思想家受到了牛顿科学成就的巨大影响，在探索的过程中有思想家的积极努力，有社会名流妇女、知识分子的积极参与，历史充满复杂性（包括多样性、两面性等），以及继承性与变异性（思想家相互影响又另辟领域）。也让学生领悟到法国的民族性，从材料中看出法国受到牛顿科学成就的巨大影响，人们对启蒙思想的积极研究与热心传播，真实感受到那个时代法国的民族精神。让学生感受到一场思想运动是需要人们积极投入，奉献智慧，甚至是牺牲生命的精神价值，让学生从社会深沉而巨大的变革力量中来审视历史。

四、提升教师的新高考试题命制技能

　　命制试题需要考虑学生实际、测试目标等，会挑战教师的专业厚度、教学理解等教学专业知识，教师需要明白命制试题应该考虑的主要因素有：难度、信度、区分度、效度等。难度：试题的难易程度，即能够正确回答一道试题的人数（或得分数）与参加考试的总人数（或总分数）之间形成的比率；信度：试题的可信或可靠程度；区分度：试题对不同层次考生的区别程度；效度：试题的有效程度。教师还要关注历年高考试题、各类模式试题等，在此基础上命制试题。在明白了这些注意角度后，教师还应思考命制新课程高考试题的专业技巧。

（一）体现课程观，让试题具有"历史味"

　　新课程是"用教材教"，在试题中也应具有课程观，关注学生背景知识，与学生所学知识保持若即若离关系，着力考查学生的"就近发展区"；所提供的材料要反映史学研究新成果；所设计的问题要与当前解读历史的发展趋势相契合；试题呈现的形式要有文字、图像、数据表、漫画、文物、文学作品等，体现史料的多样性，有利于考查学生多样化解读历史的能力。例如，"世界史就是人类的城市时代史"，城市与农村彼此影响。

　　阅读下列材料并回答问题。

　　材料一　人口的增加对资源形成了压力。在清代反映为地少人多，粮价腾飞，使乾隆皇帝也为之忧虑，而且他还注意到，粮价本应随着年成丰歉而涨落，可是现在却一直上升，有涨无落……

——摘编自马克垚《世界文明史》

　　（1）依据材料一指出在康乾之际出现了什么问题？这种现象是几千年中国历史上破天荒的第一次，结合所学知识概括分析导致这种问题的原因。

　　材料二　内战后，资本主义在美国农业中的扩张，以磅礴的工业化浪潮为动力。由于此法的吸引，南部刚获解放的奴隶，密西西比谷地的农场主，以及以爱尔兰农民为主的海外移民，成群结队地涌入美国中部大平原，投入拓殖者的行列。据统计，1870—1880年，大平原及远西部增加人口111.2万，人口向大平原和山区地带集中。从1860—1900年，美国的耕地从1.63亿英亩增长到4.15亿英亩，新增耕地的50%位于密西西比河以西的19个州和领地。

　　与此同时，各种与农业生产不同环节有关的农机具的发明如雨后春笋，使农业的半机械化和机械化在几十年内就得以实现。19世纪末20世纪初，资本主义在美国农业中的巨大扩展得益于科学技术的普及和相关的资本投入。首先是对农业教育的重视。据统计，内战之前美国出版的农业杂志不下400种，当时约有1/10的农民都订阅了农业杂志。内战后，根据1862年通过的一项法律，各州可以通过出售政府赠予的公共土地创办农学院，到20世纪初这类"赠地学院"已有53所。美国农业教育的另一项进展，是农业实验站在各地的建立，到19世纪末此类实验站已达56个，其总收入不下100万美元。

——摘编自何顺果《美国史通论》

　　（2）导致大家"成群结队地拥入美国中部大平原"的"此法"是指哪部法律？依据材料二分析美国中西部农业发展的原因及其给美国社会带来的主要影响。

　　（3）综合以上材料，面对如何解决城市与农村协调发展问题，概括指出应坚持怎样的观点。

　　试题第（1）问考查考生解读史料的能力，并需要用整体史观回答问题；试题第（2）问先考查基础知识，接着需要考生有效地提取材料信息，注意从农村与城市的意义关系角度分析影响，比简单地分析影响更有难度，体现了试题的层次性。试题第

（3）问考查考生整合材料信息并认识问题的能力。试题考查的能力角度多样化，难度具有层次性。

（二）关注新课程的三维目标

新课程提出了知识与能力、过程与方法、情感态度价值观的三维目标，在试题命制过程中要有效体现三维目标，努力做到用"课标"命题，突出考查考生的能力。例如：

材料一　戴高乐学会暨基金会的会长级代表弗朗索瓦·凯斯莱说，在两次世界大战中，他家有3个人死于德国人的枪下，他妻子家庭中有4人被德国人打死。这种悲剧在法国很普遍。凯斯莱的女儿在德国工作，起初凯斯莱的母亲说孙女千万别嫁给德国人。当这个女孩后来真嫁给德国人、并且生了一个孩子以后，老人现在认为这也很好。当然，这也同德国人的认罪态度有关。德国人从心里真正承认那些战争罪行，他们也不理解当年的德国人怎么能犯下如此残忍的战争罪行，他们有一种负罪感，为前人承担历史责任。

——《人民日报》2004年1月21日

（1）依据材料一并结合所学知识指出"凯斯莱的母亲说孙女千万别嫁给德国人"心态的主要原因。并概括指出法德为促成欧洲一体化的努力。

试题在分析原因时，既要利用所学知识分析德国军国主义等战争行为给法国人民带来的伤害，也要让考生透过材料分析凯斯莱的母亲对"德国人"的偏见，这体现了辩证思维，也需要考生在分析事物过程中得到认识。在分析"法德为促成欧洲一体化努力"时，考查考生综合归纳能力。试题本身所具有的情感价值也十分丰富，具有很好的教育意义。

（三）注意结合命制试题的新趋势

新课程历史试题既要反映命制试题一般发展趋势，还要注意与历史学科能力的有机结合。一是试题立意上要设计出新颖的问题，有利于考查考生在新情境下解决问题的能力。二是注意设置新情境，利用新材料，提供新信息，考查新问题与新角度。这样考查考生运用方法灵活解决问题的能力。

五、提升教师的史学研究能力

（一）教师要有学术意识

美国卡内基教学促进会前主席厄内斯特·博耶（Ernest L. Boyer）提出必须扩大学术内涵，学术应包括四个不同而又相互联系的功能——探究的学术、整合的学术、应用的学术和教学的学术。[1] 这样，给教学的学术以新的尊严，因此，教学学术是一个

---

① 博耶，B. 学术水平反思——教授工作的重点领域. 当代外国教育改革著名文献（美国卷·第三册）. 北京：人民教育出版社，2004. 18.

过程，是一个系统探究学术学习和教师教学的过程，教师要关注史学研究的新成果，要研究历史。

（二） 提升史学研究能力的有效方法

除了前面提出的教师阅读史学书籍的方法外，中学教师要提高史学研究的方法主要有：一是教师应注意阅读史学研究综述，及时而便捷地了解史学研究成果，从中找到史学研究的问题点。二是教师要有研究的自觉意识，主动研究一些历史问题。可以研究一个国家的历史；研究中国一个时期的历史，如秦汉历史；研究一个方面的历史，如制度史。杂取史家的观点，引发内心的思考并形成自我的历史研究。三是教师应充分利用学生资源。当学生提出了一些耐人寻味的问题时，促成教师有意识地加以研究，由于这些问题学生需要得到解释，教师也有困惑，这个问题就具有一定的新意与研究价值，所以，教师不断反思学生提出的史学问题可以提高自我的研究能力。

中学教师研究历史，需要做"杂家"，注意综合学者观点；中学教师承担了繁重的教学任务，研究历史受到诸多限制，但只要拥有研究历史的情怀，就会不断积累历史素养，久而久之，大脑就会产生化学反应，研究历史就不会是美丽的幻想了，至少我们可以不断吸取史学研究新成果，给历史教学注入新的活力，提高自我解释历史的能力。

六、提升教师的校本研修能力

朱永新提出教师专业发展的模式有："专业阅读"，关键是对"根本书籍"的研读。"专业写作"，教师在教育过程中涉及的写作可分为："教育感悟"、"教育叙事"、"教学案例"、"教育案例"、"师生共写随笔"。一般性的"教育感悟"不能称之为"专业写作"，只有后四种才是我提倡的"专业写作"。"专业发展共同体"，可以支持和帮助教师改进和完善自身的教学实践。[①] 此外，还应注意"专业实践"，即立足于课堂教学，使自己的行为像大树一样，根要扎得深，树干才会立得高。提升教师校本研修能力的主要途径有：

（一） 增强专业发展内驱力

心理学认为，内部动机是学习活动本身的意义和价值引起的动机，动机的满足在活动之内。它是推动学习者学习的重要动力，能决定学习行为的努力程度和学习的效率。教师始终要坚持每一堂课都是精品课，每一堂课都要有震撼力，所以要不知疲倦地学习，进行创生性的课堂教学。教师面临一些平平淡淡的内容，也应有好的历史问题，在大家都有思考问题的地方，要有深度的历史解读与认识。

---

① 郭利萍. 前行、攀升与飞翔. 课程·教材·教法，2010（4）

（二）自我研修——读书

1. 要有阅读的专业情怀

读书是一件寂寞的事业，更多的是自我的修炼与内心愉悦，所以，读书要有"两耳不闻窗前事，一心只读圣贤书"的情怀。具体说来：

一是坚持我读书，我快乐。坚持每天阅读足够的书籍，就等于度过了充实而有意义的一天，就可以累积出未来美好的教学人生。二是要守住奋斗目标，不要在意他人的评说，也不要在意什么荣誉，因为有了荣誉不等于有了真才实学，也不等于你的生活具有崇高的价值与意义；荣誉只是一时的奖赏，它是难以与你高远的目标相提并论的。所以，要志存高远，追求更大的目标。教师着意教学质量，着意读书是有积极意义的，教师不要被消极情绪者所同化。哲学家康德墓志铭上镌刻着："有两种事物，我们越是经常、持续地对它们反复思考，它们就总是以时时翻新的惊叹和敬畏充满我们的心灵：这就是头上的星空和内心的道德法则。"一个教师要在教学生涯中有所作为，就是要有理想并守住发展道路，这样就可能心想事成。

2. 读书类型

一般来说，教师读书的类型有以下几种：

（1）浏览型读书。潘懋元先生认为：一个现代化专门人才合理的知识结构，应包括"比较宽厚的基础知识"、"一定深度的专门知识"、"一般的前沿知识"、"必要的横向学科知识和科学方法论知识"，以及"一般基本文化知识"五个方面[①]。教师要浏览一些人文书籍，相关学科的期刊，提高自己的人文修养，丰富自己的知识面，开阔自己的视野，从其他学科借鉴有效的方法，关注其他学科的研究旨趣。

（2）课程资源型读书。读书时要把书籍的内容作为自己的课程资源，或作为教学素材，或命制试题，或优化学习方法，或更新自我观念，也就是读书是为了教学和自我的专业发展需要。

（3）专题型读书。教师发展要有阶段目标，例如，在专业初期，按照教材顺序，阅读史书对应内容，尽力读完中学历史教学需要的代表性史学书籍，厚实自我的专业知识，而且这种读书不累人，可以及时转化为教学资源，提高历史教学的厚度；接着就应攻读历史教学类书籍，应努力阅读近年来代表性的历史教学类书籍；还应攻读心理学与教育学书籍，少不了阅读国内外经典的教育书籍；随着新课程的推进，可集中精力阅读课程论书籍；随着自己对教学的深入理解，常常会思考历史是什么的问题，就应阅读史学理论书籍；由于课程与教学需要具有文化厚度，还应研读"文化"的书籍。这样阅读就不再是简单地从教育技术角度思考与阅读了，力求从"道"的角度来理解历史和历史教学，把读书与教学密切结合，经过内化，丰富了自我的教学实践知识，避免了狭隘的经验主义，给自我的教学注入理论的力量，促成自己加深对教学的理解。

---

① 高宝来. 潘懋元先生的学术风格与治学特色. 教育研究，2010，（9）

（4）点状型读书。随着后现代主义思想影响的加深，大家对知识的认识发生了变化，可以研读一点关于"知识"的书籍。

3. 读书种类

由以上的阅读类型可以看出教师主要应读以下书籍：

（1）读教育教学理论书籍。德赛图（De Certeau, M.）认为，理论作用于实践的方式是"静静地、几乎察觉不到，因为它不是通过理论显示自己，而是通过使用理论的方式来显示自己。"[1] "很多教师虽然有多年的教学经历，但依然是一个普通教师，无法成长为专家型教师。因为教学并非一个熟练的技术操作过程，单纯的反复的教学实践并不比完全的理论学习好到哪里。教学是一个复杂的过程，教师应透过自己头脑中的理念、经验、理论去分析教学现象、创造新的教学方法、反思过去的实践。"[2]

教师可以阅读心理学著作，如维果茨基的《思维与语言》（浙江教育出版社，1998）、约翰·布鲁德斯·华生的《行为主义》（浙江教育出版社，1998）、爱德华·桑代克的《人类的学习》（浙江教育出版社，1998）、库尔特·勒温的《拓扑心理学原理》（浙江教育出版社，1998）、冯特的《人类与动物心理学论稿》（浙江教育出版社，1998），林崇德主编的《发展心理学》（人民教育出版社，2002）等；可以阅读教育类书籍，如卢梭的《爱弥儿》（人民教育出版社，2004）、夸美纽斯的《大教学论》（教育科学出版社，2002）、杜威的《民主主义与教育》（人民教育出版社，2008）、斯腾伯格的《成功智力》（华东师范大学出版社，1999）、霍华德·加德纳的《多元智能》（新华出版社，2004）、联合国教科文组织的《教育——财富蕴藏其中》（教育科学出版社，2001）、林崇德的《教育与发展》（北京师范大学出版社，2002）、朱小蔓的《教育的问题与挑战——思想的回应》（南京师范大学出版社，2004）、朱永新的《我的教育理想》（南京师范大学出版社，2003）等教育教学的理论书籍。可以阅读课程论书籍，如约翰·D. 麦克尼尔的《课程：教师的创新》（教育科学出版社，2008），A. V. Kelly 的《课程理论与实践》（中国轻工业出版社，2007），John D. McNeil 的《课程导论》（中国轻工业出版社，2007），威廉 F. 派纳的《理解课程》（教育科学出版社，2004），小威廉姆 E. 多尔的《后现代课程观》（教育科学出版社，2004）、《课程愿景》（教育科学出版社，2004），钟启泉的《现代课程论》（上海教育出版社，2003），钟启泉主编的《课程论》（教育科学出版社，2007），张华的《课程与教学论》（上海教育出版社，2000），丛立新的《课程论问题》（教育科学出版社，2007）等，理解一些教育理念，形成专题认识，增强教学的理论自觉性。

（2）读史学专著、通史著作与史学理论书籍。教师应不断丰富自我的史学素养，丰富自我的本体性知识。前面在"注意选择性阅读史学著作"和"直接阅读史学理论

---

① 刘光余，张利民. 植入实践的理论. 全球教育展望，2010（10）
② 韩继伟等. 西方国家教师知识研究的演变与启示. 教育研究，2008，（1）

的书籍"有具体的介绍，这里不再赘述。

（3）读历史教学教法（课程与教学论）专著。教师最应该关注的是历史专业知识与教育教学理论知识怎样结合的问题，所以，教师应重点关注怎样进行历史教学才更有效的问题。教师应注重研修历史教学教法、历史课标与课程、历史教学与评价等问题。教师可以阅读：朱汉国等主编的《新编历史教学论》（华东师范大学出版社，2008），朱汉国主编的《历史教学研究与案例》（高等教育出版社，2007），白月桥的《历史教学问题探讨》（教育科学出版社，2001），聂幼犁主编的《历史课程与教学论》（浙江教育出版社，2003），赵亚夫主编的《历史课堂的有效教学》（北京师范大学出版社，2007），余伟民主编的《历史教育展望》（华东师范大学出版社，2002），叶小兵等主编的《历史教育学》（高等教育出版社，2008），陈辉主编的《高中历史新课程的理论与实践》（高等教育出版社，2008），陈辉编著的《历史研究性学习论》（现代教育出版社，2009），赵克礼主编的《历史教学论》（陕西师范大学出版社，2005），黄牧航主编的《历史教学与学业评价》（广东教育出版社，2005），姬秉新、李稚勇、赵亚夫主编的《理解与实践高中历史新课程》（高等教育出版社，2005），何成刚主编的《历史课堂教学技能训练》（华东师范大学出版社，2008）、《历史教学设计》（华东师范大学出版社，2009），杜芳主编的《新理念历史教学论》（北京大学出版社，2009），齐健、赵亚夫等著的《历史教育价值论》（高等教育出版社，2003），赵亚夫著的《国外历史教育透视》（高等教育出版社，2003），张静等著的《历史学习方略》（高等教育出版社，2004），刘军著的《历史教学的新视野》（高等教育出版社，2003），陈伟国、何成刚著的《历史教育测量与评价》（高等教育出版社，2003）。

（4）读相关书籍。教师既要有专业知识的厚度，还要有知识的宽度，所以要博闻强识。可以阅读《马克思恩格斯选集》、《列宁选集》、《毛泽东选集》、《邓小平文选》等。读这些著作既在读史，也在提升分析问题的能力，丰富自我的理论修养。

4.读书的方法——研究性读书

教师要用研究性方式来阅读学术书籍，其收获才会更大，否则容易出现有阅读没研究，下面以阅读安迪·哈格里夫斯的《知识社会中的教学》（熊建辉等译.华东师范大学出版社，2007）为例，谈谈阅读方法：

（1）已经研究了什么。教师读书要明白一本书致力于研究什么，揣摩研究的方法，明白他人探索的内容，这样才会使自己得到自己想得到的新认知，并获得研究的方法与感受，知晓研究的前沿，让自己站在一定的高度上思考教学问题，才会具有更加深邃的认识能力，更加开阔与高远的教学视野。该书的一些观点："通向持续创新的共同学习通常是非正式的、未计划的、偶然性的"、"独创性不只包括真正新的理念——这种新理念通常称为'创新'——独创性还包括这种理念：虽然不是非常新奇但很有用"、"积极情感的最强烈的起因有：同事赞同自己的观点，具有共同的目标，能够互相帮助，或感觉到好像婚姻生活一样（配合默契）""价值观、社会正义及爱心应处于教师专业发展、家长团体发展以及大规模政策制定议程的核心地位"、"教学一直以来都是一项具有社会性和情感性的实践……即使是看起来最单纯的认知反应活动，本身也是一种情感活动，因为它依赖于一种平静专心的情感状态"，等等。

（2）还有哪些可继续研究。教师在阅读该书时，可以结合自己的理解和储备的知识，思考这本书的相关论述还有哪些言犹未尽，这样批判性阅读，就是一个研究性的过程，利于自己产生一些研究问题，并生成问题答案，也为自己进一步研究奠定基础。这些研究都没有结合历史学科问题进行研究，我们可以思考知识社会对学生的历史教育应有何变化，才能适应当前的社会变革，做到与历史教学的密切结合。

（3）我可以怎样研究。结合阅读到的研究新成果，以及还有哪些继续思考的问题，结合自己的研究基础，就可以产生研究性问题，然后进行教学案例开发，进行理性分析，或写出高质量的研究性论文，或开发出高质量的教学设计，提高自己的研究水平和教学能力。尤其是具有一定的教学经验后，这样的研究才会使自己常教常新。那么，依据以上阅读，可以思考在知识社会里中学历史教学的突出特征与价值。

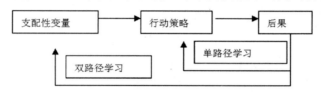

研究性读书就是要如冯友兰先生说的要"照着说"，"接着说"，"自己说"，这就做到读书是"人学习过程中怎样成为自己"。总之，学习要改造自我，引发自我的变革，因为人的学习有"单路径"学习与"双路径"学习（见上图）。[1] 读书要促进"双路径"学习，因为"单路径"学习没有改变支配性力量，教师容易封闭、防御、敌对（不合作），学习的有效性较低；而"双路径"学习易于改变支配性力量，教师容易开放、合作、友好，学习的有效性较高。

（三）师生互动

教师应注重在教学实践场中发展自我的教学实践性知识，注意运用学生资源，既可以不断提升自我分析学情的能力，还会增进对学生的理解与情感，让教学充分关注学生的生命活力与创造力，深化自我对教育的理解。教师在与学生的交往中应注重对话，加深彼此的理解与信任，敞亮学生的胸怀，教师可以从学生中获得许多具有理解教育价值的信息，在向学生学习中获得专业发展。我们可以在教学中采用"摆谈型"对话来看课堂的生成，以及对教师专业发展的促进作用。所谓"摆谈型"对话，即大家围绕一个话题进行议论性发言，进行"群言"摆谈，大家倾诉各自的答案，以及由此及彼地荡开问题，引发对相关问题的深入思考。[2]

---

① 李莉春."信奉理论"与"使用理论"之辩及其对教育实践的意义.外国教育研究，2010，（1）
② 郭子其.实行摆谈型对话，促成课堂生成.教育科学论坛，2010，（5）

首先"摆谈型"对话有利于尽力给学生赋权，为课堂生成创设条件。傅维利等研究认为，师生互动有"师权型"师生互动、"生权型"师生互动和"平等型"师生互动三种类型。简单的师问生答的对话容易是"师权型"师生互动，学生的思维更多的是在教师的牵引下进行，难以"逃逸"出教师预设的问题框架。如果是由学生信马由缰地讨论问题，这种情形偏重于"生权型"师生互动，教师没有充分发挥调控、点拨、对问题的引申等作用，学生难以高效生成。如果是"摆谈型"对话，就基本上属于"平等型"师生互动，教师不断促成问题讨论，要么串联问题，促成对每个问题的深入讨论，要么作一些知识铺垫，促进问题讨论的继续与深入，要么倾听，及时吸纳信息，不断归纳并丰富问题的答案。

其次，"摆谈型"对话丰富了对话交流的内涵，催生课堂生成的质量。林格伦描绘了师生相互作用的四种类型：教师跟全班学生仅保持单向交往；教师试图与全班学生发展来回的交往；教师跟学生保持来回的交往，也允许在正规的基础上学生之间也有交往；教师在集体中是一个参与者，他鼓励所在集体的所有成员中，有来回的交往。很明显，第四种类型利于发挥每个学生的自主能动性，利于学生形成新的认知结构，利于培养学生的创造力。

再次，"摆谈型"对话能改造课堂教学文化，使教学影响学生的知识生成。在亚裔学生看来，他们认为提问是对成年人的无礼举动。特别是在韩国和日本文化中，学生的提问，意味着老师的授课质量很差，以至于学生必须额外提出一些问题。我们要改造课堂教学文化。

在 19 世纪末，可引导学生思考清政府放宽民间设厂的限制？同学们在摆谈中得出：一定程度上顺应世界发展的潮流；一定程度上顺应国内一部分人发展民族经济的愿望，以稳固统治；《马关条约》允许外商投资，只好允许国内民间设厂；发展近代经济与外国列强抗争；自然经济进一步解体（自由劳动力增多，市场的扩大等）；国内思想的进一步解放；洋务运动的实践对清政府的影响等。学生为何能做到这样的分析呢？需要教师给学生建立起一种分析模式：在时间上从历史与现实角度进行分析、在同一时间注意中外分析，形成纵横分析的方法；在国内可从政治、经济、思想等角度分析；具体分析资本主义经济，可从政治、资本、技术、劳动力、市场、资源、稳定的政局等角度分析，学生有了这种心理认知图示，就可生成许多认识，教师也加深了对此问的认识，在吸收同学们智慧的同时，教师的实践能力得到了提高。

（五）教师合作

由于个体具有的自我价值维护性、心智稳固性和知识经验有限性，个人较难准确而深刻反思问题，甚至难以发现自己的不足。教师发展需要同伴合作，伯恩等人曾说，人只有通过协作与合作的活动方式才能满足自己的绝大部分需要。教师要注意同伴互助与专业引领，发挥集体思维的有效作用，让教师的智慧为大家分享，也让大家的智慧为我所用，彼此开放，共同获得专业认识的深刻性。

教师在专业合作中，一要注意敞亮自我的胸怀，只有自我的坦荡无私，才会赢得同伴的智力支持。二要注重集体研究。在师徒帮扶、备课组集体备课、教研组研究活动中，要有主题研究，彼此平等对话，形成智慧碰撞。例如，如何认识"19 世纪 90 年代中国无产阶级分布情况"这个表格，有老师说，利用这个图表可以设计出问题：这个图表反映了中国无产阶级在 19 世纪 90 年代的分布情况怎样？有老师设计的问题是：在 19 世纪 90 年代，中国近代企业的分布有何特点，其原因如何？还有老师设计出的问题是：在 19 世纪 90 年代，中国近代企业的特点及其原因怎样？这样讨论，就深化了大家对这个表格的认识，利于大家提高研究能力，也利于教师充分利用教学资源而进行有效教学。单打独斗有时是难以深刻认识教学问题的，没有智慧碰撞的教师专业发展共同体，教师发展就受局限。三要注意非正式合作研究。实践证明，教师在非正式研究中获得的帮助比正式合作还要多，所以，教师一旦产生了问题而不得其解时，要主动请教，随时随地共同讨论，化解教学困惑，获得专业成长。

（六）积极反思

1933 年，杜威在《我们怎样思维》的著作中明确提出，教育是一种反思性活动，教师需要进行研究。反思应成为教师生活的习惯，打磨应成为教师教学的生活方式，教师要精心打磨每一堂课堂教学设计，教师的精致教学要让教师成为艺术化身，其课其人都是精雕细刻的，给学生愉悦的课堂享受。因此，教师坚持教学反思，可以克服教师的无意识状态，或者是克服教师的麻木不知的状态。例如，马兰德发现，教师每节课的平均互动决策是 28.3 个，但只有 6.8 个是教师明确外显的。[1] 这样的发现在我们的课堂教学中依然存在，教师误以为坚持了互动，但实际的师生互动十分有限，通过反思，就应增强师生互动的自觉性，激发学生创造性思维的生命活力，学生才会有问题意识。例如，在学习历史选修（Ⅰ）时，一位学生问：从中国古代历史发展看，统治者越来越注重放松对人的控制，农民的人身依附关系越来越松弛，但"王安石变法"为何要实行保甲制度，反而加强对人身控制呢？学生思考这些长时段的历史问题，就一定是内在思维的动力较强，才会有思维的活力。

林崇德提出"优秀教师＝教学过程＋反思"的成长模式。叶澜教授认为，一个教师写一辈子教案难以成为名师，但如果写三年反思则可能成为名师。教师如果不在工作中自我反省，自我救治，其教学必然沦为技巧。在新课程专题史教学实施中，教师反思需要注意：

1. 关注反思的层次与质量[2]

范梅南将反思划分为三个水平：技术合理水平，它是根据个人经验对事件进行反思，往往看不到目的存在；实用行动水平，能够对系统和理论进行整合，教师开始分

① 曲中林．教师专业决策权的张力及其限度．中国教育学刊，2010，（9）
② 刘健智，谢晖．关于教学反思的探讨．中国教育学刊，2010，（1）

析教育目标背后的假设，支持教育目标的信念，并对教学行为所导致的后果进行考虑；批判反思水平，能整合道德与伦理的标准。

斯巴克斯·兰格等人分为七个水平：没有描述性语言，对事件不会理解；用门外汉的语言对教学事件进行描述；用教育学的术语给事件贴标签；用传统的、具有个人偏好的语言对教学实践作出解释；用似乎合理的教育规律或理论进行解释；作出解释时考虑到了各种背景因素；在解释时考虑到了道德、伦理、政治等方面的因素。

哈顿和史密斯分为四个水平：描述性作品，教师仅仅描述教育教学过程中发生的事件，对教学事件没有尝试着进行解释和证实；描述性反思，教师尝试着对教学事件和教学行为进行解释和提供证据，但仅仅依据个人经验以报告或描述的方式进行；对话性反思，与自己对话，对教学事件产生的可能原因进行分析、探究；批判性反思，给出所做决策的理由，同时也包括更广泛的历史、社会、政治方面的原因。

麦力仑分为三个水平：主要反思课堂情境中各种技能与技术的有效性；主要针对课堂实践的假说和指定的策略；主要针对道德的和伦理的以及其他直接或间接地与课堂教学有关的规范性标准。

刘加霞分为教学技术水平——前反思水平；原因分析水平——准反思水平；价值判断水平——真正的反思水平。

由此可以分析出：

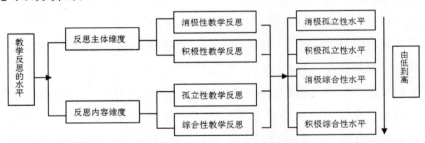

反思就是使实践由"工具理性"和"技术理性"发展为"批判理性"。教育哲学家布鲁巴赫指出，教师素质的提高，可以通过教师建立自己的教学理论，总结他们教学的知识技巧和经验来实现，并认为反思型教学是提高教师素质的最有效的途径①。所以教师要自觉反思，注意集体反思，注意反思的深度与理性化，这样可以提升自我的专业水平。

2. 注重反思的核心内容

（1）反思经验——关注默会知识。美国成人教育哲学家林德曼说：经验是成人学习者最有效的课本。教师一要注意收集典型案例，丰富而深化自我的经验。因为越是典型的东西，越具有指导意义，教师通过典型案例积累的范例和经验越多，分析和联想的思路就越开阔，理解和认识的能力就越高，处理实际问题也就越有参考价值。二

---

① 马丽萍．从课堂用语反思小学英语教师的专业成长．基础教育，2010，（8）

要通过反思经验，提升教育观念。康纳利（Connelly，F. M.）指出，教师教育的过程是对过去历史的回顾和重新体验，并在体验基础上改造自己的教育观念；教育不是"注入"而是"重建"。①

（2）反思课程知识。有学者构建了教师基于三大知识模块整合的教学能力提升结构示意图（见右图）②。教师在怎样找准知识点、呈现知识点、转换知识点上十分考究自我的专业素养，所以需要积极反思。郑毓信也指出，由于教育的规范性是一个长期的传统，因此教育的各个层面都可以看到"一层卡一层"的消极局面：大纲（课程标准）"卡"教材——教材的编写必须"以纲为本"；教材"卡"

教师——教师的教学必须"紧扣教材"；教师"卡"学生——学生必须牢固掌握教师所授予的各项知识和技能。这样，包括教师和学生的创造性才能都受到严重限制③。所以，教师要精致运用课程资源，并关注师生变化、环境氛围、时空等资源，做出系统改变。

（3）反思教学方法与人际关系。教学实践证明，高品质的教师主要体现在学科价值、方法技巧和人际关系上。所以，教师一要反思人际关系。加拿大学者哈格里夫斯指出："以往的教育改革着力于从外部促使学校成为变革的场所，而更为重要的变革力量是产生于学校内部的以人际关系为中心的教学文化。"二要反思教学方法是否得当。因为关于方法的知识是可以直接接受的，有利于学生习得方法，以提高教学的效率。

（4）反思实践理论的提升。美国作者司托克斯（D. E. Stokes）在《巴斯德象限——基础科学与技术创新》（科学出版社，1999）一书中提出了四个象限的研究模型（见下表）④。

Stokes 科学研究的"巴斯德象限模式"

研究起因	不是以实用为目标	是以实用为目标
是以求知为目标	Ⅰ 纯基础研究（玻尔象限）	Ⅱ 应用激发的基础研究（巴斯德象限）
不以求知为目标	Ⅲ 技能训练与经验整理	Ⅳ 纯应用研究（爱迪生象限）

由此可知，应关注应用性的理性问题，注意理性思考教学，加强对教学指导的普适性，做到举一反三，也利于教师进行深度思考，增强教师对教学问题的穿透力与敏锐性，提高课堂教学质量。如果纯粹的就事论事，就容易使教学反思是萝卜炒萝卜，难以引发课堂教学的质变。

---

① 杨跃. 职前教师教育课程中视频案例教学管窥. 教师教育研究，2010，（4）
② 肖成全，周新. 中小学教师培训方案的有效设计与有效实施策略例谈. 中小学教师培训，2010，（3）
③ 黄笑冰. 浅探香港教科书角色的转变. 全球教育展望，2010，（4）
④ 王强. 结构隐喻：教育研究方法谱系重构的支架. 全球教育展望，2010，（2）

（5）反思自我关照。一要关注自己的职业发展生命期。教师职业生涯一般有冲动适应期——熟练期——成熟期——专业研究期——衰退沉沦期。因此，教师要注意冲动期后的不动，冲动后的盲动（包括骄傲）、冲动后的浅层次动，冲动后的"感动"。应做到冲动后教学的人文性、艺术性与理性的契合；学科专业知识与理论知识的契合；教学知识、教学逻辑知识与教学的方法知识的契合；以及与高考发展变化的契合。

二要注意现实的"学徒观察"经验。美国教育学者洛蒂（Lortie，D. C.）曾在其著作中提出"学徒观察"，她认为教师从中小学时代开始，即对自己老师的课堂教学进行了上万个小时的观察，这种"学徒观察"的经历使初任教师倾向于模仿自己的中小学老师在课堂教学中所采用的方法[①]。教师应多反思昔日自己老师的优秀教学行为，为我所用。

三要注意"现实震撼"之后的"重整行动"。"现实震撼"是美国教育学者泽兹纳（Zeichner，K.）提出的一个重要概念，指的是对教育工作抱有乐观期待的师范生在进入学校现场之后，由于受到种种教育现实的冲击而产生的迷惘与混乱的现象。在"现实震撼"之后，要"重整行动"，"重整行动"是社会学者斯托克斯（Stokes，R.）提出的一个概念，指主体在遭遇现实困境之后，通过自我反省而对自己的行为做出调整[②]。所以，青年教师不怕失败，关键是要对失败有预期与预防，一旦来临就要调整，所以要坚持反思性改进。

四要注意"重要他人"与"关键事件"。"重要他人"是指在个体社会化以及心理人格形成过程中具有重要影响的具体人物，让这些人物影响自我的专业发展，既要向指导教师学习，也要注意向学科最具影响的专家教师学习。赛克斯认为，"关键事件"是指"个人生活中的重要事件，教师要围绕该事件做出关键性决策，它促使教师选择特定的专业行为，并通过自我澄清的过程对自己的专业进行解构和重构。"所以，对一些关键事件要采取"纠结"的过程，从而获得专业成长。

反思自我关照就会使教师从关注自我——关注知识与方法——关注学生——关注学科教学思想与底蕴对学生的影响（人与知识的高度契合）逐级提升，提升教学境界，使教师的专业成长持续地得到提高。作一个具有教学震撼力的教师，给学生无穷的影响。

（七）专业写作

教师的专业写作是丰富并深化教学实践的过程，也是清晰教学思路的过程。在教学感性基础上，增加了教学的理性与艺术性，教师在写作中体悟到专业教学的意蕴，极大地促进教师的专业成长，推进教师向专家教师方向发展。所以应增强写作的自主性与自觉性。

---

① 周成海. 教师的教学专业成长历程：一项自我研究. 教师教育研究，2009，（4）
② 周成海. 教师的教学专业成长历程：一项自我研究. 教师教育研究，2009，（4）

中学教师的专业写作主要是总结教师的研究性与创造性如何在教学中加以实施的，应克服"假"、"空"的弊病。教师要搞好专业写作：一是注意创造性教学，为教学研究写作提供可资借鉴的内容，教师在反思教学实效基础上形成研究性问题，所以，教师要敏锐捕捉研究问题。二是围绕问题深入教学实践，丰富问题的要点，在不断充实完善中逐渐形成写作的骨架。三是再度反照教学实践，形成富有启迪的教学案例，丰富论文的内涵。这样可以避免隔靴搔痒。四是与阅读、思考相结合，增加问题的理性涵养，避免浅尝辄止。这样的教学论文是关注教学实践的，是自我教学在学生身上得以体现的。避免了教学与研究、写作的脱节，促成教师做到"研究即教学，教学即研究"，使提升教学质量与提高教师专业水平相得益彰。

参考文献

[1] 教育部.普通高中课程方案（实验）.北京：人民教育出版社，2003

[2] 教育部.普通高中历史课程标准（实验）.北京：人民教育出版社，2003

[3] 钟启泉，崔允漷，张华.基础教育课程改革纲要（试行）解读.上海：华东师范大学出版社，2001

[4] 朱宁波，陈旭远.新课程核心理念诠释.北京：高等教育出版社，2005

[5] 教育部基础教育司、师范司组织编写.普通高中新课程研修手册·新课程的教学实施.北京：高等教育出版社，2004

[6] 朱汉国，王斯德.普通高中历史课程标准（实验）解读.南京：江苏教育出版社，2003

[7] 朱汉国，王斯德.全日制义务教育历史课程标准（实验稿）解读.北京：北京师范大学出版社，2002

[8] 朱汉国.普通高中历史课程分析与实施策略.北京：北京师范大学出版社，2010

[9] 冯长运，李明海.普通高中历史课程标准教师读本.武汉：华中师范大学出版社，2003

[10] 姬秉新，李稚勇，赵亚夫.理解与实践高中历史新课程——与高中历史教师的对话.北京：高等教育出版社，2005

[11] 陈辉.高中历史新课程的理论与实践.北京：高等教育出版社，2008

[12] 朱煜.走进高中新课改——历史教师必读.南京：南京师范大学出版社，2006

[13] 姚锦祥.高中新课程实践引领（历史）.南京：南京师范大学出版社，2010

[14] 袁兆桐.新课程有效教学疑难问题操作性解读·高中历史.北京：教育科学出版社，2008

[15] 余伟民.历史教育展望.上海：华东师范大学出版社，2002

[16] 于友西.中学历史教学法.北京：高等教育出版社，2009

[17] 齐健.走进高中历史教学现场.北京：首都师范大学出版社，2008

[18] 刘军.中学历史教学研究.北京：人民出版社，2009

[19] 黄牧航.历史教学与学业评价.广州：广东教育出版社，2005

[20] 何成刚.历史课堂教学技能训练.上海：华东师范大学出版社，2008

[21] 陈辉. 历史研究性学习论. 北京：现代教育出版社，2009

[22] 何成刚等. 智慧课堂：史料教学中的方法与策略. 北京：北京师范大学出版社，2010

[23] 教育部《基础教育课程》编辑部组织编写. 中学新课标资源库·历史卷. 北京：北京工业大学出版社，2004

[24] 广东省教育厅制定. 广东省普通高中历史模块教学与考核要求. 广州：广东教育出版社，2006

[25] 广东省教育厅教研室. 普通高中新课程评价指导. 北京：高等教育出版社，2005

[26] 朱尔澄. 从情理交融到历史思维——我的教改之路. 北京：北京教育出版社，1993

[27] 济南市教学研究室编. 历史教学案例分析. 济南：山东教育出版社，2005

[28] 人教社课程教材研究所，历史课程教材研究开发中心组编. 历史教学经验交流. 北京：人民教育出版社，2006

[29] 黄甫全，王本陆. 现代教学论学程. 北京：教育科学出版社，1998

[30] 周小山. 教师教学究竟靠什么. 北京：北京大学出版社，2002

[31] 周小山，严先元. 新课程的教学设计思路与教学模式. 成都：四川大学出版社，2002

[32] 国家基础教育课程改革"促进教师发展与学生成长的评价研究"项目组. 成长记录袋的基本原理与应用. 西安：陕西师范大学出版社，2002

[33] 海南省教育厅. 普通高中新课程在海南. 北京：高等教育出版社，200

[34] 黄甫全，王本陆. 现代教学论学程. 北京：教育科学出版社，1998.

[35] 沈毅，崔允漷. 课堂观察：走向专业的听评课. 上海：华东师范大学出版社，2008

[36] 陈瑶. 课堂观察指导. 北京：教育科学出版社，2002

[37] 刘旭. 新课程理念下的课堂教学：听课/说课/上课. 成都. 四川教育出版社，2005.

[38] 博耶，B. 学术水平反思——教授工作的重点领域. 当代外国教育改革著名文献（美国卷·第三册）. 北京：人民教育出版社，2004

[39] 吴于廑，齐世荣. 世界史·古代史编（上）. 北京：高等教育出版社，1994

[40] 吴于廑. 中国大百科全书·外国历史. 北京：中国大百科全书出版社，1990

[41] 巴勒克拉夫.'当代史学主要趋势. 上海：上海译文出版社，1987

[42] 斯塔夫里阿诺斯. 全球通史——1500年以前的世界. 上海：上海社会科学院出版社，1988

[43] 罗荣渠. 现代化新论——世界与中国的现代化进程. 北京：商务印书

馆，2004

　　[44] 马克垚. 世界文明史. 北京：北京大学出版社，2004

　　[45] 白钢. 中国政治制度史. 天津：天津人民出版社，2002

　　[46] 蒋廷黻. 中国近代史. 上海：上海古籍出版社，2005

　　[47] 徐中约. 中国近代史. 北京：世界图书出版公司，2008

　　[48] 西塞罗. 论共和国论法律. 王焕生译. 北京：中国政法大学出版社，1997

　　[49] 李铁映. 论民主. 北京：人民出版社，2001

　　[50] 刘新成. 历史学百年. 北京：北京出版社，2000

　　[51] 余文森. 新课程教学的基本走向. 福建师范大学学报（哲学社会科学版），2008，（6）

　　[52] 彭虹斌. 新课程改革的突破口：改变教师. 教育理论与实践. 2007，（1）

　　[53] 马香莲. 苏格兰特许教师标准：一个教师专业发展的新框架. 外国教育研究，2010，（8）

　　[54] 高潇怡，胡巧. 教师的科学本质观：研究进展及策略. 外国教育研究，2010，（8）

　　[55] 肖正德. 生态取向教师学习方式变革：时代境遇与实践路向. 全球教育展望，2010，（10）

　　[56] 郭利萍. 前行、攀升与飞翔. 课程·教材·教法，2010，（4）

　　[57] 高宝来. 潘懋元先生的学术风格与治学特色. 教育研究，2010，（9）

　　[58] 刘光余，张利民. 植入实践的理论. 全球教育展望，2010（10）

　　[59] 韩继伟等. 西方国家教师知识研究的演变与启示. 教育研究，2008，（1）

　　[60] 李莉春. "信奉理论"与"使用理论"之辩及其对教育实践的意义. 外国教育研究，2010，（1）

　　[61] 郭子其. 实行摆谈型对话，促成课堂生成. 教育科学论坛，2010，（5）

　　[62] 刘健智，谢晖. 关于教学反思的探讨. 中国教育学刊，2010，（1）

　　[63] 曲中林. 教师专业决策权的张力及其限度. 中国教育学刊，2010，（9）

　　[64] 马丽萍. 从课堂用语反思小学英语教师的专业成长. 基础教育，2010，（8）

　　[65] 杨跃. 职前教师教育课程中视频案例教学管窥. 教师教育研究，2010，（4）

　　[66] 肖成全，周新. 中小学教师培训方案的有效设计与有效实施策略例谈. 中小学教师培训，2010，（3）

　　[67] 黄笑冰. 浅探香港教科书角色的转变. 全球教育展望，2010，（4）

　　[68] 王强. 结构隐喻：教育研究方法谱系重构的支架. 全球教育展望，2010，（2）

　　[69] 周成海. 教师的教学专业成长历程：一项自我研究. 教师教育研究，2009，（4）

[70] 黄牧航. 史学观念的转变与高考历史试题的命制. 中学历史教学参考, 2008,（3~4）

[71] 宾华. 从经验走向实证——中学听课评课教研工作的操作方法（二）. 中学历史教学参考, 2010,（5）

[72] 冯一下. 现代化范式与高考历史复习教学的新思路. 中学历史教学参考, 2002,（1~2）

[73] 聂幼犁. 从"火烧曹宅对不对?"看中学历史学科研究性学习. 历史教学, 2004,（9）

[74] 胡军哲. 在过程与方法中进行历价值观教育. 历史教学（上半月刊）, 2010,（19）

[75] 赵亚夫. 历史教师当随时代. 中学历史教学参考, 2010.（9）

[76] 束鹏芳. 在情境叙事中推动历史学习的有效认知. 中学历史教学参考, 2011,（4）

杨思冰等. 高中课改：潮起珠江. 中学历史教学参考, 2005,（12）

[77] 龚奇柱. 对中学历史课程改革的回顾与思考. 历史教学, 2006.（1）

[78] 祝华卫. 建构主义与中学历史教学的转变. 历史教学, 2002.（2）

[79] 周仕德. 关于历史课堂对话的思考. 历史教学, 2005.（5）

[80] 陈新民. 论神入在历史教学中的运用. 历史教学, 2003.（12）

[81] 王凤杰. 后现代知识观在历史教学中的尝试. 历史教学, 2005.（3）

[82] 刘新成. 全球史观与近代早期世界史编纂. 世界历史, 2006,（1）

[83] 陈辉. 从选修课的设置谈高中历史课程改革. 历史教学, 2000,（6）

[84] 勾爱珍, 张汉林. 教学目标陈述方式刍议. 中学历史教学参考. 2011,（1~2）

[85] 陈辉. 实现知识分类, 关注教材重组, 推进有效学习. 中学历史教学参考, 2011,（4）

[86] 朱汉国. 浅谈普通高中历史新课程体系的变化. 历史教学, 2003.（10）

[87] 何兆武. 对历史学的若干反思. 史学理论研究. 1996.（2）

[88] 林桂平. 现状与对策：从问卷调查看高中历史课程改革. 中学历史教学参考, 2007,（6）

[89] 黄飞球. 平稳过渡, 稳中有变. 中学历史教学. 2007,（7）

[90] 何成刚, 沈为慧. 试题设计如何考查和培育学生的价值观. 中学历史教学参考, 2010,（1~2）

[91] 杨凤霞. 关于历史教育的社会功能. 光明日报, 2006-7-2.（7）

[92] 周仕德. 让评课标准成为教师专业发展的蓝本. 中国教育报, 2008-7-4.（6）

[93] 李宝元. 联考如何破解高考难题. 人民日报, 2010-11-24.（23）

［94］金一南. 多极化——不可抗拒的历史潮流. 解放军报，2002 - 7 - 2. （5）

［95］欧阳淞. 准确把握党的历史的主流和本质. 人民日报，2011 - 1 - 13. （9）

［96］2010 年普通高等学校招生全国统一考试文科综合科考试大纲的说明（历史部分）. 广东卷

［97］四川省教育厅. 四川省普通高中学生综合素质评价方案（试行）. 2010

［98］成都市教育局普通高中课程改革工作办公室编. 成都市普通高中课程改革资料汇编（三）

高

中历史教师专业能力必修

Gao Zhong Li Shi Jiao Shi Zhuan Ye Neng Li Bi Xiu

后　记

　　本书为《学科教师专业能力必修系列丛书》之"高中历史"。编写此书的目的在于提高高中历史教师专业化发展水平，推进教师教育教学能力均衡发展，实现大多数教师教育教学能力的达标。在本书编写过程中，力求反映新课程理念和最新研究成果，着力体现历史学科专业能力的具体化和可操作化。

　　本书由教育部基础教育课程教材发展中心组织编写。全书由朱汉国（北京师范大学）、陈辉（四川师范大学）主编。本书是集体合作的结晶，编写的具体分工为：陈辉撰写专题一、专题二（一）、专题三、专题六、专题十（四、五、六），潘树林（四川师范大学）撰写专题二（二）、专题五，刘松柏（四川师范大学附中）撰写专题四、专题九，林桂平（安徽省滁州第二中学）撰写专题七（一、二），李凤（安徽省宿州第一中学）撰写专题七（三、四），邓兴国（四川省成都市玉林中学）、赖蓉辉（四川省成都市教育科学院）撰写专题八，高增平（四川师范大学附属实验学校）撰写专题十（一、二、三），郭子其（四川省成都市树德中学）撰写专题十一。

　　本书的写作大纲和编写体例由朱汉国、陈辉设计，并由朱汉国、陈辉统稿、定稿。由于时间仓促和水平有限，书中难免存在疏漏、不足之处，恳请各位同行、专家和读者批评、指正。

编者

2011 年 3 月